日本監査研究学会リサーチ・シリーズ XI

アカウンティング プロフェッション論

■百合野正博［編著］

Japan Auditing Association

同文舘出版

はしがき

　本書は，2010年に設置された「アカウンティング・プロフェッションに関する総合的研究」をテーマとする日本監査研究学会課題別研究部会の最終報告書の内容を加筆修正して取りまとめたものである。

　本課題別研究部会では，わが国の公認会計士の「アカウンティング・プロフェッションとしての本質」に焦点を当てるための多面的なアプローチを試みた。それらによって得られたわが国の会計士監査システムの重要な論点を整理した上で，抽出された諸問題点の検討を行った。一連の研究と議論とを通して，日本社会の重要なビルトイン・システムである会計士監査システムの機能と責務を拡充する方向性を探求することに努力を傾けたのである。ここで，「会計専門職」あるいは「職業会計士」ではなく，あえて「アカウンティング・プロフェッション」というカタカナ用語を用いたのは，わが国においては「専門職」という言葉の共通理解が得られていないのではないかという危惧があることに加えて，この言葉によってイメージを固定してしまうことを避けて，自由に研究を進めるためであった。

　周知のように，わが国の財務諸表監査制度は，第二次世界大戦後，米国の制度をお手本にして創設された。その米国の制度は，証券取引法，公認会計士，証券取引委員会という三本柱によって支えられていると考えられたことから，わが国でも，証券取引法，公認会計士，証券取引委員会という三本柱を新たに構築したのである。そのために，日米両国の財務諸表監査制度は同じものとみなされて今日まできているのではないかと考えられる。

　しかし，本当に，日米両国の財務諸表監査制度を同じものとみなしてよいのだろうか。わが国においては，1952年の講和条約締結に伴って三本柱の1つである証券取引委員会が行政改革の名のもとに廃止されてしまったし，もう1つの柱である公認会計士にも看過できない出来事が起っているのである。

　たとえば，公認会計士試験に合格しても監査法人に就職できない人が多数生じているというマスコミ報道は大学生レベルで公認会計士志望者を減少させた。また，会計大学院が創設されたにもかかわらずそのルートを経由しな

いで会計士業界に入る人たちが依然として多数存在しているということは，公認会計士になるために必要な教育を受けることの重要性がないがしろにされていることを物語っている。さらに，受験資格から大卒要件が外された結果，実際に中卒合格者が出現したが，この事実は日本の公認会計士の資質に関して海外から不審に思われることにはならないのだろうか。

　これらは公認会計士がアカウンティング・プロフェッションであれば直面するはずのない現象ではないだろうかとの疑念を禁じ得ないのである。

　わが国の公認会計士がアカウンティング・プロフェッションなのかどうかについて検討を加えることは，たまたまこれまでは所与のものとみなされてきたために詳細には検討されなかっただけのことであって，議論をすることは決してタブーではないと考えたのである。

　本課題別研究部会の主要な議論の対象もしくはアプローチは次の4つである。

① **概念論**

　「プロあるいはプロフェッションというのはいったい何なのか」，「専門職あるいはプロフェッションの研究が必要なのはどうしてか」，そして「アカウンティング・プロフェッションの本質に迫るアプローチは何を示唆してくれるか」といったテーマについて，繰り返し議論した。予想されていたことではあったが，わが国においては，「プロ」「プロフェッショナル」「プロフェッション」「専門職」といったキーワードが十分に整理されないまま用いられていることが明らかとなった。特に「専門職」についてはそれが顕著であり，本部会のテーマを「会計専門職に関する総合的研究」としなかったのはやはり正解であった。

② **制度論**

　これまでに研究が繰り返されてきたアプローチではあるが，主要各国のアカウンティング・プロフェッションを比較することにより，アカウンティング・プロフェッションの基本的特徴の俯瞰と，その本質の抽出を試みた。しかしながら，予想どおり，各国の制度を単純比較することは不可能だということが明らかとなった。

③ **実態調査**

わが国の公認会計士を対象にアンケート調査を行うことにより，公認会計士のいわば「アカウンティング・プロフェッション度」を測定できないかと考え，多方面の検討と議論を行った。特に質問項目の検討については臨時の研究会も重ねて，大手監査法人・中小監査法人・個人事務所宛にアンケートを行い，回収したものを分析し，興味深いデータを得ることができた。

④ **新潮流**

上記の伝統的な手法とは別に，「自主規制の実験比較制度分析」と「モデル研究」という2つの新しいアプローチの可能性の模索を行った。これらは監査論の領域においてはまだまだ未開拓の分野ではあるが，監査論研究に新しい切り口を持ち込むことによって新たな発見の可能性を探ろうという意欲的なものであった。アンケート調査項目にも適用しており，その分析から得られる知見は新基軸である。

大変難しいテーマであったにもかかわらず，2年にわたる研究会に積極的に出席するとともに，本書の作成についてもご尽力を賜った各委員には心より感謝を申し上げたい。毎回繰り返される議論は非常に刺激的なものであり，研究者としての知的好奇心を相互に大いに高めることができた。このような研究の機会を与えてくださった日本監査研究学会に感謝するとともに，出版にあたって多大な労力を注ぎ込んでくださった同文舘出版株式会社の青柳裕之氏と大関温子氏に心より感謝を申し上げる。

執筆者を代表して
百合野　正博
2013年7月31日

● 目 次 ●

第1章 アカウンティング・プロフェッションの論点

1. はじめに
   ―アカウンティング・プロフェッション研究の必要性― ……………… 1

2. 問題意識の醸成
   ―イギリスのアカウンタントがプロフェッションだということ― ……… 3

3. わが国における会計専門職に関する議論
   ―計理士，会計監査士，会計士，などなど― …………………………… 6
   (1) 欧米における会計士の歴史的展開に関する考察　7
   (2) 英米と比較した上でのわが国の計理士制度の欠点についての指摘　8
   (3) 計理士を公認会計士に置き換えなければならない根拠　14
   (4) 公認会計士の将来の発展方向　15

4. プロフェッションとは何ぞや
   ―プロフェッションの一般的定義とわが国の特異性― ………………… 16

5. 小括 ……………………………………………………………………… 22

第2章 「専門職」研究の必要性

1. 解題 ……………………………………………………………………… 29

2. 専門職研究の準備―いわゆる専門家（プロ）論 ……………………… 31
   (1) 専門家（プロ）の類型　31
   (2) 専門家（プロ）への期待　32

3. 専門職とはなにか ……………………………………………………… 33
   (1) 専門職とはなにか　33
   (2) 専門職研究の対象　35

（3）専門職と教育機関　　37
4. 専門職の特質は何か……………………………………………………40
　　　（1）アンケートの必要性　　40
　　　（2）専門家に関する質問　　41
　　　（3）専門職に関する質問　　42
5. 専門職研究の必要性……………………………………………………43

第3章
プロフェッションの諸理論

1. はじめに…………………………………………………………………45
2. プロフェッションとは何か……………………………………………46
　　　（1）辞書的定義　　46
　　　（2）研究上の定義　　47
3. プロフェッションの発展段階…………………………………………51
4. 規制対象としてのプロフェッション…………………………………54
　　　（1）プロフェッションと独占問題　　54
　　　（2）初期の研究　　55
　　　（3）信頼財，情報の非対称性　　56
　　　（4）規制主体　　56
　　　（5）プロフェッションの参入規制　　57
　　　（6）その他の規制　　58
5. 結論………………………………………………………………………59

第4章
アカウンティング・プロフェッションの実証分析

1. アンケート調査の概要，最終的な回収状況と属性分類………………63

2．質問と仮説：公認会計士がプロフェッションとして重視する項目に
　　関する分析 …………………………………………………………………64
　　（1）質問項目の概要　64
　　（2）リサーチクエスチョン　65
　　（3）仮説　66

3．アンケート結果と統計的分析（1）
　　―サンプル全体の実証分析（仮説1～4の検証）― ……………………71
　　（1）サンプル全体の結果　71
　　（2）プロ一般：仮説1『専門能力仮説』の検証　72
　　（3）公認会計士：仮説2『専門能力＋社会性仮説』の検証　73
　　（4）自分自身：仮説3『自分自身＝公認会計士仮説』の検証　76
　　（5）「プロ一般」「公認会計士」の比較：仮説4『社会性仮説』の検証　79
　　（6）小括　81

4．アンケート結果と統計的分析（2）
　　―属性別の実証分析（仮説5『規模仮説』の検証）― …………………81
　　（1）結果　82
　　（2）その他の傾向　84
　　（3）小括　91

5．まとめ…………………………………………………………………………92

Appendix　アンケート回収後の調整について ……………………………95

第5章
アンケート調査による「倫理水準」の測定と分析

1．はじめに ………………………………………………………………………97
2．道徳性発達理論に基づく倫理水準測定について
　　―道徳性発達理論とDIT法― ………………………………………………97
3．「倫理水準」の測定とDITスコアについて ………………………………99
　　（1）設問とコールバーグの道徳性発達理論に基づく道徳性発達段階　99
　　（2）DITスコアの計算式の定義　99

（3）DITスコアの計算のためのステージ別の設問ごとのスコアの決定について　100
　　（4）DITスコアの計算のためのウェイト・係数　101
　　（5）本章の「倫理水準」における倫理概念について　102
　　（6）「倫理水準」の比較可能性　103

4．DITスコアの結果 …………………………………………………… 103

5．相関分析 ……………………………………………………………… 106

6．属性別比較の基準と仮説 …………………………………………… 107
　　（1）属性別比較の基準　107
　　（2）仮説　108

7．属性別比較と仮説の検証 ……………………………………………110
　　（1）あなたはプロですか　110
　　（2）年齢　111
　　（3）肩書き　113
　　（4）実務経験年数　114

8．おわりに ………………………………………………………………116

第6章
監査人の自主規制に関する実験比較制度分析へ向けて

1．はじめに ………………………………………………………………119

2．社会科学における実験の意義 ……………………………………… 120

3．監査人の自主規制に関する実験研究：先行研究のサーベイ …… 122

4．今後の研究の展望：
　　監査人の自主規制に関する実験比較制度分析に向けて ………… 126

5．結びに代えて ………………………………………………………… 129

第7章
市場経済における財務諸表監査の機能と存在意義

1. はじめに ………………………………………………………………… 131
2. ウォーレスの3つの仮説 ……………………………………………… 132
   - （1）財務諸表監査に対する需要と仮説　132
   - （2）自由市場と監査　132
   - （3）スチュワードシップ（モニタリング）仮説　133
   - （4）情報仮説　139
   - （5）保険仮説　144
3. 財務諸表監査の社会的構造と社会的機能を説明する統合的フレームワーク ……………………………………………… 147
4. おわりに ………………………………………………………………… 149

第8章
日本のアカウンティング・プロフェッション

1. はじめに ………………………………………………………………… 151
2. アカウンティング・プロフェッションの種類 ……………………… 151
3. 社会的位置づけ ………………………………………………………… 152
   - （1）関連法令・管轄行政組織　152
   - （2）職業専門家団体の種類，位置づけ，特徴　152
   - （3）職業会計士の人数　153
   - （4）職業会計士の年齢構成　154
   - （5）職業会計士の業務または職能　155
   - （6）会計事務所の概況　156
   - （7）報酬―公認会計士および税理士の年俸―　156
   - （8）報酬―監査事務所の収入―　157
4. 資格試験制度（資格認定プロセス） ………………………………… 158

5．プロフェッションとしての独立性 …………………………………… 160
　　（1） 資格登録と業務登録　160
　　（2） 自主規制―倫理規則―　160
　　（3） 自主規制―会員の処分―　161
　　（4） 行政処分　162
　　（5） 監査業務の品質管理　163
6．むすび ……………………………………………………………………… 164

第9章
イギリスのアカウンティング・プロフェッション

1．はじめに ………………………………………………………………… 167
2．アカウンティング・プロフェッションの種類 …………………… 167
3．社会的位置づけ ………………………………………………………… 170
　　（1） 関連法令・管轄行政組織　170
　　（2） 職業専門家団体の種類，位置づけ，特徴　171
　　（3） 職業会計士の人数　172
　　（4） 職業会計士の業務または職能　173
　　（5） 会計事務所の概況　175
　　（6） 報酬―産業界における会計士の年俸―　176
　　（7） 報酬―監査事務所の収入―　178
　　（8） 弁護士との比較　178
4．資格試験制度（資格認定プロセス） ………………………………… 180
5．プロフェッションとしての独立性 …………………………………… 182
　　（1） 資格登録と業務登録　182
　　（2） 自主規制―会員の処分―　182
　　（3） 自主規制―倫理規則―　183
　　（4） 監査人の独立性規制　183
　　（5） 監査業務の品質管理　185
6．むすび ……………………………………………………………………… 186

第10章
ドイツのアカウンティング・プロフェッション

1. ドイツの会計プロフェッションの種類 …………………………………… 189
   (1) 経済監査士 (Wirtschaftsprüfer)
       および宣誓帳簿監査士 (vereidigten Buchprüfer)　189
   (2) 税理士 (Steuerberater)
       および税務代理士 (Seuerbevollmächtigte)　190
2. 社会的位置づけ ………………………………………………………………… 191
   (1) 関連法令　191
   (2) 管轄行政組織　191
   (3) 専門職業団体　192
   (4) プロフェッションの統計　196
   (5) 会計プロフェッションの業務　197
   (6) 報酬　198
3. 試験制度 ………………………………………………………………………… 199
4. プロフェッションとしての独立性 …………………………………………… 201
5. 品質管理等 ……………………………………………………………………… 202

第11章
フランスのアカウンティング・プロフェッション

1. はじめに ………………………………………………………………………… 203
2. アカウンティング・プロフェッションの種類とその歴史的背景 ………… 204
3. 社会的位置づけ ………………………………………………………………… 205
4. 監査業務の特徴 ………………………………………………………………… 207
5. 試験制度 ………………………………………………………………………… 209

6. プロフェッションの規制 …………………………………………… 211
   (1) 商法規制　211
   (2) 倫理規則その他の自主規制　212
7. 品質管理 …………………………………………………………… 212
8. むすび ……………………………………………………………… 213

第12章
アメリカのアカウンティング・プロフェッション
―私的自治を巡って―

1. はじめに …………………………………………………………… 215
2. 米国の会計プロフェッション ……………………………………… 216
   (1) 公認会計士制度　216
   (2) EA　217
3. 公認会計士の品質管理 …………………………………………… 218
   (1) 従来の私的自治の仕組み　218
   (2) PCAOB (Public Company Accounting Oversight Board) の登場　218
4. PCAOBが行う検査の仕組み ……………………………………… 220
5. 私的自治と公的監視 ……………………………………………… 221
   (1) 監査の実証研究のサーベイ　222
   (2) 考察　223
6. 結びに代えて ……………………………………………………… 224

第13章
カナダのアカウンティング・プロフェッション

1. カナダの会計・監査制度の歴史 ………………………………… 227

2．会計プロフェッションの業務内容 ……………………………… 229
　3．報酬 ……………………………………………………………… 230
　4．自主規制 ………………………………………………………… 231
　5．品質管理 ………………………………………………………… 232
　6．試験・研修制度 ………………………………………………… 233

第14章 オーストラリアのアカウンティング・プロフェッション

　1．オーストラリアの会計・監査制度 …………………………… 235
　2．会計プロフェッションの業務内容 ……………………………… 239
　3．報酬 ……………………………………………………………… 241
　4．自主規制 ………………………………………………………… 243
　5．品質管理 ………………………………………………………… 244
　6．試験・研修制度 ………………………………………………… 245

索　　引　249

アカウンティング・プロフェッション論

第1章 アカウンティング・プロフェッションの論点

1. はじめに
　―アカウンティング・プロフェッション研究の必要性―

　はしがきでも触れたように，わが国の公認会計士がアカウンティング・プロフェッションなのかどうかについて検討を加えることはタブーではない。むしろ，公認会計士がアカウンティング・プロフェッションであろうとなかろうと，そのことを認識した上で，わが国の公認会計士監査システムについて「だからどうなのか」を議論することが肝要であろう。

　私のこの強い思いは，同志社大学在外研究員として1990-92年の2年間を過ごした英国での日常生活にその原点がある。私は英国で普通に生活することを通して英国のアカウンタントが幅広い社会的信任を得ていること，および，その社会的評価の高さを目の当たりにした。そして，最終的に，英国社会がアカウンタントのために巨費を注ぎ込んでいるのは，英国のアカウンタントが英国国民にとって極めて重要な社会的責務を担うとともに，実際にそれを果たしていると英国国民が考えているからに他ならない，ということに思い至ったのである。

　さらに，英国のアカウンタントがこのように非常に高い社会的地位を獲得するに至った背景として，Wienerは19世紀を通じて英国社会の1つの顕著な特徴であったプロフェッションの社会的地位の高まりと人数の増加時流に乗り遅れることなくその勢力を拡張したことを指摘している。その業務内容も時代の流れとともに拡張し，Hopwoodによれば，株式会社の監査役としての業務にとどまらず，19世紀末の不況に伴って生じた破産管財業務から，第一次世界大戦中には入手可能な希少資源の利用の効率性を高めることと戦時利得のチェックを行う国家の代理人としての業務に拡張し，1930年代の不況時における産業の再構築時代には製造会社の上級経営管理者の地位へと拡

大し，第二次世界大戦後には，英国では非常に重要だとみなされている労使関係の問題や産業界の再編成を取り込みながら，ついには経済活動のパブリック・セクターとプライベート・セクターの境界線の移動についての政治的関心事項までをも含むようになった（百合野 1993, 124）。このようなプロセスを経て，英国のアカウンタントは，自他ともにアカウンティング・プロフェッションとみなされるようになったのである。

本章では，まず，この英国のアカウンティング・プロフェッションが英国社会で確固たる地位を築いている実態を私の留学体験から振り返り，わが国と比較する基準点とする。勿論，日英両国で同じような成行きになるとは限らないし，場合によってはそのことが望ましいとも限らない。しかし，英国のアカウンタントが英国社会の期待に応えて大きな社会的責務を担っていることをつぶさに観察した私は，同様に，日本の公認会計士も日本社会の期待に応えて大きな社会的責務を担うことができるのではないかと英国でずっと考えていたのである。

それでは，日本の公認会計士はアカウンティング・プロフェッションなのであろうか。そのことを考える上で参考となる歴史的証拠が存在している。

1つ目は，第二次世界大戦後のわが国で上場会社の財務諸表監査制度をスタートさせるにあたり，当時存在していた計理士という職業的専門家に対して，なぜ計理士を廃止して公認会計士という新たな職業的専門家を創設しなければならないかについて説明した1人の大蔵省事務官の講演である。彼が指摘した計理士の短所と公認会計士の長所とを比較すれば，わが国の公認会計士がどのような職業的専門家として創設されたのかが明らかになるであろう。

もう1つの歴史的証拠は，実はこの計理士という職業的専門家が生まれたプロセスにおいて，英国の勅許会計士と米国の公認会計士を調査した上で当時のわが国には存在していなかった会計士を創設することを目指して極めてレベルの高い議論が行われていたという事実である。すなわち，明治時代末から大正時代を通して，会計士による監査システムの重要性と会計士という職業的専門家の本質についての調査報告（『公許会計士制度調査書』）ならびに立法化運動（「会計士法案」および「会計監査士法案」）が行われた。しか

し，調査報告も立法化運動もともに実を結ぶことなく，結果的に昭和に入って創設されたのが計理士であった。

その計理士が一大蔵官僚に酷評されているのである。現在の視点からでも高く評価できる議論を重ねたにもかかわらず，どうしてそのようなことになってしまったのであろうか。

本章においては，わが国の財務諸表監査システムにおいて重要な役割を担っている公認会計士の存在を前提に，アカウンティング・プロフェッションをめぐる重要な論点を内外の視点から浮き彫りにする。

2．問題意識の醸成
―イギリスのアカウンタントがプロフェッションだということ―

英国に留学した当時，私は，「アカウンタビリティ」という言葉は「会計責任」と訳される会計学の専門用語だと思っていた。しかし，英国に住んですぐに，この言葉が，英国では「説明責任」という普通の意味で広く使われていることを知るようになった。その上で，改めて英国社会をみてみると，英国はアカウンタビリティの重要性が社会のすみずみまで浸透している国だった。この留学体験については，『會計』の1991年8月号から10月号にかけて「黄昏ではなく曇天のイギリスから」と題するエッセーを連載した。当時お読みくださった方もおられるとは思うものの，すでに20年以上も経過しているので，ここでその内容の要点を整理しておきたい。特に3回目に書いた「イギリスの桜と日本の桜が同じでないように，イギリスの『アカウンタント』と日本の『会計士』は同一ではない」ということについて述べたい。「同一ではない」と言うのは，あくまでも日英両国社会での扱われ方が同じではないという意味である。

タイトルの「黄昏ではなく曇天のイギリスから」はいうまでもなく大宅壮一ノンフィクション賞を受賞した『黄昏のロンドンから』（木村 1976）のもじりである。英国は斜陽の国だとあげつらう本書を読んでバイアスのかかった先入観とともに訪れた英国は，現実にはバブル経済の頂点を経験したばかりの日本人の目からみても実に豊かな国だった。国民の1人ひとりが生きる

喜びを実感し，そのことを人生で最も重要なことだと認識しているのである。私は，やがて，その英国の豊かさを支える仕組みの中にアカウンタントの存在があると気づくとともに，英国国民はそのアカウンタントのコストを進んで負担していると考えるようになったのである。

　実際，英国では町中でアカウンタントの看板をたくさん見かけるし，パブでアカウンタントと隣り合わせになることも珍しくない。大学や病院を含むさまざまな組織の財務や経理のポストにはアカウンタントが就いている。特に株式会社の組織図をみると，代表取締役，財務担当重役，内部監査人，税務担当部長，主任会計士，財務会計士，管理会計士，予算会計士，などアカウンタントのポストが目白押し。そして，駅前一等地の惚れ惚れするような大きなビルには見慣れた大規模国際会計事務所の看板がかかっている。

　放送大学の『アニュアル・レポートの裏側』と題する講義でスーパーマーケットチェーンのマークス＆スペンサーの会計システムについて詳細に説明するのをみたが，その持株会社の会計を統括する3人の女性社員が3人ともアカウンタントであり，企業のアカウンタビリティとディスクロージャーの重要性について語っていたのが印象的であった。監査する側もされる側もアカウンタントであり，アカウンティング・プロフェッションの威信をかけて議論をするという印象をもったのである。

　パブリック・セクターで会計を取り扱うポストにもアカウンタントが就いているし，重大経済犯罪捜査局（Serious Fraud Office）の専門スタッフの半数もアカウンタントである。

　このように，英国には多数のアカウンタントが存在していて，その多数のアカウンタントを養うだけの大きなパイがある。その結果として，大卒の優秀な人材を会計士業界が1人勝ちで吸収するという状況が生まれることとなる。それを如実に物語る英国空軍の広告を紹介しておこう。*Sunday Times Magazine*（27 Jan. 1991）の見開き広告は，両手を広げて飛行機ごっこをしている多分パブリックスクールの生徒の大きな写真の上に「正直言ってチャータード・アカウンタントごっこをして遊んでいた友達を思い出せますか」という問いかけ。右側には「現実には目標を下げて不動産業や銀行員になっているでしょうが，契約をまとめる喜びと音速の2倍の早さで飛ぶトルネー

ド戦闘機でミッションを成し遂げる喜びとを比べたことがありますか」「大型融資と低空飛行のどちらのほうがドキドキするでしょうか」「適性があれば2,300万ポンドの戦闘機を操縦するあなたに300万ポンドを投資します」といった文章を並べた最後に「会社員になって大勢の一人になるか，資料請求をして少数の一人になるか，決めるのはあなたです」と結んでいる。いかにも勅許会計士に対する競争心丸出しの広告である。1月17日に湾岸戦争が始まったばかりだったので，笑うというよりも英国空軍の人材発掘の真剣さを感じた次第。

　それでは，どうして英国には多数のアカウンタントを養うだけの大きなパイがあるのだろうか。それを理解するためには，連載の1回目と2回目に「アカウンター」と「アカウンティー」と題して述べた内容を少し説明しておく必要がある。

　英国ではアカウンタビリティを負っている人たちが実に詳しく説明を行っている。その人たちというのは上場会社の経営者だけではない。むしろ，政治家を始めとするパブリック・セクターの説明の多さには目を見張ったものである。

　では，アカウンタビリティを負っている人たちがそのように詳しく説明をするのはなぜなのか。それは，説明を受ける権利を有する人たちが主体的・能動的に行動することによってアカウンタビリティを負っている人たちに詳しく説明させているからに他ならないのである。言い換えれば，英国国民が主体的・能動的に行動するからこそ，アカウンタビリティを負っている人たちは詳しく説明しなければならないということを，エッセーでは具体的な事例を挙げながら述べた。

　その上で，重要なキーワードとして，「情報」「モニタリング」「フェア」を指摘したのである。

　アカウンターからアカウンティーに公的情報が不断に流れている。そして，フェアの概念を大切にする英国では，ある事柄がフェアに処理されているかどうかをモニタリングすることが非常に重要なこととみなされている。公的情報を用いてモニタリングすることによって，アカウンターにアカウンタビリティを果たさせているのである。

このように英国人の国民生活と大きな関係を有するフェアなお金の流れに関する情報の提供とモニタリングについて重要な役割を果たしているアカウンタントに対して高い社会的評価が与えられていることがよくわかる。上場会社のディスクロージャーとの関わりは，アカウンティング・プロフェッションの担っている社会的責任のごく一部に過ぎないのである。
　私は次のように推論してエッセーを終えた。英国においてアカウンタントの社会的評価が高いのは，世界の工場になるのではなく田舎の生き方を守ることを選択した産業革命後の英国の社会システムを維持することにアカウンタントが深く関わっているからではないだろうか。言い換えると，英国人がゆったりと人生を楽しむための社会の仕組みを維持することに責任を負っているのがアカウンタントなのではないか。そのためのコストだからこそ，英国人は金額が大きくともすすんで負担しているのではないか，と納得したのである。

3．わが国における会計専門職に関する議論
　　　―計理士，会計監査士，会計士，などなど―

　わが国の公認会計士がどのような職業的専門家として創設されたのかを明らかにするために，1948年7月16日に行われた大蔵省事務官林大造氏の講演内容を検討しよう（林 1948）[1]。
　この日のちょうど10日前に公認会計士法が公布され，その大部分の規定がこの日の2週間後から施行されることとなっていた。聴衆は，この法律の施行に伴って日本社会から姿を消す運命にあった計理士たちであった。彼らに向かって，計理士という職業がいかに取るに足らない職業であるか，および，そのような計理士とは異なって公認会計士がいかに素晴らしい職業かを縷々説明したという不思議な講演であった。
　この講演録を読むと，廃止される計理士と新設される公認会計士の比較を通してわが国の公認会計士がどのような職業的専門家として創設されたのか

1　なお，本節の記述は，百合野（2010）に部分的に基づいている。

を窺い知ることができる。しかし，それと同時に，この講演で引合いに出される欧米の例を参照しなくとも，明治大正期のわが国においてに会計専門職についての主要な論点は出尽くしていたこと，および，その長期にわたる議論の結果創設された職業的専門家が他ならぬ計理士だったことを思い出すこととなるのである。

すなわち，すでに百合野（1999）において詳しく論じたように，わが国においては，
① 1909年に，農商務省商務局が『公許会計士制度調査書』を公表した，
② 1914～25年に，「会計監査士法案」もしくは「会計士法案」が帝国議会に繰り返し提案された，

という歴史的事実が存在しているのである。そのことを念頭におきながら講演を振り返ってみよう。

林事務官は，公認会計士という新たな制度を構築する根拠について，次の4つの観点から説明した。

それらは，
（1）欧米における会計士の歴史的展開に関する考察
（2）英米と比較した上でのわが国の計理士制度の欠点についての指摘
（3）計理士を公認会計士に置き換えなければならない根拠
（4）公認会計士の将来の発展方向

であった。

以下，これらの論点について整理する。

（1）欧米における会計士の歴史的展開に関する考察

林事務官は英国のチャータード・アカウンタントと米国のCPAがどのような社会的経済的要請のもとで発展を遂げてきたかについて説明したが，特に株式会社の発達と本質的な結びつきのあったことを指摘した（林1948, 2-3）。

発展の流れは次のようにまとめられていた。

資本主義の発展⇒大資本に対する必要性の高まり⇒無限責任でない新たな会社制度の必要性の高まり⇒有限責任の株式会社制度の創設・発展⇒株主の分化（投機株主・投資株主・企業者株主）⇒投資株主が社会の投資ルートの中心になる⇒投資の保護の必要性の高まり⇒株式等の証券価格の安定の必要性の高まり

　このような状況のもとであってはならないことが、大株主と会社当局の結託による蛸配当や、経営内容の悪化に起因する破産であり、これらが生じると社会の経済機構の全般まで掻き乱されるとして、「・・・こういう経理上の不正が行われぬことを監視するために、又株式会社制度において投資株主と会社の経営の実態を結付ける唯一のつながりをなして（いる＝筆者補足）財務書類が、真実に会社の経理状態を表しておることを保証するために、公正な第三者として会社の経理を監査し、財務書類の真実性を保証するという一つの職業が必要になって参ります」（林 1948, 3）と述べて、経理上の不正の監視と財務書類の真実性の保証の2点が公認会計士という職業の役割であるということを明確に強調した[2]。
　しかしながら、この講演の30年も前の第41帝国議会（1918-19）における会計監査士法案の提案理由に同趣旨の発言があった。すなわち、第一次世界大戦中に新設された大規模株式会社に対して、
「利害関係ノナイ第三者ヲシテ、其ノ状態ヲ調査セシメテ置クト云フコトハ、経済上最モ必要ナ事デアラウト考ヘルノデアリマス、此ニ於テ専門ノ智識経験ノアル者、独立不羈ノ地位ニ在ル者ヲ公認スル」
ことが重要であるとはっきり述べていたのである（百合野 1999, 186-187）。

（2）英米と比較した上でのわが国の計理士制度の欠点についての指摘

　次に、林事務官は、わが国の計理士制度の現状を英米の会計士制度と比較した。すなわち、1927年に誕生した計理士は、1948年7月6日現在の最終の登録総数としては約2万5千名もの多数に上るものの、「・・・遺憾ながら

2　この趣旨は公認会計士法案の提案理由と同じである（日本公認会計士協会近畿会 1975, 1）。

社会の信用を完全に備え，公正な第三者として財務書類の監査証明をする慣例が成立するまでには至っていない現状」(林 1948，4) であると述べた。その理由として，次の5点について具体的に論じた。

それらは，
① 計理士法には制定当初から固有の欠陥があった
② 資格そのものの社会的地位が低かった
③ 監督当局に良い計理士制度を育てる熱意が足りなかった
④ わが国には監査証明の業務に対する要求がほとんどなかった
⑤ 国が計理士というものを積極的に利用しようとしなかった
であった。

これらの論点は，アカウンティング・プロフェッションの本質的性格と深い関連を有しているので，1つずつ検討してみよう。

① **計理士法には制定当初から固有の欠陥があった**

周知のように，計理士には無試験資格取得の制度があった[3]。この点が重大な欠陥であると説明する林事務官は，まず，登録者と開業者との間の人数の乖離を問題点として指摘した。すなわち，
「誰がどういうふうに現実に仕事をやっておるのかということの把握が全然できません。従って，懲戒規定などの発動は全然行われ得ない状態でありまして従って，計理士というものは野放しになっておる。その結果が，計理士の中で一人二人非常に悪い方が出ますと，それが新聞に載り，それが計理士全体の水準が低いというふうな誤解を招くことになるという欠点があった」(林 1948，5) という認識違いとしか思えない説明を行うのである。

この説明には官が計理士をコントロールするという思考が伺えるが，実は，大正時代の最後の会計士法案の議論が計理士制度誕生へとつながる成行きと酷似しているのである。すなわち，貴族院では審議未了となったものの，高橋是清農商務大臣自らが「此会計士法ノ制定ハ政府ニ於キマシテモ，其必要

3　2万5千名の登録者中，実際に計理士業務を行っている人は3千名に満たず，加えて，実際に試験に合格して登録した人は131名に過ぎなかった，と計理士の実態が推定されている (日本公認会計士協会京滋会編著 1997，3)。

性ヲ深ク感ジテ居ル次第デアリマス」と述べた一方で，会計士法が成立した場合の監督官庁をどこにするかについての議論が百出していたのである。会計士会という団体を監督するという意味では司法省，会計士の業務の中で会社の業務に重点をおけば農商務省，法人組合の業務に重点をおけば内務省，会計という業務そのものに重点をおけば大蔵省，という具合であった。(原 1989, 95)。後に述べるような官僚機構の一部としてプロフェッションが導入育成されるというわが国のプロフェッションの特徴はずいぶん昔からみられたのである。

② **資格そのものの社会的地位が低かった**

　無試験資格取得と関連した問題と認識した上で，林事務官は計理士資格の社会的地位の低さを問題点の2番目に挙げた。すなわち，
「英国のチャータード・アカウンタントにしても，大学を卒業してから三年間実務を見習わなくてはいけない。而も，その間中間試験に合格し，最終試験に合格して，初めてチャータード・アカウンタントになれる。ところが，わが国の計理士は，大学，専門学校を出ると直ぐになれる」ところが問題であって，これでは「全般的に資格が低いことになり，従って計理士の提供するサービスも低いことになって，計理士全体の水準を落す結果になったと思います」(林 1948, 5-6) と説明した。

　英国の会計士資格取得システムについて補足しておくと，会計士志望者はこの3年間に会計事務所で給料を貰いながらいずれかの会計士協会の登録学生となって専門的知識を身につけるとともに実務経験を積むのである。そのために，大学生はまず大学生の身分で会計事務所に採用されることが必要となる。採用されると会計士への道が開けるが，採用されない場合には会計士以外の道を進むことになる。この仕組みだと，わが国で起きているような，会計士試験に合格したにも係わらず監査法人に就職することができないという深刻な事態は生じない。その上，大学教育を受けたあとの会計士教育を行う責任主体は各会計士協会であって，まさしく，会計士が会計士を育てる仕組みとなっているのである。

　しかし，このことは1909年に農商務省商務局が『公許会計士制度調査書』

を公表した時点においてすでに調査済みの内容であった。

③　監督当局に良い計理士制度を育てる熱意が足りなかった

この点に関しては「適宜に懲戒処分を行うことによって一般予防的な効果を挙げ，全体の計理士の水準を上げて行く。又登録されておる者についても，現実に業務をやっておるかどうかを常にキャッチして，業務を行っていない者は登録簿から削除して行く」（林 1948，6）ことが具体例として指摘されている。監督当局のこのような監督行為が良い計理士を育てることにつながると本気で考えていたのだとしたら監督当局の官尊民卑の思い上がりは甚だしいと言わざるを得ない。英国における会計士制度の発展は会計士による自発的な動きの活発さがその原動力になっているのである[4]。

さらに，公許会計士が調査だけに終わって具体化せず，会計監査士法案と会計士法案がいずれも政府の強い反対で廃案となったプロセスを振り返れば，実は，政府には熱意が足りなかったどころか，アカウンティング・プロフェッションを育てる気持ちなどまったくなかったといった方が適切であろう。

④　わが国には監査証明の業務に対する要求がほとんどなかった

これが相当重要な問題だという認識を示した上で，林事務官は「大衆の蓄積資本は預金という形で銀行に集中され，銀行がこれを貸し付ける。そして銀行に融合された金融資本と所謂財閥の巨大なコンツェルンとが一体になって，株式などの投資を殆ど決めておった。従って投資株主或は社債権者の健全な投資大衆が十分発達しなかったのではないか」（林 1948，6-7）と述べ，そのような状況下では「銀行などは自分で貸付先の経理を十分研究して監査しておりますから，その場合に公正な第三者の監査を必要としない。又企業の方からしても，むしろガラス張りの企業経営をしないで，まあ融資者たる銀行或いは親会社などと取引の秘密を守りながら融資を受けてゆく」（林

---

[4] 周知のように，イギリスにはただ1つの会計士制度が存在し，会計士になるための国家試験が実施されているのではない。6つの有力な会計士協会がそれぞれ自会計士協会の登録学生を増加させる努力を怠らない。それについては各会計士協会の登録学生向けホームページを参照のこと。

1948, 7) のが自然の成行きであろうと現状肯定的説明をした。

しかしながら，間接金融に偏重することの欠点は大正時代の帝国議会で「会計（監査）士法案」が提案された際に，第一次世界大戦の勝敗と国力との比較秤量をまじえながらすでに指摘されていたし，大規模株式会社がガラス張りの経営をしないことの問題点もまた株式会社という仕組みの本質との関連で同様に繰り返し指摘されていた。すなわち，日本ではなおざりにされていた直接金融の重要性と企業のディスクロージャーの重要性を根拠として会計専門職の制度を創設することの重要性は，この講演の20年以上も前に繰り返し議論されていたという歴史的証拠が厳然と存在しているのである[5]。

したがって，ここで林事務官がそのような歴史的事実に目を向けることなく，わが国企業の資本調達とディスクロージャーの現状を追認して説明を行うのは，ただの智識不足の域を越えて，確信犯的に関係者もしくは社会を誤導する説明であるような気がしてならない。というのは，何世紀も昔の他国の話ではなく，この講演のわずか40年ほど前から20年ほど前にかけてわが国で繰り返し行われた議論だったからである。

すなわち，わが国には監査証明の業務に対する要求がなかったのではなく，民間からの要求を政府が容認しなかった事実を明確にしておく必要がある。上述したように，間接金融にのみ偏重することの問題点は大正時代の帝国議会で明瞭に指摘されていたし，大規模株式会社がガラス張りの経営をしないことの問題点も同様に繰り返し指摘されていたのである。そして，それらとの関連で必要とされた会計士の業務の第一番目のものとして，「監査」がはっきりと指摘されていたのである[6]。

⑤ 国が計理士というものを積極的に利用しようとしなかった

林事務官は戦時中の統制経済下に採用されて当時も継続していた原価計算による価格政策において計理士を積極的に利用しようとしていないが，これは「英国米国の例とは根本的に違うと思う」（林 1948, 7）と述べて，国が

---

[5] しかも，戦前のわが国において直接金融市場が整備されていたという主張も存在している（石井 2006；石井 2012）。
[6] 詳しくは，百合野（1999）第6章を参照のこと。

計理士というものを積極的に利用しなかったことを最後の欠点として指摘している。

確かに，イギリスのアカウンタントの発展プロセスを跡づける際に，1875年にある判事が「破産にかかわるすべての仕事が会計士と称される無知の輩の手に委ねられてしまっている。これはこれまでの法における悪弊の最たるものの一つである」（友岡・小林訳 2006, 43）と嘆いたことからその社会的地位の低さが推測できるアカウンタントが，やがて，長い伝統を有するイギリスの専門職の仲間入りを果すきっかけが，第一次世界大戦の際に軍需品の適正な原価計算を行って社会の信頼を得たことであると指摘されているが，まさにこれと同趣旨の指摘である。

しかしながら，明治・大正期の会計士制度創設のための議論を知っている立場からは，ただ積極的に利用しなかったのは申し訳ないと謝って済む問題ではなく，むしろ，それが「英国米国の例とは根本的に違う」ことを知っていながら積極的に利用できる会計士制度を創設しなかったことの方に大きな問題があることを指摘しておきたい。

すなわち，会計士像については，早くも1909年にはその特長を明瞭に整理していたのである。すなわち，
1）公許会計士は会計専門職であるがゆえに「公共的性格」を備えていること
2）公許会計士の業務の中で最も重要なのは「監査」であること
3）監査に必要なのは「独立性」と「専門性」であること
が明確に認識されていた（百合野 1999, 130-133）。

そして，公許会計士の制度ができた後の弊害として予想されていた，
1）賄賂を伴う不正行為の発生
2）会計士の増加に伴う競争による弊害
3）自称会計士の発生
が，いずれも会計士の仕事が重要であるという理由，および，それゆえに会計士の収入が莫大であるという理由から予想される弊害であり，まさに高度な会計専門職である公許会計士であるからこそ予想される弊害であることを予見していたのである（百合野 1999, 152-154）。

したがって，仮に『公許会計士制度調査書』が提案した会計専門職が創設されていたならば，その内容は計理士とは大きく異なり，まさに林事務官が公認会計士の要件として指摘した要件を備えた会計専門職となっていた蓋然性が非常に高かったのではないかと想像されるのである。
　ところが，明治末から大正時代を通して活発に議論された「公許会計士」も「会計監査士」も「会計士」も，結局は職業会計士として創設されることはなかった。帝国議会で廃案となるたびに少しずつ形を変え，次第に骨抜きにされながら，それらに代わって1927年に制度化されたのが，講演の中で酷評されている計理士なのである。ということは，「計理士法には制定当初から固有の欠陥があった」のも「資格そのものの社会的地位が低かった」のも，いずれも詰まるところは，計理士という職業的専門家が，計理士法が制定される以前の活発な議論で会計専門職の要点についての議論が尽くされていたにも係わらず，その要点を巧妙に取り除いて創設された職業的専門家だったことが原因となっているのは火をみるより明らかなのである[7]。

（3）計理士を公認会計士に置き換えなければならない根拠

　林事務官は，計理士制度を取り巻く環境が戦後劇的に変わることとなり，そのために計理士制度を改正しなければならなくなったとして，証券の民主化と外国の民間資本導入という2つの社会的要請を指摘した。そのために「ここに健全な投資大衆の保護が喫緊の要請になって参りました」（林 1948，8-9）と説明した。
　しかし，明治・大正期の会計専門職創設のための議論において，外資の導入のためにディスクロージャー・システムを創設することが必要であるということ，および，その仕組みを支えるためには英国や米国の会計士に範をとった会計専門職を創設することが必要であるということは論じ尽くされていたのである。
　一方，海外の民間資本をわが国に導入する必要があることについての林事務官の次の発言には別の視点から注意を要する。すなわち，「外国，殊に米

7　詳しくは，百合野（1999）の第5章と第6章を参照のこと。

国の投資家は，会社の経理ということに対しては非常に敏感でありまして，戦前においても向うの投資家は向うのCPAを連れて日本の投資先の経理を監査さしておったということによって分るように，向うからの投資を導入するにはどうしても，投資を受ける日本の会社の経理が向うのCPAに匹敵するような計理士によって監査され証明されることが必要であると言えると思います」（林 1948, 10）と述べているのである。つまり，彼は，米国の投資家がCPAに依頼して日本の投資先を監査させるという慣行が戦前に行われていたことを知っていたのである。そのような慣行が日本にあったにも係らず会計専門職を創設しなかったのだとしたら，政府のかたくなな反対の態度にはそれだけ強く反対する何らかの理由のあったことが想像できよう。

（4）公認会計士の将来の発展方向

　新たに創設される公認会計士制度がわが国でどのように発展すると想定されていたのか，これに関する林事務官の説明は興味深い。

　公認会計士が社会に提供する公正な第三者としての職能には重要な大蔵省の基本的姿勢が示されていた。公正な第三者としての職能には２つの監査が想定され，その第一は株式会社の株主と社債権者の利益を守る立場であり，第二は税務会計監査の問題だとされていた。そして，前者の重要性について述べたあとに次のような発言があった。

　すなわち，「将来公認会計士が質的にも量的にも非常に優秀になって参りますれば，今のように概して取締役に従属しておるような監査役による監査は意味がないから，監査役制度を根本的に考え直そうという動きの高まる時期が来るかと思います」（林 1948, 12）と述べて，英米独の実例に簡単に触れつつ，わが国の監査役監査の欠陥とその改善の必要性と，その改善方策には公認会計士の制度が大いに役立つだろうという見込みを，極めて断定的に述べているのである。

　この点についても，繰り返し述べてきた明治・大正期の会計専門職創設のための議論においてすでに指摘済みのことであった。すなわち，明治32年にいわゆる新商法が制定されてわずか10年を経ずして監査役監査が形骸化していたこと，および，それを改善するためには英国や米国の会計士に範をとっ

た会計専門職の創設が必要であることは，明治末から大正時代を通して論点明瞭に議論されていたにも係わらず，そのような会計専門職を創設することにも形骸化した監査役監査の建て直しにも一貫して強い反対の態度を取りつづけたのは当時の政府に他ならなかった。この歴史的事実には目をつぶり，何くわぬ顔でその必要性を主張しているのが大蔵官僚だということに強い違和感を感じるのである。政府は会計専門職の必要性も監査役監査の無機能化も承知の上で監査を行う会計専門職の創設に対して強い反対の態度を取りつづけたのだということを改めて思い知らされるのである。

林事務官は，最後に，証券取引法第26条に規定されている証券取引委員会の臨検検査権について次のように述べた。すなわち，
「証券取引委員会の臨検検査権が認められておるということは，謂わば公認会計士に対する監査というような面ももってくるのではないかと思います。公認会計士と雖もやはり会社との利害関係がありますので，会社の勢力に対抗して，不正を不正，正を正と断じ切ることは，なかなか難しいわけであります。そういう公認会計士の蒙る圧迫を排除するためには，背後にそういう証券取引委員会の監査が控えておることが必要である。これはアメリカの歴史に徴しても同様なことがいえまして，証券取引委員会の監査証明陣営が相当豊富で，これがアメリカのCPAの業務正当性を保障しているといわれております」(林 1948, 14-15)と述べて，米国の公認会計士の権威の源泉が証券取引委員会にあることをはっきりと認識しているのである。

それにもかかわらず，この公認会計士の権威の源泉であるとはっきりと指摘されている証券取引委員会は，先に述べたように，公認会計士監査がスタートする前に行政改革の名のもとに廃止されてしまった。公認会計士の権威の源泉を廃止するということは何を意味するのであろうか。

4．プロフェッションとは何ぞや
―プロフェッションの一般的定義とわが国の特異性―

さて，英国のアカウンタントがアカウンティング・プロフェッションであることを説明し，日本においては明治の末から戦後に至るまで非常に似通っ

た会計専門職創設のための議論があったことを振り返ってきたあとに,やはり,プロフェッションとは何か,そして,アカウンティング・プロフェッションとは何か,について検討しておかなければならない。また,プロフェッションの適訳は専門職なのか専門家なのか,それとも単にプロでいいのだろうか。アカウンティング・プロフェッションの適訳は会計専門職なのか職業会計士なのか会計人なのか。そして,これらの言葉の間にはどれほどの距離があるのだろうか。

これらの疑問点を明らかにするために,プロフェッションの研究に手を染めた方が少なからずおられるのではないかと想像する。しかし,経験者は知っているように,社会学の領域であるプロフェッション研究に足を踏み入れるとすぐにわかることは,この領域には極めて多くの先行研究があることと,多くの枝分かれと批判とが混在しているということである。詳細な検討は第2章と第3章に譲るとして,ここでは,本章の第2節と第3節との関わりに限定して,わが国のプロフェッション観を浮かび上がらせるための考察を行おう。

公認会計士もしくは会計士を1つの典型的なプロフェッションとして多くのプロフェッション研究者が取り上げているのは事実である。たとえば,Wilenskyは1964年の論文において,プロフェッションとして認められる職業を年代順に次のように列挙した(Wilensky 1964, 141-142)。

中世後期以降 　法律家,聖職者,大学教授(聖職者としての大学教授を含む),特にイタリアにおける医師
ルネサンス以降 　軍人
16〜19世紀 　自主規制される社交倶楽部をベースにしたヨーロッパの常備軍の幹部将校
19世紀初頭 　歯科医師,建築家,工学のいくつかの領域の職業,特に土木工学
それ以降 　公認会計士,いくつかの科学と工学の領域の職業
現在進行形 　ソーシャルワーカー,矯正士,獣医師,都市計画士,NPOの経営者

ボーダー　　学校の先生，図書館司書，看護師，薬剤士，視力検定士

　また，1950年に実施されたアメリカの国勢調査においてプロフェッションとして分類されている職業は次のとおりである（三井・篠田 2006, 5）。
　　accountant, architect, artist, attorney, clergyman, college professor, dentist, engineer, journalist, judge, librarian, natural (social) scientist, optometrist, pharmacist, physician, social worker, surgeon, teacher

　では，プロフェッションはどのように定義されているのであろうか。

　　professions　☞　聖職者・医師・法律家などに典型的にみられるように，長期の教育訓練を通じて習得した，学問的裏づけをもった技能の独占的行使を通じて社会に貢献することを第一義とする職業。

　この定義（三井・篠田 2006, 2）は，一般論として受け入れやすい。この定義は，我々の頭の中にあるプロフェッションのイメージそのものであろう。
　そして，これらの伝統を有するプロフェッションがプロフェッションとして長く続く基盤を形成した基本的特長について，Wilenskyは，無欲無私，公衆の福祉への貢献，業的利益よりも依頼人の利益もしくは公益への献身，および，パブリックサービスに対する奉仕，を指摘している（長尾 1980, 35-44）。これらの基本的特長は，すでに繰り返し述べてきたように，わが国における明治大正期の会計士制度創設のための議論においてはっきりと認識されていた特長なのである。
　Wilenskyは，また，専門職を普通の職業と区別するメルクマールとして，専門職の特長を次のように説明した（長尾 1980, 2-3）。

①　長期にわたる所定のプログラムを履修した後に修得されるもので，体系的な学問的知識に裏づけられた専門的職種。
②　自らが専門家としての自覚をもち，社会的使命を全うする上で一連の

行動規範を遵守する職業。

　その上で，普通の職業が専門職化するためには次の五つのステップを踏むと主張した。

1）その仕事にフルタイムで従事する人たちが出てくる
2）必要な知識の修得，訓練を行うための学校が設立される
　→やがて大学と結びつく
3）先駆者やその弟子たちを中心として同業者組合（学会組織）を立ち上げる
　→名称変更や新旧メンバー間の対立が生まれる
4）職場を守る，あるいは隣接職種との違いを強調するようになる
　→資格の認定や免許制度の立法化を目指す
5）自らの社会的使命を全うするために遵守すべき倫理綱領を明文化する。

　ところが，これらをわが国の公認会計士に当てはめた場合，倫理綱領の明文化以外は必ずしも関連性を認識できない。

　その理由は，上記の文章が専門職を主語として能動的に書かれているのに対して，わが国の公認会計士の場合には，前節で考察したようにその職業が能動的に形成されたわけではなく，まず法律が作られて，そのあとに職業が生まれたという受動的プロセスを辿ったからではないだろうか。

　他方，これらの定義や分類に対しては厳しい反論が存在している。

　たとえば，Rothは，「あらかじめ設定された属性の有無によって，特定の職業が専門職か否かを判断するやり方は間違いである」とし，先に述べた5項目についても裏づけるデータは存在しておらず，特権的立場を正当化する便法となっており，「専門職という考え方自体が，一種のイデオロギーである」とまで言い切るのである（長尾1980, 4）。つまり，プロフェッション研究は西欧社会の歴史的展開をベースに論じたとしても，さまざまな切り口が存在し，一元的理解の可能な領域と言い切ることはできないのである。

　それでは，わが国の専門職に関する研究で本章の議論との関連で検討して

おかなければならない論点は何であろうか。

　石村善助教授は，プロフェッションという言葉が一般的に古典的プロフェッションとか知的プロフェッションとも呼ばれる3つの職種すなわち聖職者，医師，弁護士を意味していると定義した上で，これらの職業が西欧社会では他の職業とは一線を画する職種とみられてきたことに一般的に異論はなさそうである，と微妙な言い回しをしたあと，わが国ではどうであろうか，との問題提起を行っている（石村 1969, 3）。それは，たとえ西欧社会ではプロフェッションと評価されている職種であっても，わが国ではそのプロフェッション性をめぐって根本的な問題が出されているという現実があるからである（石村 1969, 7）。

　その職業として弁護士が挙げられる。周知のように，弁護士という職業は西欧社会では聖職者および医師と並んで古典的三大プロフェッションみなされており，後発の職種がプロフェッション化を目指す場合に到達目標とされることの多い職業であるにもかかわらず日本において十分に発展していない理由として，Rabinowizは1956年の論文の中で，日本の弁護士にはプロフェッション性が欠如していることを指摘している。すなわち，
「（日本の）弁護士は自己の役割が近代社会の中でよく融け込んでいず，そしてまた，伝統的社会の中に根を張っていないところへもってきて，その役割を遂行するための充分な特殊教育も受けていなかったのである。その役割は，いかなる義務も責務も帯有しなかった。その団体組織は弱体である。これ等を綜合すると，専門職（calling 天職）概念の欠如ということになる」（石村 1969, 11）と，専門職概念の欠如とまで言い切っているのである。

　その要因としてRabinowizが指摘する日本の弁護士の特徴は，プロフェッショナリズムと伝統的に結びついた要素の発展が極めて弱いことであり，業務が公認されているにもかかわらず日本の社会システムとして統合されていないことである。そして，その原因として，日本国民が弁護士に広範な職業上の独占権を与えることに抵抗を示したことと，弁護士の職能が他の専門職または準専門職と区別されなかったことが指摘されている（石村 1969, 10）。

　この点について，日本人の目から，石村教授は「わが国のプロフェッショ

ン(を始めその他の職業も)は,弁護士にせよ医師にせよ,明治維新以降,外国から輸入された職種であり,しかも,その輸入がほとんどいずれの場合も,政府の強いイニシアティブによることは,注目する必要がある」(石村 1969, 221)と指摘した上で,わが国の弁護士の特殊性については,「わが国の司法制度は・・・西欧流の司法制度—行政権,立法権より独立した地位をもつ近代的司法制度—そのものではなく,国家の政治権力の圧倒的支配のもとに,わが国の司法制度が形成され,政治機構の一環としてたくみに位置せしめられてきた」(石村 1969, 224)ことを指摘している。

そして,「近代的民主国家では当然視される司法権の独立さえも歪められた形をとっているわが国の司法制度のもとで,司法権の独立を前提として存立しうる弁護士(制度)の自立をはかることは容易なことではなかった」(石村 1969, 224)が,第二次世界大戦後に司法制度改革が行われたために法律的には地位の向上が達成されたものの,実質的に日本社会で尊敬されるべきプロフェションとしての地位を獲得するには至っていないと説明されるのである(石村 1969, 225)。

さらに,弁護士と同様のことは日本の他のプロフェッションにも多かれ少なかれ当てはまることであるとして,わが国のプロフェッションの特徴として,次の項目を指摘される(石村 1969, 226-230)。すなわち,

① わが国におけるプロフェッションと政治の関係は西欧諸国とは異なっている。
② わが国の政府は新しいプロフェッションの導入にはなるべく先頭を切り,できればその独占権,優先権,指導権を確保しようとする[8]。
③ 官僚機構の一部としてプロフェッションが導入育成されるため,その形式面は比較的正確に導入されるが,精神面は表面的にしか導入されない。
④ 官僚機構は,public administrationの publicにほとんど注意を払わない。

これらの指摘事項は,わが国のプロフェッションを理解する有力な視点となりそうである。

---

[8] わが国の会計士監査制度が「第2次世界大戦後に行政主導によってアメリカから一挙に移入され,行政の保護の下に急速に発展したという出自のためか,行政機関の介入に対して抵抗力がいくぶん弱いようである」という感想もある(川北編著 2005, 50)。

5．小括

　結論として，わが国の公認会計士はアカウンティング・プロフェッションなのであろうか。

　私のこれまでの研究の蓄積から，「状況証拠」的小文を認めてきたが，本章において随所で示したように，アカウンティング・プロフェッションの本質は普遍的なものではない。国によって，また，時代によって，アカウンティング・プロフェッションの本質は異なっている。それは，アカウンティング・プロフェッションの提供するサービスが国の社会システムに組み込まれたサブシステムに他ならないからである。

　したがって，英国の会計士監査システムを参考にすることも，米国の公認会計士監査システムを参考にすることも，当然必要なことであるとしても，その際に忘れてはならないことは，参考にすべき最も肝心なことは，それぞれの国において会計士監査システムを支えているアカウンティング・プロフェッションの本質をみることである。

　監査マニュアルの移入は容易であろうが，プロフェッションのサービスはマニュアルの対極にある。マニュアルがなくともプロフェッションの業務を行うことは可能だろうし，極端にいえば，基準がなくともそれは可能であろう。基準を超えるサービスを提供する職業がプロである[9]。

　本章を終えるにあたって，少し長くなるが，「監査制度改革の方法如何」と題する次の文章を紹介しておきたい。監査役制度の改革に向けての提言の中で，この制度改革にぜひとも必要な会計士の養成に関する提言である。いつの文章なのかはあとで述べる。

9　1965年に欧米の監査制度を視察した報告書の中で，日本では一定の基準を作り統一する動きが見られるが「アメリカの公認会計士は『会計士の判断』というものを非常に高く評価し他の何びともおかすことのできない職業的専門家としての領域である，としている。………経験豊かな公認会計士の判断にこそ会計士の価値が見出される，と考えられている」との記述が見られる。視察団のメンバーが経験豊かな公認会計士だからこそ気づかれたのであろう（経団連パンフレットNo.88 1966，124）。

「此の制度を採用するに付ては予め計算人を要請する準備を要す。英国に於ては例の公許計算人（英国のは勅許計算人と直訳せらる但し近頃会計士と訳する者あれども是れ頗る不適当なり）協会設立ありて，監査人候補者の試験を施し之を及第せざれば公許計算人の業務を営むこと能はざる制度なれども我国には未だ此種専門の教育所なき而已ならず，試験官の資格ある者さへ乏しき有様なれば，第一（に＝筆者補足）試験官たる人物の要請と，第二に公許計算人候補者を教育する機関を要す。まず第一の準備として，高等商業学校卒業の優等生を選抜して英国に留学せしめ，実地公許計算人に就き二三年間実習し帰朝の上は之を試験官又は教授に採用すべし，（蓋し英国にて公許計算人の事務所にて練習せんとするには多額の保証金を要す）。

第二の教育法は，先づ各高等学校に監査の特別科を設け，学生中有志者を特に養成する機関とし，英国より此専門的教師を雇入れ，実地練習をなさしむることゝし，中央の試験に及第したる者を監査役に採用せらるゝ資格を得せしむることにすべし，但し他の私立学校にて習得したる候補者も又受験の権利を与ふべきものとす。

終りに此制度は逐次我市町村の公費の会計にも普及せしめ，市町等に於ても公許計算人を採用して其監査を受ることに為し度ものなり。」

これは，明治42年12月25日付の『東京経済雑誌』に掲載された大越成徳氏の提言である（志立編 1926，135-136）。法律を作るのではなく，英国人会計士のもとで訓練を積むことの重要性が指摘され，具体的に提言されている。特に試験を行う前に，専門職のDNAともいうべきものを受け入れることの重要性が述べられていることに注目したい。

しかし，石村教授がいみじくも指摘しておられるように，わが国のプロフェッションが「官僚機構の中で，あるいはそれと密接な関係の中で，展開せしめられてきたところに，さまざまの問題と，わが国の独自の性格の根源がある」（石村 1969，228）のであれば，いくら年月を重ねたとしてもこの文章が日の目をみないことに何ら不思議はない。わが国におけるアカウンティング・プロフェッション研究はこの事実を認識した上で進めていかなければならないと考えている。

図表1-1　雑誌『會計』掲載　会計士・監査関連主要論文・記事一覧

第1巻第1号（1917年，大正6年）
　　　「英人の観たる『日本に於ける会計士の職務』」（Accountant誌の記事の翻訳）
第1巻第4号　「株式経営に対する予算の監査」
　　　「会計諸表の様式及会計監査に関する統一的取扱法　上」（Uniform Accountingの翻訳）
第1巻第5号　「会計諸表の様式及会計監査に関する統一的取扱法　中」
第1巻第6号　「会計諸表の様式及会計監査に関する統一的取扱法　下」
第2巻第4号　「統一的会計」（Uniform Accountingの解説）
第3巻第1号　「会計士法案に関する帝国議会の議事」（条文と議事）
第3巻第2号　「会計士制度について」（日本会計学会　創立1周年記念講演）
第4巻第5号　「再案出の会計士法提出」
第5巻第1号　「会計士法案に関する帝国議会の議事」
第6巻第6号　「会計士法案に関する帝国議会の議事」
第7巻第1号　「会計士法案に関する帝国議会の議事追加」
第8巻第1号　「第1回会計士懇話会の記」
第11巻第5号　「最近米国に於ける会計士の発達」（The Journal of Accountancyの記事の翻訳）
第12巻第1号　「神戸会計士会設立の記」
第13巻第3号　「被監査者の位置に立ちて」
第13巻第6号　「会計士法制定に関する大阪工業会の意見書」
　　　「日本会計学会懇話会記事」
第14巻第3号　「利益保険とアツカウンタンシー」
第15巻第2号　「英国に於ける会計士養成制度」（The Journal of Accountancyの記事の翻訳）
第15巻第6号　「英国協同組合運動に於ける『公認監査人』問題」
　　　「英国の公認監査士及チャータードアカウンタントの訳語に就て」
第16巻第3号　（1925年，大正14年）「会計士法案私議」（全50ページ）
第16巻第6号　「会計士業と其の前途」（Incorporated Accountant協会での講演の翻訳）
　　　「中華民国に於ける会計師暫行章程」
第17巻第3号　「監査役の資格」（The Accountants' Magazineの社説の翻訳）
第17巻第5号　「米国会計士業最近の傾向」（The Journal of Accountancyの記事の翻訳）
第17巻第6号　「我国信託会社と会計監査業務　1」
第18巻第1号　「我国信託会社と会計監査業務　2完」
第18巻第4号　「英米会計士に就て」
第19巻第2号　「会計士銓衡委員と会計士」
第19巻第3号　「国際会計士会議」
第19巻第6号　「会計士業と有限責任」
第20巻第2号　「会計士の監査と証明に就て」
　　　「第52議会に於ける『計理士法』案の審議　1」
第20巻第3号　「第52議会に於ける『計理士法』案の審議　2」
第20巻第4号　「第52議会に於ける『計理士法』案の審議　3」
　　　「計理士法と計理士の職業　其1」

第20巻第5号	「計理士法と計理士の職業　其2」
第21巻第3号	「計理士法の一根本問題に就て」
第23巻第5号	「英国に於ける監査人証明書の責任範囲に就て」
第24巻第5号	「会計士に就て」
	「会計士の料金問題」
第28巻第1号	「監査の意義」
第28巻第2号	「会計監査の意義に就て」
	「計理士監査の程度及範囲」
第31巻第5号	「計理士制度の回顧」
第32巻第4号	「計理士動員計画案」
	「計理士法改正問題に就て」
	「株式会社検査役と計理士」
第32巻第6号	「計理士法改正運動所見」
第33巻第4号	「計理士業務の公正」
第34巻第2号	「検査計理士法制定運動所見」
第34巻第4号	「計理士の資格並に監督」
第34巻第5号	(1934年，昭和9年)
	「第三者に対する会計士の責任問題―ウルトラメヤス事件の再検討―」

以下略
（　）内は筆者注。

【参考文献】

石井寛治（2006）「戦前日本の株式投資とその資金源泉：寺西論文『戦前日本の金融システムは銀行中心であったか』に対するコメント」『金融研究』Vol.25, No.1, pp.41-51.

石井寛治（2012）「再考：戦前期日本の直接金融と間接金融」『金融研究』Vol.31, No.1, pp.83-90.

石村善助（1969）『現代のプロフェッション』至誠堂.

岡崎哲二・浜尾泰・星岳雄（2004）「戦前日本における資本市場の生成と発展：東京株式市場への株式上場を中心として」CIRJE DP，2004年10月.

川北博編著（2005）『新潮流　監査人の独立性』同文舘出版.

監査人・監査報酬問題研究会（2012）『わが国監査報酬の実態と課題』日本公認会計士協会出版局.

木村治美（1976）『黄昏のロンドンから』PHP研究所.

経団連パンフレット（1966）『欧米の監査制度―監査制度視察団報告―』No.88，経済団体連合会，p.124.

志立鉄次郎編（1926）『大越成徳遺稿集』財政経済時報社.

職業会計人史編纂委員会（1973）『近代職業会計人史』全日本計理士会.

寺西重郎（2006）「戦前日本の金融システムは銀行中心であったか」『金融研究』Vol.25, No.1, pp.13-40.

寺西重郎（2010）「戦前期株式市場のミクロ構造と効率性」『金融研究』Vol.29, No.3, pp.193-238.

特別委員会報告「監査基準の検討」（委員長　高田正淳）昭和56年度中間報告，昭和57年度第2回中間報告，昭和58年度第3回報告.

友岡賛・小林麻衣子訳（2006）『会計士の歴史』慶應義塾大学出版.

長尾周也（1980）「プロフェッショナリズムの研究―（1）プロフェッションおよびプロフェッショナル―」『大阪府立大学経済研究』Vol.25, No.1, pp.18-49.

中村茂男（1927）「本邦に於ける會計士の沿革及現状」『経営学論集』第1輯.

日本公認会計士協会25年史編さん委員会（1975）『公認會計士制度25年史』（本巻および別巻）日本公認会計士協会.

日本公認会計士協会近畿会25年誌特別委員会編（1975）『二十五年のあゆみ』日本公認会計士協会近畿会.

日本公認会計士協会京滋会編著（1997）『日本の公認会計士』中央経済社.

農商務省商務局（1909）『公許會計士制度調査書』弘文堂.

橋本鉱一編著（2009）『専門職養成の日本的構造』玉川大学出版部.

林大造述，日本計理士會謄写（1948）『公認会計士法解説』.

原征士（1989）『わが国職業的監査人制度発達史』白桃書房.

毎日新聞社（2010）「弁護士，会計士たちの憂鬱」『週刊エコノミスト』12月20日号.

正木久司（1973）『日本の株式会社金融』ミネルヴァ書房.

三井宏隆・篠田潤子（2006）「プロフェッションの社会心理学」『社会学研究科紀要』No.63, pp.1-18.
森田慎一郎（2005）「専門職志望者の職業決定における専門職志向の検討─『プロフェッション』の概念規定を手がかりとして─」『東京大学大学院教育学研究科紀要』Vol.45, pp.179-188.
百合野正博（1993）「『独立の』『公』『会計士』によるモニタリング・システム構築に対する抵抗」『企業会計』Vol.45, No.7, pp.122-127.
百合野正博（1998）「公認会計士監査は誰のためのものか─公認会計士監査に対する社会的期待に関するアンケート調査より─」『同志社商学』Vol.50, No.1, pp.42-69.
百合野正博（1999）『日本の会計士監査』森山書店.
百合野正博（2002）「日本の国際化と会計士業務に関する一考察」『同志社商学』Vol.53, No.5・6, pp.127-139.
百合野正博（2003）「アメリカのディスクロージャー改革がわが国に教えてくれること」『ワールドワイドビジネスレビュー』Vol.4, No.2, pp.1-17.
百合野正博（2004）「会計士監査とパブリックインタレスト」『JICPAジャーナル』Vol.16, No.2, pp.45-51.
百合野正博（2010）「わが国における公認会計士制度創設の意図とデジャヴ─会計専門職を支える基盤の不変性の再認識─」『同志社商学』Vol.61, No.4・5, pp.1-20.
百合野正博（2011）「会計士監査の社会的存在意義についての日米の認識の違い」『会計・監査ジャーナル』Vol.23, No.6, pp.49-56.
Greenwood, E.（1957）Attributes of a Profession, *Social Work*, Vol.2, No.3, pp.45-55.
Hall, R.H.（1968）Professionalization and Bureaucratization, *American Sociological Review*, Vol.33, No.1, pp.92-104.
Sunday Times Magazine, 27 Jan. 1991.
Wilensky, H.L.（1964）The Professionalization of Everyone?, *The American Journal of Sociology*, Vol.70, No.2, pp.137-158.

（百合野正博）

第2章 「専門職」研究の必要性

1．解題

　第1章では，当課題別研究部会の百合野部会長が研究課題につき，アカウンティング・プロフェッション（会計専門職）にかかる論点を整理した。これを受けた第2章では会計専門職に限定することなく，これを含む専門職一般についての本格的な研究の必要性を検討したい。

　そこで第2章のタイトルを「『専門職』研究の必要性」としていることから説明したい。巷間「プロ論」が流行っている（B-ing編集部 2004；NHKトップランナー製作班 2009）ので，第2章を「プロ論の必要性」としてもよいのであるが，後述するように，専門職に対応するプロフェッションおよび専門家に対応するプロフェッショナルと，いわゆる日本語化した「プロ」とではその意味するところが異なるので，ここでは「専門職研究の必要性」としたのである。すなわち，巷間，プロという用語は職業的スポーツ人であったり卓越した職人をさすことが多く，プロ論はその道における成功の条件であったりする。まず第一に，専門職はプロの概念とは違う可能性があることを示唆している。

　第二に，わが国では「専門職」という用語がプロフェッションという意味でも，プロフェッショナルという意味でも使われていることを指摘しておく必要がある。したがって，我々は，本章においては，曖昧さを有する用語，多義的な用語という意味を強調するために，また，巷間通用するプロの意味とも異なる可能性があるという意味をもこめて，「専門職」とした。その上で，我々は，専門家と専門職がそれぞれそのように呼ばれる本質的特徴があるはずであるから，それを明らかにしたいと思う。ただし，以後，煩雑なので，曖昧な（あるいは多義的な）という意味で強調した専門職のカッコは省くこ

とにする。

　後に議論になるが，専門職ないしプロフェッション，専門家ないしプロフェッショナル，いわゆるプロなど類似語の整理は避けて通れない重要課題である。しかし，より重要なことは，わが国においては，表面的には専門職研究が存在しないか，あってもその認知度が低いということである。より深刻なことは，実質的には専門職が存在しないか，あるいはそのようにいいたくなるような危機的現状があるということである。このように専門職研究や専門職の不存在などというと感情を害する人々も多いと思う。医師，弁護士・裁判官，会計士・税理士，１級建築士など，専門職は立派に存在するではないかとの反論が出てきそうである。そのことを否定するつもりはない。

　しかしながら，我々は，医師を始め先に列挙した専門職はそのように呼ばれるにふさわしい資格制度に裏づけられているという点を確認することにあるのではない。むしろ，医師は何故に専門職と呼ばれるのか，あるいはそう呼ばれるにふさわしい特徴とは何かを明らかにしたいと思うのである。さらにいえば，専門職と呼ばれる職業はそれほど多くなく，いわゆるプロや職人とは区別されるようであるがそれはなぜか，そうだとすれば最近専門職大学院があいついで創設されているがこの用法は正しいのかどうかといった本質に関わる事柄を明らかにしたいのである。専門職という以上「専門性」こそが本質的属性であるという主張があろうと思う。これに対して，我々は，専門職がいわゆるプロや職人やその他職業人と区別されるのは，「専門性」という属性は認めた上で，これ以外にも存在するであろう本質的属性を明らかにしたいと考えているのである。

　以上要するに学問的な視点からは専門職研究の必要性を説くことになる。その背景には専門職の不存在，それが言い過ぎなら専門職の危機という認識が存在する。

2．専門職研究の準備─いわゆる専門家（プロ）論

(1) 専門家（プロ）の類型

　本研究がスタートしたころ，専門家とプロを区別することなく，いわゆる「プロ論」を視野に入れて，専門家（プロ）とはどういう人々のことを意味するかを考えてみた。当初は，専門家（プロ）と非・専門家（アマチュア）の境界線をどこに求めるかを考えてみたが，うまく説明できなかった。

　そこで，世の中で専門家（プロ）と呼ばれている人々は決して画一的ではないと考えるようになった。失われた10年とか失われた20年という言葉が流行したことがあるが，これは停滞する政治や経済へのいらだちの表現であろう。しかし，同時に，専門家（プロ）の不存在を指摘しているようにも思える。これに対しては直ちに反論が出てこよう。それら反論への再反論を考え出すと，どうやら「真の専門家（プロ）」あるいは「専門家（プロ）らしい専門家（プロ）」と呼ばれる人々と，そうでない人々がいて，特に前者が相対的に少ないことをさして「専門家（プロ）の不存在」が叫ばれるように思えてきた。

　議論を深めるにはたたき台がいるので，暫定的に図表2-1のような類型を考えてみた。ここでは，本質を追求する人とそうでない人，先例なき事例に対応できる人とそうでない人の2次元でのマトリックスを描いてみた。本質を追求するかしないかで専門家（プロ）と非・専門家（アマチュア）を区別することはない，これはいわば個性である。他方，先例なき事例に対応できる人は先駆者（リーダー）であるが，対応できない人は追随者（フォロワー）であり，この段階では，専門家（プロ）らしい専門家（プロ）は先駆者型であろうと考えていた。

　図表2-1は専門家（プロ）が有資格者かどうかは問題としていない。すべての類型の専門家（プロ）が有資格者であると考えてもよいし，資格の有無にこだわらない専門家（プロ）像だと考えてもよい。このマトリックスでのアイディアをあたためて，会う人ごとに感想を聞いてみた。これをみた多くの人々が，類型Dは多いだろうと反応した。類型Aや類型Bはなるほど真の

図表2-1　専門家（プロ）の類型

	先例なき事例に対応できる人 （先駆者型）	先例なき事例に対応できない人 （追随者型）
物事の本質を追究する人	A　本質ベースで主題に取り組める先駆者的専門家	C　Aに共感できるが単独では主題に取り組めない追随者的専門家
物事の本質を追究しない人	B　本質を問わないが主題に取り組める先駆者的専門家	D　A，B，Cのいずれにもなれない指示待ちの追随者的専門家

専門家かもしれないが，日本の組織風土では嫌われるタイプかもしれないという感想も得た。自分たちの業界の人間をこのマトリックスのセルに分類してみたいという感想も聞かれた。以上のような反応を得て，我々は専門職の研究に取り組む糸口を得られたように思う。なお，この図表の類型Dであっても非・専門家（マチュア）と比べれば，卓越した技能を有する専門家（プロ）であると考えている。

（2）専門家（プロ）への期待

図表2-1のような専門家（プロ）の類型が得られたので，これを展開して4類型の強みと弱みを示すために，専門家（プロ）へのいくつかの期待と組み合わせてみた。内容は監査を念頭においているが，いずれの専門職でも応

図表2-2　専門職の諸相

専門家類型別にみた期待度	専門家（プロ）の類型			
	A	B	C	D
新規分野開拓への期待 　確立されていない領域に監査を確立できるかどうかという点からみた場合の期待度	○	○	△	×
制度の改善への期待 　確立された領域における監査の問題を発見し，改善できるかどうかという点からみた場合の期待度	○	△	○	×
制度の忠実な遂行への期待 　確立された領域における監査において求められる仕事を遂行できるかどうかの観点からみた場合の期待度	△	○	○	○

※　○は期待へ応える。△は不十分だが応える。×は応えない。

用可能である。なお，ここに専門職は，類型の異なる専門家（プロ）が寄せられた期待に違った反応をすると思われるが，そういった専門家（プロ）の集合体を専門職と観念している。

　図表2-2は異なるタイプの専門家（プロ）が異なる期待に応えるという関係と，この相違を活かしきれば専門職としては異なる期待へ対応可能であることを示している。つまり，AかBかCのタイプの専門家であれば，どこかに弱い面を有するものの，何とか対応できるであろうということを示しているのであるが，タイプDが多数を占める場合には，事態は深刻になりうることをも示しているのである。

　このように本節に示した直感的な専門家（プロ）論は分析のためのヒントを得るという点で有益であった。ただ，これら2つの図表を仮説とする命題の設定には至らなかった。

3．専門職とはなにか

　本研究を推進する過程で，私は高大連携の研究にも従事した。職業の種類が異なるけれども，あくまで関心は専門職とはなにかであった。高大連携研究の成果は，柴他（2012）にまとめたが，私が担当した部分（1節，2節，5節）のうち特に専門職に関する5節を加筆修正の上ここに再掲しておく。

（1）専門職とはなにか

　専門職を論じるには専門職の本質に依拠した定義を明らかにする必要がある。本稿においても，ここまでのところ，専門職，専門家およびプロの3つの用語を用いてきたが，専門家とプロを明確に区別しないままに議論してきた。ところで，専門職という用語には類似語が多く存在する。

　これに関して興味ある研究が存在する。橋本（2009）によると，国会議事録に現れた専門職およびこれとの類似語を対象としてテキスト分析ソフトを用いて類似語同士の対応分析を行っている。イメージとしては，ボックスの中のどこかに類似語がプロットされていると想像してほしい。このボックス

の中で，<u>専門職，専門的職業，プロフェッショナル</u>，スペシャリスト，<u>プロフェッション，専門家</u>，エキスパート，プロといった類似語が互いに距離をもって描かれている。ここで，下線は柴が付したものである。

後に問題点を指摘するが，第一の下線部がある3つの用語（専門職，専門的職業およびプロフェッション）は職業や職業団体を表現する点で近い。第二の下線部の2つの用語（プロフェッションおよび専門家）は職業人を意味する点で近い。これに対して，専門職とプロが描かれた位置が遠い。すなわち使用する際のコンテキストが大きく異なるのである。

そして橋本（2009）は，これらの用語と同時に使われる別の用語の上位3つを示している。これらは以下のとおりである。

専門職：大学院，教育，配置
専門的職業：短期大学，高等教育，結合
プロフェッショナル：スクール，大学院，免許
スペシャリスト：高校，特色，技能
プロフェッション：頂点，起用，検査官
専門家：検討，意見，議論
エキスパート：NPO，コンセンサス，再建
プロ：野球，仕事，スポーツ

これらの対応関係から直ちに本論の主題に関連する何かを引き出すことは難しそうである。それでも，職業団体や職業人を意味する「<u>専門職，専門的職業，プロフェッショナル</u>」がいずれも学校との関連で語られることが多いというのが注目に値する。「専門職大学院」は直接的な結合の典型例である。

こうした橋本（2009）の分析を，我々課題別研究部会で紹介し，議論したところ，直ちに指摘があった。分析結果の「プロフェッショナル」と「プロフェッション」が逆ではないかというものである。もしこの指摘が正しいとすれば，国会の議論の場では，意味が逆転して使われているという興味深い事実が存在することを意味する。

これらの議論を踏まえて，英語辞典で字義を確認しようということになっ

た。すなわちプロフェッショナルとプロフェッションを確認しておきたい。実際にはいくつもの辞典類をみた。そのうち最もていねいに書かれている『小学館ランダムハウス英和大辞典（第二版）』によると２つの英語の意味は次のとおりである。

  Profession 1．知的職業：聖職者，法律家，医師，技術者，著述家など
        2．（一般に）職業
        3．Theをつけて（集合的に）同業者仲間

  Professional 1．職業人（特に）知的職業人，専門家，プロ選手，玄人，本職
        2．（ある仕事の）熟練者，熟達者，専門家，玄人はだし

　この辞書の説明と橋本（2009）の分析結果は一致していない。すなわち，辞書的には専門職がプロフェッション，専門家がプロフェッショナルに対応している。この理解は我々部会のメンバーと同じ理解である。しかし，橋本（2009）から類推するに，プロフェッションを専門家と同義として，またプロフェッショナルを専門職と同義として（すなわち，辞書的意味が逆転して）利用されている可能性がある。このことの発見はそれ自体重要である。輸入英語のもともとの字義を取り違えて使用し，そして定着することの例かもしれないからである。しかも，橋本（2009）の研究が手法的に正しいとすれば，こうした字義の取り違えを正しく反映しているといえるからである。

　しかし，以下では，用語上の混乱を避けるために専門職（プロフェッション）は職業を，専門家（プロフェッショナル）は専門職に就く職業人を指すものと理解して話を進めることにする。

（２）専門職研究の対象

　用語の混乱と整理を一応終えたので，本題に入ることができた。しかしながら，専門職（プロフェッション）と専門家（プロフェッショナル）を辞書どおりに峻別できたとしても，それは研究の出発点に立ったに過ぎない。

我々の部会では，いずれを研究の中心に据えるかで意見が対立した。つまり，専門職の研究としては，それが認知される条件として集団化すること，勅許や公認など圧倒的優位性を維持する資格などを創設すること，自らの職を維持するために自主規制を設けることなどの傾向がみられるので，そういたことを1つひとつ確認していくことが重要であるというものである。一方，そういう枠組みは必要であるが，専門職は専門家の集団であるという観点から，何より先に，専門家の研究が重要であるというものである。

　我々の部会がアカウンティング・プロフェッションを研究課題とし，その成果をわが国の会計専門職の発展のために貢献しようとしていることはいうまでもないが，同時に，そこでの成果を専門職教育にも活かしたいと考えている。そのため専門職研究（専門家研究を含む）は勢い，専門職教育研究（専門家教育研究）に結びつける傾向にある。

　わが国のいわゆる会計専門職大学院は高度会計専門職の養成を謳っている。ここに明らかなように専門職と専門家の混同がおきている。高度専門職は高い倫理観をもつこと，国際性を有すること，コミュニケーション能力を有することなど，専門職の資質が語られ，それに適したカリキュラムが用意されているのであるが，「専門職」を「専門家」と読み替えた方が辞書的意味に近い。そうではなくて，広く使われている用法は，橋本（2009）が示した日常的用法に近い。

　このように用語の混乱を避けようとしても常に専門職と専門家の峻別の議論を蒸し返さざるを得ない状況にある。それを覚悟の上で，専門職教育に関連させて問題を指摘したい。わが国の専門職教育の課題を論ずる前に，専門職およびその類似語の用法を確認した。専門職（プロフェッショナル）が職業だとすると，専門職教育は専門職に必要な教育ということになる。聖職者，医師などは一般名詞の職業であり，これら職業に実体はないので職業を支える制度こそ本質といえる。そこで専門職教育はこれを支える制度と制度に支えられた職業について教授することになる。一方，専門職は専門家（プロフェッション）によって担われている。教育は人に対してなされるという本質からみれば，専門職教育は専門家教育となる。この2つは矛盾しないので，専門職教育は専門職制度と専門家についての教育になるといえる。このよう

に理解することにより用語上の混乱を避けたいと思う。

　ところで専門職（専門家を内包するので省略，以下同様）は，すべての職業を指すわけではない。すでに辞書で確認したように，英語のプロフェッショナル（翻訳すれば専門職）は，聖職者，法律家，医師，技術者，著述家などの知的職業に限られている。ではなぜ限定された職業を専門職と呼ぶのであろうか。この設問に接すると専門職とは何かが改めて問われなければならない。ここに改めてとは，たとえば聖職者が専門職に分類されるとして，何ゆえに聖職者は専門職であるのかという専門職の本質を問い直す必要があるからである。

　大学の学部に引き寄せてみると，専門職である聖職者は神学部，法律家は法学部，医師は医学部，技術者は工学部，著述家は文学部から排出される確率は高いと思われる。確かに，これらの学部教員は関連する専門職を視野に入れた講義をするであろう。しかし，神学，法学，医学等の学問のみを教授すればそれで専門職教育となるわけではない。専門職教育のあり方を研究する専門職論が必要となろう。巷間，「プロ論」（B-ing編集部2004；武田2010；NHKトップランナー製作班2009）がはやっているが，そこでいうプロはさまざまな分野で成功した人のことであり，プロの条件が成功の条件であったりする。これは専門職の本質とは異なる議論である。

　そこで，専門職の本質に迫るには，何が専門職を規定するのかを問えばよい。何ゆえに，聖職者，法律家，医師，技術者，著述家が専門職なのか。公認会計士は専門職ではないのか，税理士はどうか。このような問いかけをするとき，すでに個々の専門職の要件は捨象されている。ここで求められるのは複数の専門職に共通する資質などの要件である。

　かかる議論の結果，専門職共通の要件がいくつか出てきたとする。その次になすべきは，専門職共通の要件に付加されるべき，個別要件である。聖職者には聖職者固有の要件があり，医師なら医師に固有の要件がある，という考えである。

（3）専門職と教育機関

　教育機関はそれぞれに教育目的を掲げている。専門職と最も結びつきが強

いのが専門職大学院である。専門職大学院は高度専門職の養成を教育目的に掲げていることからもそのことがわかる。それ以外の教育機関は必ずしも専門職の養成を中心目的とはしていないが決してそれを無視しているわけではない。

　一般に上位の教育機関ほど専門職との結びつきが強い。大学院には法科大学院，会計大学院，臨床心理大学院などの専門職大学院と従来からあるいわゆる研究型大学院がある。専門職大学院は設置の趣旨に明確なように高度専門職を養成する教育機関である。研究型大学院は研究者を養成する教育機関である。その研究者も１つの専門職であってみれば，大学院はすべて専門職養成を目的としている。ただし，近年，専門職を目指さない学生の比率が増大して学部化している大学院もある。

　大学学部は大学院ほどには専門職との結びつきが強くない。従来から，医学部，歯学部，薬学部，工学部，法学部，教育学部などは専門職養成の色彩が強い学部として運営されてきた。これに対して，経済学部，商学部，社会学部，文学部などは専門職養成の色彩が相対的に弱い。専門職養成の色彩が強い学部の一部学生と，専門職養成の色彩が弱い学部の大方の学生は，専門職を意識するよりは就職（その実態から就社と表現されることもある）を意識している。就職・就社と学部教育の内容は必ずしも対応していない。

　これが高校となると専門職を意識する度合いがより弱くなる。多くの高校は大学への進学を目的とする普通高校の形態をとっている。普通高校でも最近は特色化を打ち出しているが，それらは英語や理数への特化という具合に科目の重点の置き方に特色をもたせたものが多く，専門職を意識した特色化の例はあまりない。一方，商業高校，工業高校，農業高校といった職業高校が存在するが，それぞれの業態への就業を意識しているものの，専門職を強く意識しているとはいいがたい。しかも，高校へ進学する多くの中学生は入学前に就職を意識しているというよりは，進学か非・進学（就職）かという選択肢の中で就職を意識しているように思える。

　以上のように上位の教育機関に進むにつれて生徒・学生は専門職を意識するようになる。しかし，それぞれの機関の教育者が専門職をどの程度意識して教育しているかについては一般論として語れない。とりわけ大学の教員は，

自らを研究者であり，教育者でもあると自覚している。それゆえ，教員の専門研究に近そうな専門職がある場合でも講義に専門職を反映させない可能性がある。第二は，教員が高校教育との接続をまったく意識しないで講義をする可能性もある。高大連携から高大接続の時代へと進むと大学教員の無理解が表面化し，その解決が課題として浮上してきそうである。

　そこで，たとえば会計より範囲を少し広げて「高大連携における経営教育の位置づけ」を考えてみたい。わが国の制度上，会計専門職高校および会計学部の高大連携を考えにくいので，いわゆる商業高校と商学部・経営学部の連携であれば考えやすいからである。そこでは，高校側においても大学側においても途切れのない経営教育が行われる必要がある。この考えが支持される場合，高大双方において専門職としての経営者を正当に位置づける必要がある。従来の経営学部・商学部も商業高校も経営に関連する科目が教えられてはいるがこれら教育機関の教育目的に経営専門職の養成が中心に据えられてきたとはいいがたい。

　専門職としての経営者の養成が高大の経営教育に新たな課題として課せられるとして，高大双方とも経営学を教授するというだけでは十分ではない。たとえば，どこの会計専門職大学院でも専門としての会計学を教授することは当然であるが，とりわけ倫理教育を重視している。会計専門職として会計という専門性を求められるのは当然のことながら，高度の倫理性も求められるというのである。それゆえ，経営専門職としても経営という専門性のみならず，それ以外の資質も求められるはずである。こういうことを考えていくと専門職の養成を掲げるならば，多様な専門職に共通する要件・資質と個別の専門職に求められる要件・資質を峻別して，これら双方が高大教育の中で培われるようにカリキュラムを構成する必要があるという結論を導き出すことができる。

　そこで専門職共通の要件とは何かと論じていく必要がある。誰もが否定しない第一の要件は「専門性」である。専門家はその専門職において求められる専門性を備えている必要があるというごく当然のことをまず確認したい。この専門性以外の要件に何を求めるかは自明ではない。先に会計専門職に倫理性が求められると指摘した。医者には求められないのか，弁護士には求め

られないのか，と順次と問うていけばよい。おそらく倫理性は専門職共通の要件の1つであろう。では，国際性はどうか。この場合，国際性を備えていなくても専門職として支障がない場合もあろう。とすれば国際性は個別専門職の要件である可能性が高い。こうしたことを明らかにする専門職研究が少ないので，我々は公認会計士や，場合によっては大学教授を対象として，アンケート調査等を通じて，専門職の要件は何かを解明したいと考え始めた。

4．専門職の特質は何か

(1) アンケートの必要性

　以上のような議論の経過を経て，我々は研究主題に取り組むために，アンケートを実施するという合意を得た。しかしながら，アカウンティング・プロフェッション（会計専門職）の研究に寄与するためには，公認会計士だけに絞り込んでよいのかどうかに答えを出す必要がある。日本の場合には，アカウンティング・プロフェッションには公認会計士だけでなく，税理士も含まれるだろうし，資格の有無で問題になるかもしれないがベテランの経理マンも含まれる可能性がある。しかしながら，アンケート調査の実施可能性から，公認会計士に限定しようということになった。その次に，内容的には意識調査になると想定して，職業団体である日本公認会計士協会についての意識を問えばいいのか，あるいは，個々の会計士に専門家についての意識を問えばいいのか，結論が得られないままであった。そういうことで，双方についての意識を明らかにしようということになった。つまりは，公認会計士を対象として，専門家および専門職に関する意識調査をすることになった。

　なお，質問項目の設定，調査の実施方法，回答結果の議論は部会メンバー全員で議論したが，回答の統計的分析は田口・柴が担当した。また，矢部が一部の質問に対する回答から倫理の水準の推定を行った。そのため，田口・柴担当の調査の統計的分析と矢部担当の倫理水準の推定については，本書4章と5章を読んでいただくこととし，ここでは，調査の背景と質問項目の背景にある仮説の説明にとどめることとする。

(2) 専門家に関する質問

　専門家の特質の第一は専門性であろうということで合意は得やすいが，それ以外に，どういう特質があるのかどうかについては部会メンバーの中でさえ，簡単に合意が得られるものではなかった。そこで，途中経過を省略するが，メンバーが多くの命題を出し合い，その中から，最終的に20個に絞り込むという作業を行った。図表2-1と図表2-2のオリジナルのアイディアについては直接これを問う調査は設計しないが，質問項目に部分的に反映されている。こうして得られた質問項目の背景にある仮説は図表2-3のとおりである。ここに示された命題をそのまま質問項目にした場合と，仮説とは反対の意味となるような質問項目にした場合がある。前者の場合には漢数字とした。また，質問項目が倫理の水準の推定に使われるものについては数字を囲んだ。

図表2-3　採択された仮説

番号	問　題
一	○○は，先例のない難題に対して新規に解決の道筋をつける能力を有する人である。
②	○○は，非難や処罰を回避する行動をとらない人である。
3？	○○は，組織に属さない自由な立場の職業人である。
4	○○は，非プロ（アマ）に対して権威ある実力で対抗しない人である。
⑤	○○は，自分の立場や生活を優先しない人である。
六	○○は，公益に奉仕するという使命感がある人である。
七	○○は，支持者や師事者など賛同者が多い人である。
⑧	○○は，周りからの評価を考慮して行動しない人である。
9	○○は，その価値がその所得の大きさに依存すると信じない人である。
10	○○は，利益相反の状況で自分の利益を優先しない人である。
11	○○は，自己のために働くことが他者のためになると考える人である。
⑫？	○○は，社会秩序の維持を考えない人である。
十三	○○は，誰も知らない分野を切り拓く人である。
14	○○は，仕事の結果が依頼通りでないなら評価されないと信ずる人である。
⑮？	○○は，社会や組織のルール，慣習，前例を守るとは限らない人である。
十六	○○は，自らの専門分野に限らず他の分野に対しても勘の働く人である。
17	○○は，仕事のプロセスよりも結果を重視する人である。
十八	○○は，高度な専門的知識を有した職能が備わっている人である。
19	○○は，その権威が資格によって保証されると信じていない人である。
二十	○○は，社会正義を考えて行動する人である。

このように特定しつつ仮説を設定していったが，回答をみるまでわからないという命題は仮説とはぜずに，命題のまま採択し，数時の横に？をつけることとした。また，仮説と質問項目の相違する箇所に下線を引いた。

図表2-3の「〇〇」の部分については，「プロ」，「公認会計士」そして「あなた」が入る3種類の調査票を作成した。ここを変えることにより回答者の回答が変わるかどうかを知りたいと考えたからである。

（3）専門職に関する質問

部会の議論において，専門職の研究であるから専門職に関する意識を問うことが重要であるということを否定するものがいないにもかかわらず，いざ質問項目を作成する（すなわち仮説を設定する）となるとたちまち困難に遭遇した。専門家に対する調査で「プロ」と「公認会計士」と「あなた」を峻別したように，ここでも「各種のプロの制度」と「公認会計士および監査の制度」を峻別した。専門職を「制度」として問うわけである。

次に，我々の頭の中には「当然・・・こうあるべきだ」という専門職に対する固定観念があり，それを払拭できないために，質問項目が専門職（専門家の職業団体）への批判という価値を含んでしまう傾向が出てきた。質問票を確定しようとしては白紙にも戻し，何度も聞き方を変えてようやく確定させることができた。

「各種のプロの制度」に関しては，自主規制などに関する項目を，「自分・自社」で決めるのか，「職業団体」で決めるのか，「行政」が決めるのか，「第三者」が決めるのかという中立的な質問形式に落ち着いた。これを具体的に「公認会計士および監査の制度」に関して問う場合には，「個人・事務所」で決めるのか，「会計士協会」で決めるのか，「金融庁等」が決めるのか，「第三者」が決めるのかという聞き方に変えた。

専門家の集団である職業団体こそが専門職の本質であるとする立場からすれば，今回の我々の質問項目で十分なのかどうか心もとないが，それでも試行してみようということになった。これについては後の4章に委ねたい。

5．専門職研究の必要性

　我々は専門職や専門家，あるいはプロなどの類似語を含めて，極めて多様なイメージを抱いているということに気づいた。その結果，論者が必要に応じて暫定的に定義をおいている可能性が大きいことにも気づいた。たとえば，監査の研究者が必要に応じて会計プロフェッションを論ずることはあるにしても，彼もまたプロフェッションの研究者ではない。部会のメンバーは全員大学の教員であり，教育の実践者ではあるが，教育のプロフェッションの研究者ではない。こうしたことがわかるにつれ，専門職研究の不存在と，その必要性に気づき始めた次第である。

　次に，専門職研究が存在しないけれども，専門職に関する書物は少なくはない。会計や監査に関する専門研究が少ない一方で，会計や監査に関する本が溢れているという状況に似ている。つまり，専門職に関して書かれたものや，ある種の印象が流布していても，専門職の本質の理解につながらないことが多い。そういう意味で，橋本（2009）の分析は刺激的であった。

　部会のメンバーは日本以外のどこかの国の文化に触れた経験がある。そこで，研究会の議論のつど，イギリスなら，フランスなら，ドイツなら，スペインなら・・・という議論に展開した。これは専門職ないし専門家に関してその本質ですら文化の影響から隔離されないという事実を意味している。それゆえ，専門職研究については，国際比較が重要であるとの合意ができた。

　我々の研究を通じてわかったことは，調査の分析結果のとおりであるが，特定の専門職（専門家）と専門職（専門家）一般の相違は何であるのか，専門職と専門家の関係をどのように整理すればよいのか，たとえば公認会計士という専門職（ないし専門家）に限定しても日本と他国で相違があるのか，さらに，専門職（専門家）教育はいかにあるべきか，など派生して多くの課題が認識された。そういう意味でも，専門分野としての専門職研究の必要性を実感できた。我々会計・監査の研究者も，まずは，自己の専門領域から未開の課題に取り組む必要がある。

【参考文献】

荒井克弘（2011）「高大接続の日本的構造」日本高等教育学会編『高大接続の現在』pp.7-21.
NHKトップランナー製作班（2009）『仕事がもっと面白くなる プロ論』三笠書房。
上林憲雄（2007）「経営学とはどんな学問か」『経験から学ぶ経営学入門』有斐閣, pp.367-388.
勝野頼彦（2004）『高大連携とは何か』学事出版.
柴健次（2011）「再度，会計教育研究の本格化を望む」『企業会計』Vol.63, No.12, pp.4-10.
柴健次・森田雅也・岩崎千晶（2012）「高大連携における経営教育の位置づけに関する考察」『関西大学高等教育研究』No.3, pp.31-52.
千代田邦夫（1987）『公認会計士 あるプロフェッショナル100年の闘い』文理閣.
寺田盛紀（2009）『日本の職業教育―比較と移行の視点に基づく職業教育学』晃洋書房.
友岡賛（2010）『会計士の誕生』税務経理協会.
日本学術会議経営委員会経営リテラシー分科会記録（2008）『経営リテラシーの定着に向けて』http://www.scj.go.jp/ja/member/iinkai/ kiroku/1-0731.pdf
橋本鉱市（2009）『専門職養成の日本的構造』玉川大学出版部.
番場博之（2010）『職業教育と商業高校』大月書店.
B-ing編集部（2004）『プロ論』徳間書房.
藤永弘（2004）『大学教育と会計教育』創成社.
百合野正博（1999）『日本の会計士監査』森山書店.

（柴　健次）

第3章 プロフェッションの諸理論

1．はじめに

　プロフェッション研究のアジェンダについては，さまざまであろうが，まず，プロフェッションの定義が挙げられる。しかし，これはプロフェッション研究にとって，非常に重要であり，かつ過去百年にわたってプロフェッションの研究者の頭を悩ませてきた問題であった。

　わが国でプロフェッションが研究対象となる場合，重要なアジェンダは，次の2つであろう。

① 　プロフェッションとは何か。他の職業とどう違うのか。
② 　プロフェッションには，どのような発展段階があり，わが国の会計プロフェッションはどの段階にあるのか。

　①と②は，独立ではなく，互いに密接な関係にある。たとえば，プロフェッションは，数々の発展段階を経て，プロフェッションとしての特徴を備えていく（これをプロフェッション化という）。この場合，段階を議論するには，①のプロフェッションの定義または条件が明らかにされている必要がある。そして，このような問題意識の背後には，わが国のプロフェッションが，何らかの形で未発達の状況に留まっており，その状況を改善するために先行事例（たとえばイギリスやアメリカ）と比較をすべきであるという意図があるように感じられる。

　しかし，もしもそうであるなら，残念ながら，そのような定義づけは，これまでの研究上，成功しているとはいいがたい。また，発展段階についていえば，これまでの研究によって，今日の会計プロフェッションを検討するの

は困難である。この点を，本稿の前半で明らかにする。

　次に，プロフェッションに対する規制の議論がある。プロフェッションは，専門業務が独占されているケースが多く，また，その業務市場への参入，維持すべき行動規則，規範違反へのサンクションなど，他の業種に比べて規制が多い，または厳しいことで知られる。わが国の場合，ほとんどのプロフェッションは官製であるので，必ず規制が先に立って議論が行われる。つまり，先に規制ありき，後はどのような規制が望ましいのかという議論である。

　これらの議論は，経済学では，独占の問題，そして市場規制の問題として議論される。市場経済において，実は，競争を阻害している要因になっていないか，あるいは規制を緩めた方が，競争が促進されて，業務の質や，消費者（第三者を含め）の利益に適っているのではないか，そして社会的な厚生を増大させるのではないかという研究である。

　周知のように，EUでは，自由業としてのプロフェッションに関する研究成果を踏まえて，プロフェッション規制の緩和が行われている。この点を本稿の後半で簡単に紹介することとしたい。

　なお，プロフェッションの研究は，多くは社会学の領域で行われてきた。また規制の議論は上記のように近代経済学の領域で議論されている。両者の学問領域においては，互いにパラダイムが相当異なっている。その違いは，科学研究自体に対する考え方として存在論・認識論に始まり，研究手法，研究成果の理解の仕方もかなり異なる。筆者自身は，後者の立場の研究を進めてきたが，プロフェッション研究といえば，日本内外ともに，前者が（部分的に）紹介されることが圧倒的に多いので，両者ともに検討することとしたい。

2．プロフェッションとは何か

(1) 辞書的定義

　Profession, professionalは，日常的にはさまざまな局面で使用されているが，その本来の意味は宗教を背景としている。Oxford English Dictionary

Onlineでprofess，professionをひくと，相当の量の意義，語源，歴史的な使用例が出てくる。

　Profess（動詞）の大要は，①宗教的な誓いを立てることに関連する意味，②その他の宣言，誓い，あるいはprofessionに関連する意味，③professionalの機能または地位に関連する意味の3つに分かれる。このうち，③には，（ある種の芸術，分野，または科学などの）専門知識や技能の保持を宣言または主張すること，専門家であることまたは熟達していることを宣言する，または，あることを職業や生業にしていることの意味が含まれ，この意味での使用はすでに16世紀からみられる（我々になじみのあるところでは，ホッブズの『リバイヤサン』に登場する）。この他，イギリスのProfession研究の草分けであるCarr-Saunders and Wilson（1933）は，フランシス・ベーコンの著作の中に職業に関連させて述べた下りがあることを紹介している。したがって，すでに少なくとも16世紀には，宗教的な意味を離れ，専門的な知識，技能，職業に関連して，professないしprofessionという用語が使用され，現代に至っていることがわかる。

　なお，本章においては，プロフェッション（profession）を専門職業の意味で，また，プロフェッショナルをそうした専門職業の職業人，あるいはプロフェッション的として，プロフェッショナリゼーション（professionalization）をプロフェッション化（専門職業化）またはプロフェッショナル化（専門職業人化）として用いることとする（諸研究でも，そのような区別で使用されている）。

（2）研究上の定義

　今日のプロフェッションのルーツは，近現代を特徴づける産業革命と社会的な分業の出現に求められる。これはプロフェッションを分業の一形態とみるからである。

　プロフェッションとは何か。また，プロフェッションであるための条件は何か。このテーマの研究は多くはイギリスで行われてきた。産業革命とともに社会構造が変化し，分業化と労働者運動の高まりの中で生まれて来た。

　デュルケムの社会分業論に基礎をおき，パーソンズが主張した構造機能主

義と呼ばれるアプローチによる研究では，社会の安定に，プロフェッショナルがどのように貢献しているかが議論の対象とされた。産業革命によって社会の伝統的な秩序が崩壊し，新しい道徳的な秩序の必要性を求めたデュルケムは，その源泉の1つとしてプロフェッションの重要性に着目した。その道徳的な秩序に符合するものとして，利他主義（altruism）や職業倫理（ethics）が重要視されたわけである（もっとも，プロフェッションの社会的な役割については結局，誰も明示的に論じていないとの批判もある（Johnson 1972, 12）。

　確かに，イギリスは，自称他称を含め，プロフェッションが多い（Carr-Saunders and Wilson 1933）。ヨーロッパの他の大陸諸国では，多くの場合，プロフェッションは国策または国家の庇護の下で作られ，その数も限られているのに対して，プロフェッションが自律的に発生してきたイギリスでは，雨後の筍のように職業集団が増加した。そのため，プロフェッションと呼べるような専門職とそうでないものを区別することが必要になった。そうでないと，単に職業団体が集団化して業務を独占，利他主義や倫理の名目の下に不当な参入障壁や高い価格を提示することを許すことになる（この点が後に，経済学者や70年代以降の社会学で問題になり今日に至っている）。

　もっとも，何をもってプロフェッションとするのか，つまりプロフェッションの条件については，研究の目的とも絡み，千差万別であった。たとえば，Carr-Sanunders and Wilsonらは，各種の専門家集団を検討した上で条件を導き出したのではなく（1933, 4），自ら研究の対象とすべきプロフェッションの属性を，実務家の間に結束があり，この結束が，1つの形，すなわち正式な職業団体（professional association）という形をとった場合というように，自ら定義し範囲を定め，その中に含まれたものを考察の対象としている。結局，その後も，論者によってプロフェッションの条件はバラバラであった。図表3-1は，わが国でもよく参照されるMillerson（1964）の表である。注意してほしいのは，Millersonがこの表を提示した意図は，単にプロフェッションの条件の候補を示したのではなく，どの条件を1つとっても，すべての論者が一致してプロフェッションの条件としているものがないことを示すためである。この点が，わが国ではきちんと説明されていないことが多い。

第3章　プロフェッションの諸理論

　Millersonは，自著の第1章で，プロフェッションの定義に混乱がみられる原因として，①意味論的な混乱，②構造的な制約，③静的なモデルへの固執の3つを挙げて詳細に議論している。

　①意味論的な混乱とは，日常用語で用いるプロフェッションが，単なる職業の丁寧語，プロスポーツ選手を意味するなど，多様に使われていることをいう。また，②構造的な制約とは，プロフェッションについて，さまざまな書き手がおり，彼らは都合の良いように特性を取捨選択する，あるいは法律家と会計士では思い浮かべる要件が異なるなどさまざまなバイアスが働く，先行研究の内容を引きずっている，書き手の構想に合うように特性が取捨選択されるといったものである。③静的モデルへの固執とは，プロフェッショナルについて大衆は誤った像を抱いているが，そのほとんどが歴史的にも実態的にも合っていないことを意味する。たとえば，大衆は，プロフェッショナルというと昔から難しい試験に合格して獲得した地位と勘違いしているが，実は，試験制度が始まったのはほんの19世紀後半に過ぎない。また，プロフェッショナルは独立しているというが，独立して開業しているプロフェッショナルはごく僅かである。また，報酬が一定であるというが，報酬が一定であったことは歴史的にもほとんど例がない。さらに，組織化して資格の認証機関を備えなくとも，プロフェッショナルである職業はいくらでもある（著述家，詩人，俳優，音楽家，公務員，国会議員等）。

　このような問題点の指摘に立って，プロフェッションを理解するためには，次のような原則を受け入れることが必要であるとする。

(a) プロフェッションは，グレードの高い，マニュアルのない職業である。ここでマニュアルがないとは，知的，または実務的な技術が，相当な理論的な基礎に依存していることを意味する。

(b) 「プロフェッション」と称することは，ごく僅かな数の職業による永久独占を意味するものではない。この用語は，ある職業が慎重な行為により達成できるというステータスの水準をいう。

(c) プロフェッショナルとしての地位は，おそらく動的な質を備えている。この地位を組成している要素は，社会的，経済的な変化に応じて変わ

図表3-1 Millersonによる分類

	理論的知識に基づくスキル	訓練と教育を必要とする	能力テストがある	組織化されている	プロフェッショナル行動規則を遵守する	利他的な業務である	他人の問題を業務の適用対象とする	必要不可欠な公共サービスである	資格や登録はコミュニティの承認を受けている	プロフェッショナルと依頼人という明確な関係がある	依頼人との間に信認(fiducialy)関係がある	最も公正な(impartical)業務を提供している	同業者に対して誠実である	報酬額が定まっている
Bowen	+		+	+	+									
Carr-Saunders & Wilson	+	+	+	+	+									+
Christie		+			+		+							
Cogan	+			+		+	+							
Crew						+	+	+						
Drinker	+	+				+					+		+	
Flexner	+	+		+		+	+							
Greenwood	+	+	+	+	+	+			+					
Howitt		+	+		+	+				+				
Kaye	+		+	+	+									
Leigh	+	+		+	+	+								
Lewis & Maude		+	+	+		+								
Marshall				+				+						
Milne	+			+	+	+				+				
Parsons				+		+								
Ross	+			+	+	+						+		
Simon		+	+	+	+									
Tawney		+	+	+	+									
Webbs							+							+
Whitehead	+						+					+		
Wickenden	+	+	+	+	+									

※ 原典から摘要欄を省略した。

(d) ある職業がプロフェッショナルとなるために，組織化は必要がない。組織化されているからといって，必ずしもプロフェッションとは限らない。
(e) プロフェッショナルの行動規則の有無と，プロフェッショナルとしての地位は関係がない。
(f) プロフェッショナルという地位を獲得するためには，主観的にも客観的にもプロフェッションとして認識されなければならない。

　これらの指摘は，非常に重要である。Millersonは，実態を踏まえた上でそれまで多くの論者がプロフェッショナルの条件として挙げてきた組織化（職業団体の存在），行動規則の存在を否定し，実質的な条件を検証すべきことを要求している。しかし，つまるところ，多くの論者が主張してきたプロフェッショナルの条件を実態にあわせて否定し，肯定されるべきは，グレードの高い，マニュアルのない，理論的な基礎を備えた，知的または高い技術を備えた職業であるということである。
　その後，社会学におけるプロフェッションの研究は，社会学で構造機能主義が下火になったことに符合して，定義が問題とされなくなったため，これ以上の研究は行われていない。すなわち，特定の職業集団の業務独占化のプロセスが研究課題となり，プロフェッションであるための条件が問題とされなくなった。

3．プロフェッションの発展段階

　プロフェッションの発展段階の研究については，さまざまなバリエーションがある。イギリスに数多くあるプロフェッションについて，各プロフェッションがどの段階にあるのか（プロフェッション化（professionalization）の段階），先のMillersonの特性に独自の視点を加えて数値的な計測を試みた研究としてHickson and Thomas（1969）が有名である。図表3－2にみられ

るように，全般に法律や医学分野は指数が高く，Institute of Chartered Accountantsは11位であった。もっとも，この研究からすでに50年近く経過しておりその後の調査はないことから，現況は不明である。また，Millerson自身は，プロフェッションの特性をまとめたのは，さまざまな論者によって認識されている千差万別の条件が，相互に一致していない例証として諸条件を提示しているのに，Hicksらは，それをもって段階説を唱えて実態分析しており，研究として論理的に整合性に欠ける。

次に，発展段階に関する研究として，アメリカにおける研究で有名なものは，Wilensky（1964）である。会計プロフェッションを含む，各種のプロフェションの歴史的な発達を検討し，プロフェッション化を定式化した。それによれば，プロフェッション化には，①フルタイムの職業化，②訓練学校の設置，③職業団体の設立，④資格の法制化，⑤職業倫理規則の設定の5段階があるとした。

ただし，こうした発展段階研究は，イギリスやアメリカのように多くの職業団体が民間で自律的に発達してきた場合には当てはまるが，ヨーロッパ大陸や日本，その他，第2次大戦後独立してきた国には当てはまらない（Johnson 1972）。これは，後者の国々では，業務独占を許す高度な専門職業については，国家が先に資格を付与するシステムを導入しており，そのため，プロフェッションとは何かという問い自体が，イギリスやアメリカにおける文脈と異なっているからである。

その後，社会学では構造機能主義が後退して，共通の思考基盤が失われるとともに，プロフェッション化に関する研究も，異なる段階に進むことになる。その代表的なものがLarson（1977）であり，これを推し進めたMacdonald（1995）である。彼らは，シンボリック相互作用論の立場から，プロフェッションの研究を，それまでとまったく異なり，批判的に検討を始めた。ヴェーバーの囲い込み理論や，マルクスの階級闘争などの理論をプロフェッションの研究に応用していくことになる。特に，これらの議論はイギリスの会計プロフェッションの歴史に妥当するようであり，実際，Willmott（1986）では積極的に展開されているし，Macdonald（1995）は著書の最終章として，会計プロフェッションを事例として挙げている。つまり，イギリ

第3章　プロフェッションの諸理論

図表3−2　Hickson and Thomas（1969）によるプロフェッショナル化の指数

	最終試験または業務経験から完全な資格取得までに適切な実業務経験が必要とされる	懲戒手続きまたは懲戒委員会のいずれかまたは両方がある	3年以上の訓練が要求される	勅許（Royal Charter）を得た団体である	料金・報酬等について推奨される金額が設定されている	試験の段階は3段階である（すなわち予備試験・中間試験・最終試験。免除はあっても良い）	幹部以外に相互に異なる目的をもつ特別委員会が8つ以上ある	会員は他の会員の報酬よりも安い報酬を提示することは明確に禁止されている	広告は明示的に禁止されている	入会には一般教育証明書において上級課程レベル科目の修了が要求される	守秘義務に関する明確な倫理規定がある	訓練期間は5年以内である	会員は同じプロフェッショナルを批判することは明確に禁止されている	合計
王立産婦人科協会	1	1	1	1	1	1	1	1	1	1	1	1	1	13
ロンドン王立内科医協会	1	1	1	1	1	1	1	1	1	1	1	1	1	13
イングランド王立外科医協会	1	1	1	1	1	1	1	1	1	1	1	1	1	13
一般開業医協会	1	1	1	1	1	1		1	1	1	1		1	11
公共工事技術者協会	1	1	1	1	1		1	1	1	1	1	1		11
法律協会	1	1	1	1	1	1		1	1	1	1	1		11
英国王立建築家協会	1	1	1	1	1	1	1	1	1		1	1		11
電気技術者協会	1	1	1	1			1	1	1	1	1	1		10
都市計画協会	1	1	1	1		1	1		1		1	1		9
法曹院	1	1			1	1	1	1	1		1		1	9
機械技術者協会	1	1	1	1					1	1	1	1		8
勅許会計士協会	1	1	1	1		1		1			1	1		8
勅許事務者協会	1	1	1	1				1	1		1	1		8
以下略														

スでは，会計プロフェッションが自律的に発達してきたが，当初は複数の会計プロフェッションが乱立していた。その後，政治的な抗争を繰り返して行く中で，囲い込みによって１つのクラスを形成し，勢力を拡大して行くプロセスが観察されるとする。他方，たとえば，Macdonaldがいう，ジレンマにも遭遇する。すなわち，対抗勢力の力をそぐためには，自分の業界団体への入会基準を下げて数を増やすことが必要であるが，そうするとプロフェッションとしての質は下がる。ただし，Macdonald自身も認めているように，このような観察はイギリスやアメリカのようにプロフェッションが民間で自律的に発達してきた国に当てはまる観察であり，他の諸国のように国家がプロフェッションを定義して与えている国では妥当するとは限らない。

　いずれにしても，社会学的な研究では，一定の枠組み，視点を措定して，プロフェッションの社会的な機能や，プロフェッションの発達を解釈しようとした（だから解決策や政策については，彼らは提示していない）。こうした状況の是非の価値判断を含め，どのような政策が望ましいのか（あるいは望ましくないのか），また，それはなぜかを検討するのは，彼らではなく，制度設計を講じる監査研究者の研究領域である。また，会計プロフェッションに限っていえば，医師や法曹と同様，すでに世界的にプロフェッションとしては形式的にはすでに確立されているので，これからプロフェッショナル化する，プロフェッショナル化の途上にあるというような，プロフェッションではないので，社会学でいうプロフェッショナル化の議論の適用は限定的と考えられる。

４．規制対象としてのプロフェッション

（１）プロフェッションと独占問題

　プロフェッションは，数々の規制により，独占が認められていることが多いが，経済学の分野では，古今東西，職業の独占を疑問視する傾向が強い。古くはアダム・スミスが有名な著書『諸国民の富』の中で，職業独占を厳しく批判しているし，上述のようにLarsonやMacdonald等マルキストも独占の

もたらす弊害について，ヴェーバーのいう囲い込み理論等を用いて言及している。また，近代経済学においても，ノーベル経済学賞を受けたFriedmanによる先駆的な研究もあるが（1954，1963），プロフェッションの独占についていずれも懐疑的である。さらに，現在では，EUにおいてプロフェッションの独占を緩和するよう，規制緩和が行われたことは記憶に新しいが，そもそも公的な議論においても独占に関して疑問視する傾向が強い（Paterson et al. 2003）。

もっとも，これらはみてわかるようにすべて，プロフェッションが民間で自律的に発達してきたイギリスやアメリカの議論であり，その意味で特殊であるので，わが国も含め，その他の多くの国にみられるような官製プロフェッションの国には直接当てはまるとは考えにくい議論である。また，そのように独占批判を「割り引いて」，あるいは冷静にみる必要がある。

さて，素朴に，ミクロ経済学では，国家による規制は，社会的な厚生を低下させるので，ない方がよい。また，特定の企業や職業団体による独占，寡占は，自由な価格形成を阻害し，やはり社会的な厚生を低下させる。しかし，プロフェッションの提供する業務についてはどうか。この点を以下，検討することにする。

（2）初期の研究

たとえば，Friedman and Kuznets（1954）は，1930年代のアメリカ国内の5つの専門職業（医師，歯医者，法律家，公認会計士，技術士（consulting engineer））について，当時の所得の差異について広範な調査を行った。通常，プロフェッショナルの高所得は，そのプロフェッションになるまでに投資される金額や努力などのコストが大きく，それに見合うように所得が大きくなっている（これを彼らはequalizing differencesと呼んでいる）ことが理由として挙げられるが，彼らの研究によれば，これを超える格差があり，その源泉について検討している（その後のFriedmanのプロフェッション研究については，Friedman（1963）を参照）。

(3) 信頼財，情報の非対称性

　冒頭に述べたように，経済学的には，規制はない方がよい。競争的な環境においた方が，社会的な厚生は増大する。しかしながら，それでもプロフェッションに独占が許され，それが規制によって保護されるのは，プロフェッションの業務に情報の非対称性があるためと説明されることが多い。

　会計士を含む高度なプロフェッションの場合，その業務自体を素人が判断することは事実上困難である。このように調査や経験により買い手が（事前事後にかかわらず）その質を確かめることのできない財は信頼財（Credence gooods）と呼ばれる（Darby and Karni 1973）。信頼財の市場では，売り手が買い手の需要を定義して解決策を規定する（agency function），選択した解決策に専門能力を適用する（service function）。そのため，売り手が買い手のニーズを生み出すというエージェンシー問題が生じる可能性が出てくる（もっとも，手術の内容を確かめることができない患者や法体系や訴訟システムを理解できない訴訟依頼人とは異なり，会計プロフェッションの場合，監査の内容はある程度，依頼人（client）から知ることは可能であり，また，依頼人が監査人を裏切る可能性があるという特殊な状況も存在する）。

　また，情報に非対称性が存在するために，逆選択やモラルハザード問題が生じる可能性もある（もっとも，情報の非対称性といっても，依頼人が経済的な強い立場にあったり，また，依頼人の専門能力が高い，あるいは過去の経験から情報をある程度得ている場合には，情報の非対称性は低くなる。その意味で情報の非対称性は，ローカルにはセンシティブな問題である）。

　財務会計の議論では，このような逆選択やモラルハザード問題が生じる場合，情報のディスクロージャー（会計制度）と信頼性の担保（監査制度）が議論されることになるが，プロフェッションの場合には，依頼人の秘密保持のため，この議論はできない。したがって，別の規制方法が検討されることになる。

(4) 規制主体

　財の質を確かめることができない場合，さまざまな次元，方法が考えられる。一般に，有効な規制方法を論じるとき，事前規制と事後規制に分けて議

論することがある。会計プロフェッションでいえば,専門能力と経験,独立性,監査基準,広告規制,報酬など,業務に先立って業務を規制するものが事前規制である。これに対して,規範違反,つまり専門資格や監査業務を規制するさまざまな規範に違反した場合の制裁を事後規制という。事後規制は,このような制裁があることで規範違反を起こさないようにさせる意味をもつ。法律の分野では,法令の実効性として議論される。

　プロフェッションの場合には,これにもう1つの軸が加わることになる。それは,規制主体,つまり,自主規制が望ましいのか,それとも政府や第三者機関によるプロフェッションの外部による規制が望ましいのか,あるいは両者のどのようなバランスが望ましいのかという議論である。この議論は,基本的には,まず,問題の解決を当事者に任せることが望ましいのか,それとも公権力が介在した方がよいのかという議論から始まり,プロフェッションの議論に一部応用しようという試みもある。

　なお,この点については,会計プロフェッションの実態を踏まえた本報告書の第6章で詳細に検討がなされている。

(5) プロフェッションの参入規制

　参入規制は,事前規制の1つである。高い参入障壁(高い能力を証明できるもののみの参入を認める)は,プロフェッションの業務の質を相対的に高くすることができるが,他方,社会に提供できるサービスの量は減少する。また,参入障壁が極端に高い,つまり業務独占がある場合には,一般に質は高いと考えられているが(プロフェッションはそう主張することが多い),競争がないことによって,価格と質の両者において,独占の弊害が生じる可能性もある。

　先に述べたが,経済学者には,プロフェッションの市場への参入についての規制に否定的な見解がある(Friedman and Kuznets 1954)。これは,すでにプロフェッションについている者が既得権益を守るため,意図的に参入障壁を上げるため,社会に必要と考えられるプロフェッションの数が満たされないというものである。もっとも,会計プロフェッションについては,Friedmanらの調査が行われた1930年代から飛躍的に増加しているので,現

在，この議論が当てはまるかどうかは定かではない。

　また，イギリスにおいて，1980年代，法曹界において一部，新しい専門資格が設けられ，従来の法曹と競合する状況が生じたが，この状況を調査し，競争が存在した方が依頼人にとって有利であるとの研究がある。また，数学的なモデルを用いて，競争環境が，依頼人の厚生を向上させるという研究もある。

　さて，わが国の最近の状況に照らすと，平成15年公認会計士法改正によって，平成18年度の公認会計士試験において合格者が大幅に増加したが，その後，サブプライム問題等により不況期に入ったこともあり，待機合格者問題が露呈，さらに大手監査法人におけるリストラ等の問題が発生するようになった。見かけは，参入障壁を下げたが，結局，過剰供給になっているようであり，政策的にも，公認会計士の合格者は削減される傾向にある。

　わが国の場合，プロフェッションの参入については，公認会計士法に基づく資格付与の制度の他，直接的には行政当局の裁量の対象となっている。また，これまでの歴史をみると，自主規制団体である日本公認会計士協会が監査市場等の需給関係に基づいて増減を主張する，あるいは，平成15年公認会計士法改正の議論のように，行政当局の主導によって政策的に参入規制が議論されることがあったが，いずれも意思決定は行政当局である。この背後に社会学にいうコーポラティズムが存在したり，近代経済学の公共選択にいうキャプチャー理論が妥当するか。もしもこれらが肯定されるならば，先の待機合格者やリストラは，業界による独占の可能性を否定するものではない。また，監査報酬のダンピング等も問題となっているが，現在の少ない報酬と将来の期待報酬の減少が過剰に参入障壁を上げている可能性を否定できない。わが国において，競争を維持しつつ適切な監査の質を保証しうる監査市場の規模（監査人の数と報酬）については，今後の研究に待つところが大きい。

（6）その他の規制

　その他，広告，報酬，法人形態等に関して規制がある。広告と報酬については，伝統的な議論の対象である（e.g. Carr-Saunders and Wilson 1933）。Carr-Saundersらは，「特に，プロフェッショナルが競争するのは，能力に対

する評判のみであって，広告，ダンピング（price-cutting），その他ビジネスの世界になじみとなっている方法は許されない」(Carr-Saunders and Wilson 1933, 432) としている。その理由は，プロフェッショナルとしての義務と，利害が一致しないからであるとする (Carr-Saunders and Wilson 1933, 432)。そもそも，プロフェッショナルの業務については，素人には簡単に理解できたり知りうるものではないことが多い。そういう状況で広告を許すと，一般の人々は，プロフェッショナルの業務の内容や質を判断できないために簡単にだまされてしまうし，悪意のあるプロフェッショナルはその状況を利用して不当に利益を得ることが可能になる。このような理由から，広告規制は，かつてのアメリカの連邦最高裁も支持していた（294 U.S. 608)。

　経済学的には，信頼財として性格，情報の非対称性から，規制が支持されるように思われる。しかし，反論も可能である。つまり，もともと信頼財であり情報の非対称性があることから，業務の提供者は不当に高い価格を設定することも可能ではないか。さらにいえば，プロフェッションは広告の禁止と固定報酬によって，独占的な利潤を享受することが可能である。むしろ，報酬や業務の内容，質等について，何らかの情報を与えた方が，消費者の厚生は増大するのではないか。Paterson et al. (2003) は，EUの委託を受けて，プロフェッション規制に関する広範な実態調査を行い，報告書にまとめている。この研究は，参入障壁，広告規制，報酬，法人形態等に関して，経済学上の先行研究にしたがい，域内各国の実態調査を行い，プロフェッション規制に関する規制緩和を主張している。これがその後の通達（COM/2004/0083 final) の基礎になっている。

5．結論

　本章では，前半においてプロフェッションの定義と発展段階に関して代表的な説を紹介した。プロフェッションの定義については，会計プロフェッションのみならず数多くの領域で，Millerson (1964) の整理が用いられるこ

とが多いが，Millerson自身は，多くの論者が多様なプロフェッションの条件を認識しているが，その条件のどれをとっても，すべての論者が一致するものはないことを示すこと，そして，そのように条件が論者によって多様となる原因について考察している。また，その後の研究においても，社会学においてプロフェッションの条件に関して，意見の一致をみないことは通説である。また，発展段階に関する研究については，特にイギリスやアメリカにおける実態調査に基づくものであること，また，社会学者は，これらの研究が，そのままでは他の国々には当てはまらないとしていることを紹介した。

　また，後半においては，特に近代経済学的に，プロフェッションについての議論を簡単に紹介した。プロフェッションの提供するサービスは，特に医療，法曹，会計など高度なものになればなるほど，信頼財としての属性が高まるため，特有のエージェンシー問題を生む可能性があること，また，情報の非対称性が存在するために，逆選択，モラルハザード問題が生起する可能性があること，そして，それが故にプロフェッションの規制が正当化されること（本来は独占として否定される），他方，参入障壁，広告の禁止や固定報酬制度等の規制は，これを利用した独占を可能にする可能性があるため，最近では規制緩和策が図られていることについて言及した。

　これらにみられるように，プロフェッションは，社会科学の対象として非常に総合的な性格を備えているとともに，その多くの議論は，共通してプロフェッションによる業務独占という問題に，社会学も近代経済学も，「批判的に」取り組んでいることに注意したい。プロフェッション，特に高度な専門知識や経験を必要とするプロフェッションには，法律をもって業務の独占が規定されている。実は，経済学の領域においては，論理は明快であるが，実はそれほど研究は進められていない。多くは単純な数学的なモデルによる分析であり，実証，実態分析は極めて少ない。特異で複雑な規制対象を分析するには，まだまだ多くの研究を必要とする領域である。

　その意味で，プロフェッションを規制する有効なシステムはまだ開発途上であって，プロフェッションの自主的な規制や倫理（道徳）の意味について，プロフェッション自身が見識を示すとともに，行動規範に対する自己制裁を徹底しなければ，社会の信頼は得られないのである（つまり，プロフェッシ

ョンに対する社会の信頼を保証するのは，法制度や行政等ではなく，そこにはまだ限界があるので，プロフェッション自身が，自己を律していかねばならない）。職業倫理，行動規範は，遵守すべき規則ではあるが，その意味は社会に対する契約であり，経済学的にいう社会に対する「ボンディング」であることを知らねばならない。

【参考文献】

Abott, A.D.（1988）*The System of Professions*, Chicago, IL: The Chicago University Press.
Carr-Saunders, A.M. and P.A. Wilson（1933）*The Professions*, London: Oxford University Press.
Darby, M.R. and E. Karni（1973）Free Competition and the Optimal Amount of Fraud, *Journal of Law and Economics*, Vol.16, pp.111-126.
Friedman, M. and S. Kuznets（1954）*Income from Independent Professional Practice*, New York: National Bureau of Economic Research.
Friedman, M.（1963）*Capitalism and Freedom*, Chicago, IL: The Chicago University Press.
Johnson, T.J.（1972）*Professions and Power*, London: Macmillan.
Hickson, D.J. and M.W. Thomas（1969）Professionalization in Britain: A Preliminary Measurement, *Sociology*, Vol.3, pp.37-53.
Larson, M.S.（1977）*The Rise of Professionalism: A Sociological Analysis*, Los Angels, CA: University of California Press.
Macdonald, K.M.（1995）*The Sociology of the Professions*, London: SAGE Publications.
Millerson, G.（1964）*The Qualifying Associations: A Study in Professionalisation*, London: Routledge & Kengal Paul.
Paterson, I., M. Fink, and A. Orgus（2003）*Economic Impact of Regulation in the Field of Liberal Professions in Different Member States (Study for the European Commission, DG Competition)*, Wien: Institut für Hörere Studien (IHS) .
Wilensky, H.L.（1964）The Professionalization of Everyone?, *American Journal of Sociology*, Vol.70, No.2, pp.137-158.
Willmott, H.（1986）Organizing the Profession: A Theoretical and Historical Examination of the Development of the Major Accountancy Bodies in the U.K., *Accounting, Organizations and Society*, Vol.11, No.6, pp.555-580.

（瀧　博）

第4章 アカウンティング・プロフェッションの実証分析

1．アンケート調査の概要，最終的な回収状況と属性分類

我々が実施したアンケート調査の概要は以下のとおりである。

◆調査対象：
　監査法人・個人事務所所属の公認会計士[1]：全1,556名
　　※内訳：「大手監査法人」[2]所属：1,120名
　　　　　　「中小監査法人」（上記以外[3]）所属：300名
　　　　　　「個人事務所」[4]代表・所属：136名
◆調査期間：2012年3月1日～3月31日

アンケートの最終的な回収状況は，以下の図表4-1のとおりである。なお，我々は，どの法人・個人へ依頼（送付）したアンケートが返送されてきたのかを大枠で判断するために，返信用封筒の色をあらかじめいくつか用意した（大手監査法人へ送付した返信用封筒は黄色，中小監査法人へ送付した返信用封筒は緑色，個人事務所へ送付した返信用封筒は青色）。図表4-1における「大手監査法人」「中小監査法人」「個人事務所」の回収状況は，それぞれ

1　会計士補・公認会計士試験合格者も含む。
2　ここでは，以下の3つの監査法人を「大手監査法人」と定義する。すなわち，有限責任あずさ監査法人，新日本有限責任監査法人，有限責任監査法人トーマツ，の3つである。
3　上場会社監査事務所名簿等を利用し，上記「大手監査法人」以外の監査法人を対象とした。
4　日本監査研究学会の名簿（送付当時）をもとに，「個人事務所」名義で登録をしている公認会計士を対象とした（なお大学教員を兼務していないこと等の基準により，送付先をスクリーニングしている）。ただし，上記に該当する公認会計士でも，大手・中小監査法人に所属するものの存在が想定されるため，実際の分析では，Appendixに示す調整により，そのようなサンプルを「個人」から除外（大手・中小監査法人へコンバート）している。

図表4-1　アンケートの最終的な回収状況

	送付数	回収数	回収率（％）
「大手監査法人」（黄色）所属	1,120	152	13.57
「中小監査法人」（緑色）所属	300	60	20.00
「個人事務所」（青色）所属	136	38	27.94
total	1,556	250	16.07

図表4-2　アンケートの最終的な属性分類

	サンプル数	構成割合（％）
大手監査法人	163	65.7
中小監査法人	67	27.0
個人事務所	18	7.3
total	248	100

黄色，緑色，青色の返信用封筒で返送された数をもとにした暫定的なものである。

さらに我々は，図表4-1の暫定的な分類に対して，Appendixに示す調整を行い，最終的な属性分類を行った（また，後述するように回答上不備があると判断しうる2サンプルを除外した）。その最終的な結果は，図表4-2のとおりである。

まず本章の前半では，248サンプル全体をまとめて分析し，後半では，この図表4-2における属性分類をもとに分析を進めていく。

2．質問と仮説：公認会計士がプロフェッションとして重視する項目に関する分析

（1）質問項目の概要

アンケートでは，プロ一般（セクションA），公認会計士（セクションB），回答者自身（セクションC）について，1から20までの各項目（図表4-3）について，その重要度・該当度を7段階のリカート・スケールにより問うている（「7」が「そう思う」，「1」が「そう思わない」となる。よって，7

図表4-3 質問項目

番号	問題
1	○○は，先例のない難題に対して新規に解決の道筋をつける能力を有する人である。
②	○○は，非難や処罰を回避する行動をとる人である。
3	○○は，組織に属さない自由な立場の職業人である。
4	○○は，非プロ（アマ）に対して権威ある実力で対抗する人である。
⑤	○○は，自分の立場や生活を優先する人である。
6	○○は，公益に奉仕するという使命感がある人である。
7	○○は，支持者や師事者など賛同者が多い人である。
⑧	○○は，周りからの評価を考慮して行動する人である。
9	○○は，その価値がその所得の大きさに依存すると信ずる人である。
10	○○は，利益相反の状況で自分の利益を優先する人である。
11	○○は，自己のために働くことが他者のためになると考える人である。
⑫	○○は，社会秩序の維持を考える人である。
13	○○は，誰も知らない分野を切り拓く人である。
14	○○は，仕事の結果が依頼通りでなくても評価されると信ずる人である。
⑮	○○は，社会や組織のルール，慣習，前例を守る人である。
16	○○は，自らの専門分野に限らず他の分野に対しても勘の働く人である。
17	○○は，仕事の結果よりもプロセスを重視する人である。
18	○○は，高度な専門的知識を有した職能が備わっている人である。
19	○○は，その権威が資格によって保証されると信ずる人である。
⑳	○○は，社会正義を考えて行動する人である。

※1　この図表は，第2章図表2-3「採択された仮説」をアンケートの質問形式に直したものである。
※2　番号に○のついた項目は，第5章で取り扱う「倫理水準」のテストに関係する項目である。

と1の間のmedian「4」が「どちらとも言えない」）。問いの1から20までは共通で，各セクションごとの違いは，問いの主語の違いである（主語がプロ一般（A），公認会計士（B），あなた（C））。なお，セクションCについてのみ，これらに加えて21番目に「あなたはプロですか」という（自分自身のプロとしての自覚に関する）問いを設け，これを7段階のリカート・スケールで問うている。

（2）リサーチクエスチョン

本章では，これらA1からC20までの60項目とC21の項目（全61項目）を比較分析することで，以下の5つのリサーチクエスチョンを解き明かしていく。

リサーチクエスチョン1

「公認会計士は,プロ一般について,どのような要素を重視しているか(どのような要素を兼ね備えればプロと呼べると考えているのか)?」(セクションA1-20)

リサーチクエスチョン2

「公認会計士は,公認会計士という専門職について,どのような要素を重視しているか(どのような要素を兼ね備えていれば公認会計士はプロとして成立しうると考えているのか)?」(セクションB1-20)

リサーチクエスチョン3

「公認会計士は,自分自身をどのような要素で評価しているか(プロとしての自分をどのように捉えているか)?」(セクションC1-20)

リサーチクエスチョン4

「公認会計士の認識では,『プロ一般』『公認会計士』『自分自身』の3者について,重視する要素がそれぞれ異なるか(特にプロ一般との比較で,公認会計士ならではという要素が存在するか)?」(セクションA/B/C)

リサーチクエスチョン5

「大手監査法人,中小監査法人,個人事務所ごとに,これらの回答は異なるか(特に,C21項目(自分自身のプロとしての自覚))?」(属性比較)

(3) 仮説

　上記を踏まえて,特に次のような仮説を立て,それらを検証していくことにする。

第4章 アカウンティング・プロフェッションの実証分析

Hypothesis 1：プロ一般（A 1-20）「専門能力仮説」

「プロ一般」では，A18「高度な専門的知識を有した職能が備わっている」ことが最も重視される。

これは，プロに対する一般的な見方といえるかもしれない。つまり，「専門能力があることがプロとしての条件である」という見方を，公認会計士も採っているであろうという仮説である（これを暫定的に『専門能力仮説』と呼ぶ）[5]。

Hypothesis 2：公認会計士（B 1-20）「専門能力＋社会性仮説」

「公認会計士」では，B18「高度な専門的知識を有した職能が備わっている」ことに加えて，B 6「公益に奉仕するという使命感」，B12「社会秩序の維持を考える」およびB20「社会正義を考えて行動する」ことも重視される。

これはつまり，公認会計士は単に専門能力だけでなく，公益への奉仕や社会正義など，一定の社会性を有する存在であると（公認会計士自身が）捉えているという仮説である（これを暫定的に『専門能力＋社会性仮説』と呼ぶ）。

Hypothesis 3：自分自身（C 1-20）「自分自身＝公認会計士仮説」

公認会計士は，「自分自身」について，C18「高度な専門的知識を有した職能が備わっている」ことに加えて，C 6「公益に奉仕するという使命感」，C12「社会秩序の維持を考える」およびC20「社会正義を考えて行動する」ことも高く評価している。

これは結局，H 2 と結びついて，プロとしての公認会計士が備えるべき性質について，自分自身も備えていると（公認会計士は自分自身のことを）評価している，という仮説である。

Hypothesis 4：プロ一般と公認会計士との相違（A/B比較）「社会性仮説」

公認会計士は，『プロ一般』と『公認会計士』について，質問 6「公益に

---

5 具体的な仮説検定としては，A18につき「プロ一般には，高度な専門的知識を有した職能が備わっているとはいえない」という帰無仮説を立てて，それを統計的に棄却できるかどうかを検証することになる（仮説 2・3 も同様）。

奉仕するという使命感」，質問12「社会秩序の維持を考える」および，質問20「社会正義を考えて行動する」が異なる点（『プロ一般』では重視されないが，『公認会計士』では重視される点）であると認識している[6]。

これは，H1・2・3を踏まえた結果である。つまり，単なるプロ一般は専門性のみが重視されるが，公認会計士は，それだけではなく社会との関わりも重視されるいわば「特別な存在」であると公認会計士自身が認識している，というのがこの仮説である（これを暫定的に『社会性仮説』と呼ぶ）。もしこの仮説が支持されるのであれば，公認会計士のアイデンティティ，つまり，公認会計士にとって欠くことのできない要素（他のプロとの比較の上で重要な要素）は，「公益への奉仕」「社会秩序の維持」や「社会正義」であるということがいえるだろう。

Hypothesis 5：大手・中小・個人間の相違（属性比較）「規模仮説」

①大手監査法人所属の公認会計士，中小監査法人所属の公認会計士，および個人事務所所属（ないし代表）の公認会計士では，C21項目（自分自身のプロとしての自覚）の回答水準には統計的な有意差がある。また，②規模が小さくなればなるほど，その水準は高い。

これは，図表4-2の属性分類を踏まえた比較分析である。勿論，属性ごとのA1からC20までの60項目それぞれの異同についても気になるところであるが，特にここで注目したいのは，C21である。C21は，自分自身のプロとしての自覚を7段階のリカート・スケールでストレートに問うている。なお，我々は，単に「異なる」だけでなく，その自覚の強さに，以下のような方向性があると予想する。

個人事務所所属の公認会計士の「自覚」
　＞中小監査法人所属の公認会計士の「自覚」
　＞大手監査法人所属の公認会計士の「自覚」

---

[6] 具体的には，A6とB6，A12とB12，およびA18とB18との間に統計的な有意差があるか否かを検証する。

このように，所属する法人や事務所の形態によりプロとしての自覚が異なる可能性の根拠としては，実証監査研究でいう「規模効果」的な説明が当てはまるかもしれない（そこでこれを暫定的に『規模仮説』[7]と呼ぶ）。すなわち，組織規模の大きさにより，1個人当りが負担すべきリスク（1個人に対する事務所内のリスク分担度）は異なる。たとえば，自分自身の発言や行動が事務所・法人全体へ影響する度合いは，その組織規模や形態によって異なるはずである。特に，個人事務所はその影響度ないしリスク分担度は大きく，逆に大手監査法人になればなるほど，その影響度ないしリスク分担度は相対的に小さくなる。そして，その影響度合いが高ければ高いほど（低ければ低いほど），それだけプロ意識（プロとしての自覚）も高くなる（低くなる）ことが予想される[8]。

　以上が代表的な仮説であるが，その他の各個別項目については，図表4-4のような事前予想（補助仮説）をしておくことにする。

　回答欄の網掛けは，各項目に対する我々の予想であり，番号はリカート・スケールに対応している。たとえば，「123」に網掛けがなされている質問項目は，当該質問に対する回答が否定側に多く表れるであろうという事前予測を示す。また「567」への網掛けは，回答が肯定側に多く表れるという事前予測を，「345」への網掛けは，回答がいずれの側に出るかわからない（mix）ということを示す。

7　なお，あえて『』（カギ括弧）をつけているのは，実際にアーカイバル型実証研究の文脈でいう規模効果と少しニュアンスが異なるためである。
8　なお，もちろん，プロ意識が高い（低い）ことが「よい」（悪い）ことかどうかは，判断しかねるという点には留意されたい。つまり，質問21はあくまで本人の自覚の問題（本人による自己評価）であり，それが（社会にとって，投資家にとって，業界にとってetc.）「よい」か「悪い」かはまた別次元の問題である（たとえば，プロ意識が高くても，それが自信過剰であれば，実力を超えた仕事をしてしまうことにより社会的損失を招く結果になるかもしれない）。

図表4-4　各質問項目に関する「事前予想」（補助仮説）

No.	問　題	回　答　欄 ←そう思わない／そう思う→						
1	○○は，先例のない難題に対して新規に解決の道筋をつける能力を有する人である。	1	2	3	4	5	6	7
②	○○は，非難や処罰を回避する行動をとる人である。	1	2	3	4	5	6	7
3	○○は，組織に属さない自由な立場の職業人である。	1	2	3	4	5	6	7
4	○○は，非プロ（アマ）に対して権威ある実力で対抗する人である。	1	2	3	4	5	6	7
⑤	○○は，自分の立場や生活を優先する人である。	1	2	3	4	5	6	7
6	○○は，公益に奉仕するという使命感がある人である。	(肯定)Hypothesis 2, 3, 4						
7	○○は，支持者や師事者など賛同者が多い人である。	1	2	3	4	5	6	7
⑧	○○は，周りからの評価を考慮して行動する人である。	1	2	3	4	5	6	7
9	○○は，その価値がその所得の大きさに依存すると信ずる人である。	1	2	3	4	5	6	7
10	○○は，利益相反の状況で自分の利益を優先する人である。	1	2	3	4	5	6	7
11	○○は，自己のために働くことが他者のためになると考える人である。	1	2	3	4	5	6	7
⑫	○○は，社会秩序の維持を考える人である。	(肯定)Hypothesis 2, 3, 4						
13	○○は，誰も知らない分野を切り拓く人である。	1	2	3	4	5	6	7
14	○○は，仕事の結果が依頼通りでなくても評価されると信ずる人である。	1	2	3	4	5	6	7
⑮	○○は，社会や組織のルール，慣習，前例を守る人である。	1	2	3	4	5	6	7
16	○○は，自らの専門分野に限らず他の分野に対しても勘の働く人である。	1	2	3	4	5	6	7
17	○○は，仕事の結果よりもプロセスを重視する人である。	1	2	3	4	5	6	7
18	○○は，高度な専門的知識を有した職能が備わっている人である。	(肯定)Hypothesis 1, 2, 3						
19	○○は，その権威が資格によって保証されると信ずる人である。	1	2	3	4	5	6	7
⑳	○○は，社会正義を考えて行動する人である。	(肯定)Hypothesis 2, 3, 4						

3. アンケート結果と統計的分析（1）
サンプル全体の実証分析（仮説1～4の検証）

（1）サンプル全体の結果

最初にサンプル全体の結果を概観するとともに，各項目ごとに統計的分析を行った結果を示すことにする（図表4-5）。

次に，各質問に対する回答の平均値を示すと，図表4-6のようになる。

図表4-6をもとに，各仮説について考えてみると以下のようになる。

図表4-5　第3節における分析のイメージ

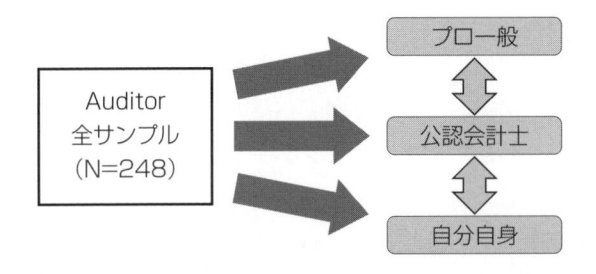

図表4-6　サンプル全体の平均値

Q	Ave.	Q	Ave.	Q	Ave.	Q	Ave.
A1	5.56***	A6	4.81***	A11	3.92***	A16	4.61***
B1	5.12***	B6	5.21***	B11	3.84***	B16	4.71***
C1	4.47***	C6	4.94***	C11	3.98***	C16	4.45***
A2	3.22***	A7	3.78***	A12	4.60***	A17	3.25***
B2	3.76***	B7	3.72***	B12	5.21***	B17	3.72***
C2	3.96***	C7	3.86***	C12	5.03***	C17	3.54***
A3	3.27***	A8	3.72***	A13	4.76***	A18	5.96***
B3	2.92***	B8	3.86***	B13	4.16***	B18	5.88***
C3	2.63***	C8	4.07***	C13	3.91***	C18	4.82***
A4	3.64***	A9	3.07***	A14	3.27***	A19	3.46***
B4	3.59***	B9	3.14***	B14	3.43***	B19	4.10***
C4	3.38***	C9	3.34***	C14	3.28***	C19	3.60***
A5	2.74***	A10	2.29***	A15	3.97***	A20	4.97***
B5	3.04***	B10	2.33***	B15	4.78***	B20	5.32***
C5	3.52***	C10	2.73***	C15	4.75***	C20	5.12***

※　***は1％有意，**は5％有意，*は10％有意（マンホイットニーのU検定）

(2) プロ一般：仮説1『専門能力仮説』の検証

　まず仮説1は，「プロ一般」について，A18「高度な専門的知識を有した職能が備わっている」ことが最も重視されるという仮説である。

　ここで，A18の回答の平均値は「5.96」と肯定的な回答となっており，かつ統計的にも帰無仮説は棄却される（1％有意。p=0.000）。よって，まず公認会計士は，この「専門的知識を有した職能」をプロ一般が有すべき特質として重視していることがわかる。また「最も」という点についても，「5.96」がAの回答の中で最も高い値となっていることから支持される。よって，公認会計士は，専門能力・専門知識こそがプロ一般として最も重要な要素であると認識していることが理解できる。つまり，仮説1「専門能力仮説」は統計的に支持される。

　また，この他の補助仮説についても，それが統計的に支持されるか否かについて図示すると図表4-7および図表4-8のようになる。

　図表4-7からもわかるとおり，アンケート結果は我々の補助仮説と概ね一致しているといえる。特に代表的な項目（具体的には，「medianの4[9]から1ポイント以上乖離している」こと，かつ「その差が統計的に有意である」という2つを兼ね備えた項目を，「代表的な項目」とする。以下，同様）を，重要性の高い順に並べると，次のようになる。

A18（高度な専門的知識を有した職能が備わっている）『専門能力仮説』・・・【最も重視】
A10［否定］（利益相反の状況で自分の利益を優先「しない」）
A1　（先例のない難題に対して新規に解決の道筋をつける能力を有する）
A5　［否定］（自分の立場や生活を優先「しない」）

9　単に数字だけ見るとmedianは「3.5」のように思えるが，回答に「0」がない（1-7までのリカートスケールで，「1」が最小値である）ことから，medianは，回答「1」と「7」の中間点たる「4」になる。

第4章 アカウンティング・プロフェッションの実証分析

図表4-7 「プロ一般」についての仮説（事前予想）とアンケート結果

	A1	A2	A3	A4	A5	A6	A7	A8	A9	A10
仮説	肯定	否定	mix	否定	否定	肯定	肯定	否定	否定	否定
Ave	5.56***	3.22***	3.27***	3.64***	2.74***	4.81***	3.78***	3.72***	3.07***	2.29***
VAR	1.85	2.67	2.53	3.19	1.99	2.36	1.99	2.33	2.37	1.74
結果	◎	○	×	○	◎	○	○	×	○	◎
	A11	A12	A13	A14	A15	A16	A17	A18	A19	A20
仮説	否定	肯定	肯定	否定	mix	肯定	否定	H1	否定	肯定
Ave	3.92***	4.60***	4.76***	3.27***	3.97***	4.61***	3.25***	5.96***	3.46***	4.97***
VAR	2.74	2.00	1.96	2.47	1.87	1.99	2.28	1.44	2.54	2.13
結果	○	×	○	○	○	○	○	◎	○	○

※1 ***は1％有意，**は5％有意，*は10％有意（マンホイットニーのU検定）
※2 結果の◎は強く支持（median「4」から1ポイント以上の乖離），○は支持，×は棄却

図表4-8 「プロ一般」についてのアンケート結果（平均値）のグラフ

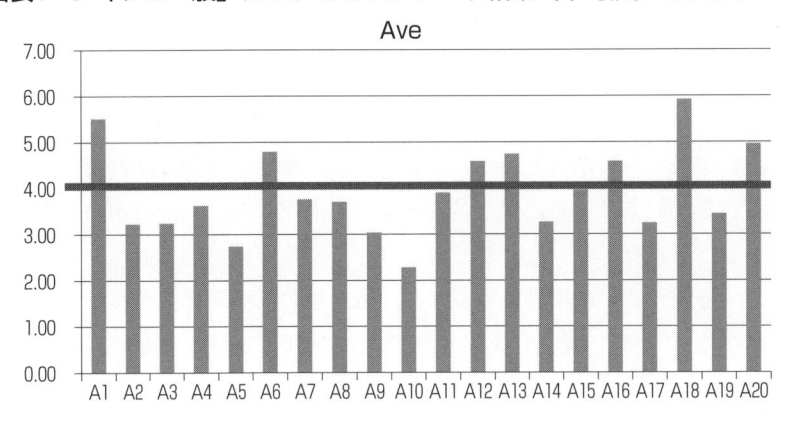

（3）公認会計士：仮説2『専門能力＋社会性仮説』の検証

仮説2は，「公認会計士」について，B18「高度な専門的知識を有した職能が備わっている」に加えて，B6「公益に奉仕するという使命感」，B12「社会秩序の維持を考える」，そして，B20「社会正義を考えて行動する」ことも重視されるという仮説である。

ここで，B18の回答の平均値は「5.88」と肯定的な回答となっており，かつ統計的にも帰無仮説は棄却される（1％有意。p=0.000）。よって，公認会計士は，「専門的知識を有した職能」を公認会計士が有すべき特質として重

視していることがわかる。これはプロ一般にも共通する重要な要素である。また，B6の回答の平均値は「5.21」，B12の回答の平均値は「5.21」，B20の回答の平均値は「5.32」といずれも肯定的な回答で，かつmedianの「4」から1以上の乖離がある項目となっており，またいずれも統計的に帰無仮説が棄却される（1％有意。p=0.000）。よって，公認会計士は，公認会計士が備えるべき重要な要素として専門能力・公益性・社会秩序・社会正義が挙げられると認識しているといえる。よって，仮説2『専門能力＋社会性仮説』は統計的に支持される。なお，プロ一般との比較についての詳細は，あとの仮説4の分析で明らかにするが，平均値だけからすると，B6，B12およびB20は，それぞれA6，A12およびA20よりも大きく，かつ（A6，A12およびA20がいずれもmedianの「4」から1以上の差が開いていない項目であるのに対して）medianから1以上の乖離があるという意味で，相対的に重視されていることがうかがえる。

また，この他の補助仮説についても，それが統計的に支持されるか否かについて図示すると図表4-9および図表4-10のようになる。

図表4-9からもわかるとおり，アンケート結果は我々の補助仮説と概ね一致しているといえる。特に代表的な項目（具体的には，「medianの4から1ポイント以上乖離している」こと，かつ「その差が統計的に有意である」という2つを兼ね備えた項目とする）を，重要性の高い順に並べると，以下のようになる（「プロ一般」において特に重視される項目との違いに網掛けをしてある）。

B18（高度な専門的知識を有した職能が備わっている）・・・【最も重視】
B10［否定］（利益相反の状況で自分の利益を優先「しない」）
B20（社会正義を考えて行動する）
B6（公益に奉仕するという使命感がある），B12（社会秩序の維持を考える）
B1（先例のない難題に対して新規に解決の道筋をつける能力を有する）
B3［否定］（組織に属さない自由な立場の職業人では「ない」）

図表4-9 「公認会計士」についての仮説（事前予想）とアンケート結果

	B1	B2	B3	B4	B5	B6	B7	B8	B9	B10
仮説	肯定	否定	mix	否定	否定	H2	肯定	否定	否定	否定
Ave	5.12***	3.76***	2.92***	3.59***	3.04***	5.21***	3.72***	3.86***	3.14***	2.33***
VAR	2.17	3.01	2.06	2.85	2.30	2.05	1.88	2.09	2.28	1.93
結果	◎	○	×	○	○	◎	○	○	○	◎
	B11	B12	B13	B14	B15	B16	B17	B18	B19	B20
仮説	否定	H2	肯定	否定	mix	肯定	否定	H2	否定	H2
Ave	3.84***	5.21***	4.16***	3.43***	4.78***	4.71***	3.72***	5.88***	4.10***	5.32***
VAR	2.86	1.66	2.31	2.74	1.67	1.89	2.15	1.22	2.61	1.73
結果	○	◎	○	○	×	○	○	◎	×	◎

※1　***は1％有意，**は5％有意，*は10％有意（マンホイットニーのU検定）
※2　結果の◎は強く支持（median「4」から1ポイント以上の乖離），○は支持，×は棄却

図表4-10 「公認会計士」についてのアンケート結果（平均値）のグラフ

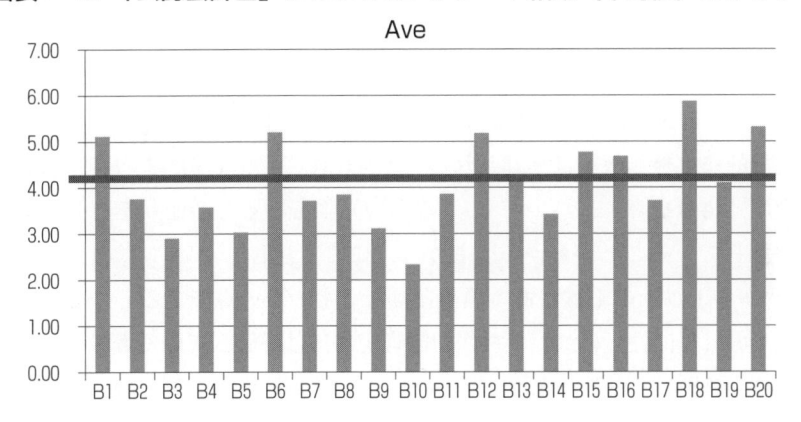

「プロ一般」と「公認会計士」とを比較することで理解できることは5つある。

まず第1は，仮説2で示したとおり，「プロ一般」にはなく「公認会計士」に特有の項目としては，質問6・12・20といった社会性項目であるということである（なお，この点の統計的分析は，仮説4において行う）。また，第2は，新たな要素が加わったにせよ，依然として最も重視されるのは，専門能力であるという点である。第3は，質問18の専門能力のほか，実は，質問10や質問1も，両者に共通しかつ重要性が高い項目となっている点である。

これは，事前の予想からは導き出せなかった興味深い点である。第4は，実は，新たにB3［否定］「自由人では『ない』」が加わっているということである。これは，職業的専門家である公認会計士の特質を考える意味で興味深い点である。第5は，逆に，「プロ一般」にあった質問5［否定］（自分の立場や生活を優先「しない」）が，「公認会計士」では検出されない点である。この点も，職業的専門家である公認会計士の特質を考える意味で興味深い点である。

（4）自分自身：仮説3『自分自身＝公認会計士仮説』の検証

仮説3は，公認会計士は「自分自身」について，「公認会計士」で重視された項目，つまり，C18「高度な専門的知識を有した職能が備わっている」，C6「公益に奉仕するという使命感」，C12「社会秩序の維持を考える」，そして，C20「社会正義を考えて行動する」がそのまま備わっていると判断するであろうという仮説である。

ここで，C18の回答の平均値は「4.82」と肯定的な回答となっており，かつ統計的にも帰無仮説は棄却される（1％有意。p=0.000）。よって，公認会計士は「自分自身」についても，「専門的知識を有した職能」を有していると評価していることがわかる。しかし，ここで注目したいのは，medianの「4」から1以上の乖離がある項目とはなっていない点である。つまり，自分自身の『専門性』については，勿論肯定的には評価しているものの，それほど高く評価しているとまではいえない，という事実がこの結果からわかる。

これに対して，『社会性』の方はどうであろうか。C6の回答の平均値は「4.94」，C12の回答の平均値は「5.03」，C20の回答の平均値は「5.12」といずれも肯定的な回答で，またいずれも統計的に帰無仮説が棄却される（1％有意。p=0.000）。しかしながら，ここでも僅差ながら，C6「公益性」はmedianの「4」から1以上の乖離がある項目とはなっていない点には留意されたい。

よって，公認会計士は，自分自身について，公認会計士が備えるべき重要な要素たる専門能力・公益性・社会秩序・社会正義のいずれについても，一応は備えていると評価しているものの，強く評価しているのは，C12「社会

図表4-11 「自分自身」についての仮説（事前予想）とアンケート結果

	C1	C2	C3	C4	C5	C6	C7	C8	C9	C10
仮説	肯定	否定	mix	否定	否定	H3	肯定	否定	否定	否定
Ave	4.47***	3.96***	2.63***	3.38***	3.52***	4.94***	3.86***	4.07***	3.34***	2.73***
VAR	2.13	2.34	2.59	2.90	2.06	1.87	1.74	2.05	2.50	1.92
結果	○	○	×	○	○	○	×	×	○	◎
	C11	C12	C13	C14	C15	C16	C17	C18	C19	C20
仮説	否定	H3	肯定	否定	mix	肯定	否定	H3	否定	H3
Ave	3.98***	5.03***	3.91***	3.28***	4.75***	4.45***	3.54***	4.82***	3.60***	5.12***
VAR	2.64	1.55	2.15	2.37	1.58	1.44	1.98	1.89	2.33	1.73
結果	○	◎	×	○	×	○	○	○	○	◎

※1 ***は1％有意，**は5％有意，*は10％有意（マンホイットニーのU検定）
※2 結果の◎は強く支持（median「4」から1ポイント以上の乖離），○は支持，×は棄却

図表4-12 「自分自身」についてのアンケート結果（平均値）のグラフ

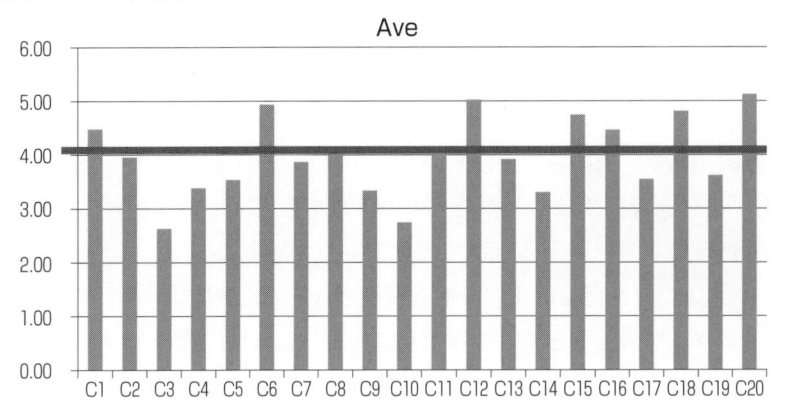

秩序」とC20「社会正義」の2つだけである（C6「公益性」とC18「専門性」については，それほど高く評価しているとまではいえない）ということがわかる。よって，仮説3『自分自身＝公認会計士仮説』は弱く支持される（逆にいえば，強くは支持されない項目がある），といえる。

また，この他の補助仮説についても，それが統計的に支持されるか否かについて図示すると図表4-11および図表4-12のようになる。

図表4-11からもわかるとおり，アンケート結果は我々の補助仮説と概ね一致しているといえる。特に代表的な項目（具体的には，「medianの4から

1ポイント以上乖離している」こと，かつ「その差が統計的に有意である」という2つを兼ね備えた項目とする）を，重要性の高い順に並べると，次のようになる（「公認会計士」において特に重視される項目との違いに網掛けをしてある）。

C3［否定］（組織に属さない自由な立場の職業人では「ない」）・・・【最も重視】
C10［否定］（利益相反の状況で自分の利益を優先「しない」）
C20（社会正義を考えて行動する）
C12（社会秩序の維持を考える）

「公認会計士」と「自分自身」とを比較することで理解できることは4つある。

まず第1は，最も重視されている（自分自身に最も当てはまるとされた）のは，C3［否定］「自由人では『ない』」という点である。これは，少し意外な結果である。この重要度が高いという点では「公認会計士」と同じであるが，「自分自身」ではこれが最も上位に来てしまっているというのは，職業的専門家の特質を考える意味で興味深い点である。また，第2は，「プロ一般」，および「公認会計士」で最も重視されていた質問18「専門能力」が，ここではランク外となってしまった点である。これは，次の2つの見方があろう。1つは，認識どおり本当に専門能力を欠いているという見方，もう1つは，これは（日本人特有の）under estimate bias（過小評価バイアス）が出てしまっているという見方である。我々は，おそらく後者であると考えるが，この点は，他国との比較をすると面白い結果が出てきそうである。第3は，逆に，「プロ一般」にはなく「公認会計士」に特有の項目である質問12・20といった社会性項目については，強く「当てはまる」と自己評価している点である。これは，『自分自身＝公認会計士仮説』の骨格となるべき重要な点である。つまり，特に，社会性が意識されていることがここから理解できる。第4は，実は，質問10［否定］（利益相反の状況で自分の利益を優先「しない」）のみが，「プロ一般」「公認会計士」「自分自身」すべてにおい

て共通しかつ重要性が高い項目となっている点である。これは，事前の予想からは導き出せなかった興味深い点である。この点からすると，すべてに共通する重要項目は，専門性ではなく，利益相反のもとでの公益性なのかもしれず，この点はヨリ深く検討する余地があろう。

（5）「プロ一般」「公認会計士」の比較：仮説4『社会性仮説』の検証

仮説4『社会性仮説』は，公認会計士は，『プロ一般』と『公認会計士』について，質問6「公益に奉仕するという使命感」，質問12「社会秩序の維持を考える」および，質問20「社会正義を考えて行動する」が異なる点（『プロ一般』では重視されないが，『公認会計士』では重視される点）であると認識しているという仮説である。

① 質問6　公益性

まず質問6について整理すると，図表4-13のようになる。

A6とB6の各248サンプルについて，独立サンプルによるマンホイットニーのU検定を行うと，帰無仮説が1％有意で棄却される（$p=0.001$）。つまり，「プロ一般」と「公認会計士」との間で質問6「公益に奉仕するという使命

図表4-13　公益性についての「プロ一般」と「公認会計士」の比較

	A6	B6
Ave.	4.81	5.21
VAR	2.36	2.05

図表4-14　社会秩序の維持についての「プロ一般」と「公認会計士」の比較

	A12	B12
Ave.	4.60	5.21
VAR	2.00	1.66

図表4-15　社会正義についての「プロ一般」と「公認会計士」の比較

	A20	B20
Ave.	4.97	5.32
VAR	2.13	1.73

感」についての回答の強さが同じであるとはいえず，かつ，その大小関係から，仮説4『社会性仮説』は，公益性について支持される。

② 質問12：社会秩序の維持

質問12についても同様に整理すると，図表4-14のようになる。

先と同様，A12とB12の各248サンプルについて，独立サンプルによるマンホイットニーのU検定を行うと，帰無仮説が1％有意で棄却される（p=0.000）。つまり，「プロ一般」と「公認会計士」との間で質問12「社会秩序の維持を考える」についての回答の強さが同じであるとはいえず，かつ，その大小関係から，仮説4『社会性仮説』は，社会秩序の維持についても支持される。

③ 質問20：社会正義

質問20についても同様に整理すると，図表4-15のようになる。

④ 仮説4の小括

以上より，仮説4『社会性仮説』は，質問6「公益性」，質問12「社会秩序の維持」および，質問20「社会正義」すべてにおいて統計的に支持される。つまり，「公認会計士」は，「プロ一般」と異なり，社会との関わりも重視される存在であると公認会計士自身が認識している，ということが理解できる。よって，公認会計士のアイデンティティ，つまり，公認会計士にとって欠くことのできない要素（他のプロとの比較の上で重要な要素）は，「公益への奉仕」「社会秩序の維持」や「社会正義」であるということがいえる。

図表4-16 プロ一般と公認会計士とのその他の違い

	項目
「プロ一般」で特に重視されるが，「公認会計士」で特に重視されないもの	質問5［否定］ （自分の立場や生活を優先「しない」）
「公認会計士」で特に重視されるが，「プロ一般」では特に重視されないもの	質問3［否定］ （組織に属さない自由な立場の職業人では「ない」）

また，仮説4とは関係ないものの，図表4-8と図表4-10の比較から，追加的に図表4-16のような整理もできる。これらは，すでに述べたものの（そして本章では，これ以上言及しないものの），職業的専門家としての公認会計士を考える上で，社会学的なアプローチから分析ができそうな興味深いポイントである。

（6）小括

最後に，「自分自身」も含めて，第3節全体の分析をまとめると，図表4-17のようになる。

図表4-17　仮説1から仮説4のまとめ

No	質問	プロ一般	公認会計士	自分自身
1	先例のない難題に対して新規に解決の道筋をつける能力	◎	◎	―
3	［否定］組織に属さない自由な立場の職業人では「ない」	―	◎	◎【最重視】
5	［否定］自分の立場や生活を優先「しない」	◎	―	―
6	公益に奉仕するという使命感：『社会性』	―	◎	―
10	［否定］利益相反の状況で自分の利益を優先「しない」	◎	◎	◎
12	社会秩序の維持を考える：『社会性』	―	◎	◎
18	高度な専門的知識を有した職能が備わっている：『専門能力』	◎【最重視】	◎【最重視】	―
20	社会正義を考えて行動:『社会性』		◎	◎
		仮説1 支持	仮説2 支持	仮説3「弱く」支持
		仮説4　支持		

4．アンケート結果と統計的分析（2）
属性別の実証分析（仮説5『規模仮説』の検証）

次に，全248サンプルを，図表4-2で示した属性分類ごとに分けて，回答結果を比較してみよう。仮説5『規模仮説』は，①大手監査法人所属の公認

会計士,中小監査法人所属の公認会計士,および個人事務所代表ないし所属の（以下では単に「所属の」で統一する）公認会計士では，C21項目（自分自身のプロとしての自覚）の回答水準には統計的な有意差があり，かつ，②規模が小さくなればなるほどその水準は高くなる，という仮説である。

（1）結果

まず，属性別の平均値と分散を示すと，図表4-18のようになる。

図表4-18に示されるとおり，全体の傾向としては，大手監査法人，中小監査法人に比べて個人事務所所属の公認会計士の平均値はヨリ大きい（自分はプロであるとヨリ強く思っている）。また，特筆すべきは，その分散（図表中の「VAR」）である。すなわち，個人事務所所属の公認会計士の回答の分散は，0.81と相対的に小さい。これは，個人事務所所属の公認会計士の回答には比較的ブレがないことを示している。また，統計的にもその傾向は支持される。クラスカル・ウォリス検定によれば，この3者の平均値の間には，統計的な有意差がみられる（1％有意。カイ2乗値=12.058，漸近有意確率=0.002）。よって，仮説5のうち前半部分（①）は支持される。

しかし，その大きさの度合は，図表4-18に示されるとおり，以下のようになっている。

個人事務所所属の公認会計士の「自覚」
　＞大手監査法人所属の公認会計士の「自覚」
　＞中小監査法人所属の公認会計士の「自覚」

図表4-18　C21項目：プロとしての自覚の属性間平均値比較

	Ave.	VAR
大手監査法人	5.12	1.50
中小監査法人	4.87	2.06
個人事務所	6.06	0.81
全体	5.10	1.74

第4章 アカウンティング・プロフェッションの実証分析

このように実際の回答は，我々の仮説と一部異なり，大手監査法人と中小監査法人とで逆転現象が起きている。すなわち，まず，個人事務所所属の公認会計士の「自覚」が最も高いということは，我々の仮説と一致した。しかしながら，大手監査法人所属の公認会計士の「自覚」が最も低いという我々の仮説に対して，実際の回答では，中小監査法人所属の公認会計士の「自覚」が最も低かった。

なお，このような結果の解釈としては，さまざまなものが考えられるかもしれないが，我々の仮説の根源に戻ってみると，(便宜的に『規模効果』という名前をつけているものの) 単に「規模」が重要というのではなく，そのリスク分担度や影響度合いが重要な要素と考えられる。よって，C21に関連しているのは，単純な「規模」ではなく，「個人事務所 vs. 法人」という組織形態にあるのかもしれない。つまり，ここでは大手と中小を分けずに「法人」と考え，以下の図式で理解することが重要なのかもしれない。

個人事務所所属の公認会計士の「自覚」
　　＞監査法人所属の公認会計士の「自覚」

以上のように，我々の仮説の後半部分（②）は，一部支持され，一部は棄却される。

よって，以上の結果を我々の仮説と比較し図にまとめると，図表4-19のようになる。

図表4-19　C21「プロとしての自覚」に関する我々の仮説と実際の回答との比較

	大 ←		→ 小	3者間の統計的有意差
仮説5	個人事務所	中小監査法人	大手監査法人	あり
実際の回答	個人事務所	大手監査法人	中小監査法人	あり
仮説の支持・不支持	仮説5 ②後半部分：一部支持（一部棄却）			仮説5 ①前半部分：支持

(2) その他の傾向

以下では,この他の回答についても属性間の比較分析を行う。本節における分析のイメージを示すと,図表4-20のようになる。

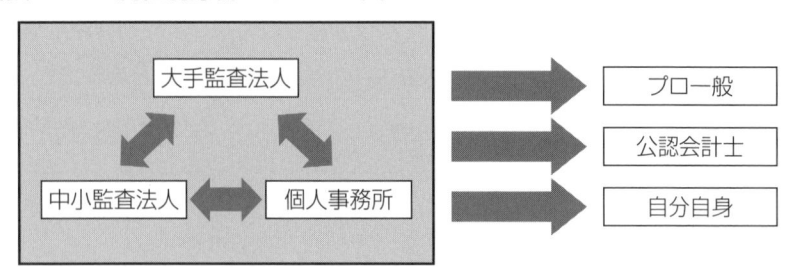

① 「プロ一般」に対する回答の属性間比較

プロ一般に対する属性別の回答を表にまとめると,図表4-21のようになる。なお,表中の「整合性」とは,大手・中小・個人事務所間で,回答が(肯定・否定について)同じ「方向性」をもっているか(具体的には,medianの4を境界にして,回答のベクトルが同じ方向か否か)どうかを示している。「○」は同じ方向性(すべてが肯定,またはすべてが否定で一緒),「×」は違う方向性(ある属性は肯定,ある属性は否定)を示している。以下では,特に「×」に注目する。

図表4-21に示されるとおり,以下の5項目において,各属性間で「逆転現象」が起きている。ここで「逆転現象」とは,medianの「4」を境として,各属性の回答が「肯定」(「4」より上)と「否定」(「4」より下)とに分かれて存在している状況を指す。逆転現象のみピックアップして整理すると,図表4-22のようになる。

以下では統計的有意差が確認された項目にのみ注目することにする。それは3つある。

まず第1は,問4「非プロ(アマ)に対して権威ある実力で対抗する」という項目である。これについて,大手監査法人(3.97)と中小監査法人(3.67)は,回答のmedianである4を下回っている(つまり,問4に対し否定的な

図表4-20 属性別分析のイメージ図

第4章　アカウンティング・プロフェッションの実証分析

図表4-21　プロ一般に対する回答の属性別平均値

	1	2	3	4	5	6	7	8	9	10
大手	5.62***	3.30***	3.07***	3.55***	2.72***	4.86***	3.76***	3.79***	3.08***	2.29***
中小	5.57***	2.96***	3.54***	3.45	2.60***	4.46	3.79***	3.61***	2.91***	2.15***
個人	5.18	3.44	4.00	5.29	3.41	5.76*	3.88**	3.41	3.53*	2.59
整合性	○	○	○	×	○	○	○	○	○	○
	11	12	13	14	15	16	17	18	19	20
大手	3.97***	4.72***	4.91***	3.34***	3.98***	4.60***	3.27***	5.90***	3.41***	5.02***
中小	3.67	4.34***	4.53***	2.81***	3.88***	4.67***	2.97***	6.10***	3.28***	4.70***
個人	4.35	4.47	4.35	4.35	4.24	4.53*	4.06	6.18	4.53	5.71
整合性	×	○	○	×	×	○	×	○	○	○

※　***は1％有意，**は5％有意，*は10％有意（マンホイットニーのU検定）

図表4-22　「プロ一般」に対する回答にみられる各属性間の「逆転現象」

No.	質問	大手	中小	個人	χ^2乗値	漸近有意確率
4	非プロ（アマ）に対して権威ある実力で対抗する	否定	否定	肯定	13.403***	0.001
11	自己のために働くことが他者のためになると考える	否定	否定	肯定	3.09	0.213
14	仕事の結果が依頼通りでなくても評価されると信ずる	否定	否定	肯定	12.003***	0.002
15	社会や組織のルール、慣習、前例を守る	否定	否定	肯定	0.827	0.661
17	仕事の結果よりもプロセスを重視する	否定	否定	肯定	5.697*	0.058

※1　「肯定」は平均値がmedian「4」よりも上，「否定」は平均値がmedian「4」よりも下にあることを示す。
※2　「χ2乗値」「漸近有意確率」は，クラスカル・ウォリス（Kruskal-Wallis）検定による値（***は1％有意，**は5％有意，*は10％有意）

回答である）のに対して，個人事務所（5.29）は，medianである4を大きく上回っている（問4に対し肯定的な回答である）。そして，このような違いは，統計的にも支持される。具体的には，クラスカル・ウォリス検定（1％水準）によれば，これらの回答について，大手・中小・個人の回答の間に統計的有意差があることが示される（カイ2乗値=13.403，漸近有意確率=0.001）。これはつまり，個人事務所所属の公認会計士は，「プロは実力」と考えているのに対して，大手・中小監査法人所属の公認会計士は，そうは思っていない，ということである。

第2は、問14「仕事の結果が依頼通りでなくても評価されると信ずる」という項目である。これについて、大手監査法人（3.34）と中小監査法人（2.81）は、回答のmedianである4を下回っている（つまり、問14に対し否定的な回答である。特に中小監査法人は、medianから1ポイント以上乖離している）のに対して、個人事務所（4.31）は、medianである4を若干上回っている（問14に対し肯定的な回答である）。また、クラスカル・ウォリス検定（1％水準）によれば、大手・中小・個人の回答の間には統計的有意差がある（カイ2乗値=12.003、漸近有意確率=0.002）。これはつまり、大手・中小監査法人所属の公認会計士は、「仕事の結果が依頼通りでなければプロは評価されない」と考えているのに対して、個人事務所所属の公認会計士はそうは思っていないということである。ここで「そうは思っていない」とは、具体的にはどういうことかが気になるところであるが、これ以上は、このアンケート結果や統計的分析からはわからない。しかし、このヒントは、次の問17にあると考えられる。

　最後に第3は、問17「仕事の結果よりもプロセスを重視する」という項目である。これについて、大手監査法人（3.27）と中小監査法人（2.97）は、回答のmedianである4を下回っている（問17に対し否定的な回答である。特に中小監査法人は、medianから1ポイント以上乖離している）のに対して、個人事務所（4.07）は、medianである4を若干上回っている（問17に対し肯定的な回答である）。また、クラスカル・ウォリス検定（10％水準）によれば、大手・中小・個人の回答の間には統計的有意差がある（カイ2乗値=5.697、漸近有意確率=0.058）。これはつまり、まず一方、大手・中小監査法人所属の公認会計士は、「仕事の結果が大事」と考えていることがわかる。これは問14の結果と整合的である。これに対して、個人事務所所属の公認会計士は「仕事のプロセスが大事」と考えていることがわかる。そしてここに、先の問14における「そうは思っていない（「仕事の結果が依頼通りでなければプロは評価されない」とは思っていない）」の答えがある。つまり、個人事務所所属の公認会計士は、プロは、結果ではなく、そのプロセスが重要で、プロセスにより評価されると考えていることがわかる。

　以上の問4、14、17の結果を総合すると、「プロ一般」について、公認会

計士は以下のように考えていることが理解できる。すなわち，大手・中小監査法人所属の公認会計士は，どちらかというと，「プロは結果が大事」と考えているのに対して，他方，個人事務所所属の公認会計士は，「プロは（結果よりも）実力ないしプロセスが大事」と考えている。

② 「公認会計士」に対する回答の属性間比較

次に，公認会計士に対する属性別の回答を表にまとめると，図表4-23のようになる。

図表4-23に示されるとおり，「プロ一般」の場合と同様，属性間で「逆転現象」が起きている項目が存在する。「逆転現象」のみピックアップすると，図表4-24のように6項目ある。

以下では，図表4-24のうち，統計的有意差が確認された項目にのみ注目することにする。それは4つある。第1は，問4「非プロ（アマ）に対して権威ある実力で対抗する」という項目，第2は，問11「自己のために働くことが他者のためになると考える」という項目，第3は，問14「仕事の結果が依頼通りでなくても評価されると信ずる」という項目，そして第4は，問19「その権威が資格によって保証されると信ずる」という項目である。いずれも，クラスカル・ウォリス検定で，大手・中小・個人事務所の間に1％ないし5％の統計的有意差がある。

先の「プロ一般」と同様の項目は，問4，14である。すなわち，先の「プロ一般」の場合と同様，大手・中小監査法人所属の公認会計士は，どちらかというと，「公認会計士は結果が大事」と考えているのに対して，他方，個人事務所所属の公認会計士は，「公認会計士は（結果よりも）実力ないしプロセスが大事」と考えていることがわかる。

これに対して，「プロ一般」と異なる傾向を示す項目は，問11と問19である。問11「自己のために働くことが他者のためになると考える」という項目については，大手・中小監査法人所属の公認会計士は否定的な回答（公認会計士は，自己のために働くことが他者のためになるとは限らないと考えている）を，他方，個人事務所所属の公認会計士は肯定的な回答（公認会計士は，自己のために働くことが他者のためになると考えている）を，それぞれ行って

図表4-23 「公認会計士」に対する回答の属性別平均値

	1	2	3	4	5	6	7	8	9	10
大手	5.20***	3.85***	2.80***	3.57***	2.98***	5.22***	3.72***	3.96***	3.10***	2.41***
中小	5.03***	3.49	2.96***	3.35**	3.06***	5.09***	3.67***	3.64***	3.12***	2.01***
個人	4.88	3.94	3.88	4.76**	3.35	5.76**	3.82	3.82	3.53	2.59
整合性	○	○	○	×	○	○	○	○	○	○

	11	12	13	14	15	16	17	18	19	20
大手	3.92***	5.25***	4.22***	3.48***	4.82***	4.63***	3.76***	5.79***	4.12***	5.37***
中小	3.46	5.09***	3.96***	3.06***	4.58***	4.85***	3.51***	6.09***	3.82***	5.10***
個人	4.59*	5.41*	4.35*	4.35	5.24*	4.94	4.18	6.18	5.00*	5.76*
整合性	×	○	×	×	○	○	×	○	○	○

※ ***は1％有意，**は5％有意，*は10％有意（マンホイットニーのU検定）

図表4-24 「公認会計士」に対する回答に見られる各属性間の「逆転現象」

No.	質問	大手	中小	個人	χ2乗値	漸近有意確率
4	非プロ（アマ）に対して権威ある実力で対抗する	否定	否定	肯定	10.100***	0.006
11	自己のために働くことが他者のためになると考える	否定	否定	肯定	7.458**	0.024
13	誰も知らない分野を切り拓く	肯定	否定	肯定	1.816	0.403
14	仕事の結果が依頼通りでなくても評価されると信ずる	否定	否定	肯定	8.482**	0.014
17	仕事の結果よりもプロセスを重視する	否定	否定	肯定	3.692	0.158
19	その権威が資格によって保証されると信ずる	肯定	否定	肯定	7.182**	0.028

※1 「肯定」は平均値がmedian「4」よりも上，「否定」は平均値がmedian「4」よりも下にあることを示す。
※2 「χ2乗値」「漸近有意確率」は，クラスカル・ウォリス（Kruskal-Wallis）検定による値（***は1％有意，**は5％有意，*は10％有意）

いる。この違いも，公認会計士業界における労働観，ないし，仮説5の『規模仮説』を考える上で興味深い点である。というのは，この問いおよび回答を敷衍すれば，「公認会計士のプロフェッションとしての業務」と他者（社会）との関係をどのように捉えているのか，ということがみえてくるからである。この点からすると，個人事務所所属の公認会計士の方が，自分の業務と他者の効用ないし社会の厚生とが直結している，つまり，社会性に直結していると考えている可能性がある。また，問19「その権威が資格によって保証され

ると信ずる」という項目は，公認会計士という資格の権威性ないしシグナリング効果について，公認会計士自身がどのように捉えているのかを問うものである。これについては，大手監査法人および個人事務所所属の公認会計士は肯定的に，中小監査法人所属の公認会計士は否定的に，それぞれ回答している。これは，我々の『規模仮説』に一部反する興味深い知見である。というのは，我々の仮説のエッセンスは，主に，リスク分担度などに違いが生じる組織形態の違い（法人対個人）が重要であるという点にあるが，問19の結果は，組織形態の違いを超えた別の要因が，公認会計士という資格の権威性ないしシグナリング効果の捉え方に効いている可能性を示唆している。本章では紙面の都合もありこれ以上言及し得ないが，この点は，今後掘り下げていく価値のあるポイントといえよう。

③ 「自分自身」に対する回答の属性間比較

次に，「自分自身」に対する属性別の回答を表にまとめると，図表4-25のようになる。

図表4-25に示されるとおり，これまでと同様，属性間で「逆転現象」が起きている項目が存在する。「逆転現象」のみピックアップすると，図表4-26のように10項目ある。

以下では，図表4-26のうち，統計的有意差が確認された項目にのみ注目することにする。それは6つある。第1は，問3「組織に属さない自由な立場の職業人である」という項目，第2は，問4「非プロ（アマ）に対して権威ある実力で対抗する」という項目，第3は，問7「支持者や師事者など賛同者が多い」という項目，第4は，問13「誰も知らない分野を切り拓く」という項目，第5は，問14「仕事の結果が依頼通りでなくても評価されると信ずる」という項目，そして第6は，問19「その権威が資格によって保証されると信ずる」という項目である。いずれも，クラスカル・ウォリス検定で，大手・中小・個人事務所の3者間の回答に1％の統計的有意差がある。

先の「プロ一般」や「公認会計士」ではみられなかった項目は，以下の3つ，すなわち，問3（組織に属さない自由な立場），問7（支持者や師事者など賛同者が多い），および，問13（誰も知らない分野を切り拓く）である。

図表4－25 「自分自身」に対する回答の属性別平均値

	1	2	3	4	5	6	7	8	9	10
大手	4.50***	3.96***	2.39***	3.32***	3.52***	4.95***	3.96***	4.12***	3.29***	2.74***
中小	4.15***	4.03***	2.73***	3.12**	3.46***	4.73***	3.46***	4.06***	3.31**	2.76***
個人	5.53	3.60	4.41	4.88	3.71	5.88	4.47*	3.65	3.82	2.41
整合性	○	×	×	×	○	○	×	×	○	○
	11	12	13	14	15	16	17	18	19	20
大手	4.09***	5.09***	3.99***	3.24***	4.72***	4.47***	3.46***	4.87***	3.68***	5.18***
中小	3.72***	4.85***	3.51***	2.97**	4.76***	4.29***	3.54***	4.48***	3.09**	4.88***
個人	4.06	5.24	4.76	4.82	5.06	5.00	4.18	5.71	4.82	5.65
整合性	×	○	×	×	○	○	×	○	×	○

※ ***は1％有意，**は5％有意，*は10％有意（マンホイットニーのU検定）

図表4－26 「自分自身」に対する回答にみられる各属性間の「逆転現象」

No.	質問	大手	中小	個人	χ2乗値	漸近有意確率
2	非難や処罰を回避する行動をとる	否定	肯定	否定	1.007	0.604
3	組織に属さない自由な立場の職業人である	否定	否定	肯定	16.795***	0.000
4	非プロ（アマ）に対して権威ある実力で対抗	否定	否定	肯定	14.141***	0.001
7	支持者や師事者など賛同者が多い	否定	否定	肯定	12.068***	0.002
8	周りからの評価を考慮して行動する	肯定	肯定	否定	1.683	0.431
11	自己のために働くことが他者のためになると考える	肯定	否定	肯定	2.598	0.273
13	誰も知らない分野を切り拓く	否定	否定	肯定	13.839***	0.001
14	仕事の結果が依頼通りでなくても評価されると信ずる	否定	否定	肯定	16.415***	0.000
17	仕事の結果よりもプロセスを重視する	否定	否定	肯定	3.267	0.195
19	その権威が資格によって保証されると信ずる	否定	否定	肯定	17.180***	0.00

※1 「肯定」は平均値がmedian「4」よりも上，「否定」は平均値がmedian「4」よりも下にあることを示す。

※2 「χ2乗値」「漸近有意確率」は，クラスカル・ウォリス（Kruskal-Wallis）検定による値（***は1％有意，**は5％有意，*は10％有意）

これらのすべてについて，大手・中小監査法人所属の公認会計士は「否定」，個人事務所所属の公認会計士は「肯定」の回答をそれぞれしている。つまり，大手・中小監査法人所属の公認会計士は，「自分自身」について，「自由な立場」とはいえないし，また「誰も知らない分野を切り拓く」人物とはいえない，そして自分への賛同者は多いわけではないと評価しているのに対して，他方，個人事務所所属の公認会計士は，「自分自身」は「自由な立場」で「誰も知らない分野を切り拓く」人物であり，かつ自分への賛同者は多いと評価している。これは，公認会計士の所属先と自己評価の関係（監査法人所属の公認会計士（「組織人」）vs. 個人事務所所属の公認会計士（「個人」））を考える上で極めて興味深い知見である。

(3) 小括

以上をまとめると，図表4-27のようになる。

図表4-27にみられるように，「プロ一般」「公認会計士」「自分自身」すべてに共通して「逆転現象」（大手・中小監査法人「否定」，個人事務所「肯定」）がみられる項目は2つある。1つは問4（非プロ（アマ）に対して権威ある実力で対抗する），もう1つは，問14（仕事の結果が依頼通りでなくても評価されると信ずる）である。すなわち，大手・中小監査法人所属の公認会計士は，どちらかというと，「結果が大事」と強く考えているのに対して，他方，個人事務所所属の公認会計士は，「(結果よりも) 実力ないしプロセスが大事」と考えていることがわかる。

このように，監査法人所属か，個人事務所所属かによって，「プロ一般」「公認会計士」ひいては「自分自身」に対する見方や捉え方が違うということは，我々の提示する『規模仮説』と整合する結果であるといえる。つまり，公認会計士の思考には，自らの所属する所属先やおかれている環境が大きく影響するということが理解できる[10]。

---

10 なお，このような発想の一端は，黒川編（2009）第9章などにもみられ，大変興味深い。黒川編（2009）第9章は大手監査法人間の組織文化の違いに注目しており，他方，本章は，監査法人対個人事務所という違いに注目している。よって，両者を融合した研究を行うことが，今後の展望として考えられる。

図表4-27 各属性間で統計的に有意な「逆転現象」がある項目

No.	質問	プロ一般	公認会計士	自分自身
3	組織に属さない自由な立場の職業人である	—	—	○
4	非プロ（アマ）に対して権威ある実力で対抗する	○	○	○
7	支持者や師事者など賛同者が多い	—	—	○
11	自己のために働くことが他者のためになると考える	—	○	—
13	誰も知らない分野を切り拓く	—	—	○
14	仕事の結果が依頼通りでなくても評価されると信ずる	○	○	○
17	仕事の結果よりもプロセスを重視する	○	—	—
19	その権威が資格によって保証されると信ずる	—	△	○

※ ○：大手・中小監査法人と個人事務所との間で逆転現象がある項目（監査法人「否定」，個人事務所「肯定」）
　△：大手監査法人・個人事務所と中小監査法人との間で逆転現象がある項目（大手・個人「肯定」，中小「否定」）
　—：逆転現象が見られない項目

　なお，このことは，監査研究において注目を浴びているJDM（Judgment and Decision Making）監査研究（Bonner 2008）と整合する結果ともいえるかもしれない。JDM監査研究は，監査人による判断や意思決定の多様性を，実験的手法を用いて分析する研究領域であるが，公認会計士の思考の違いやプロ意識の違いは，個々の監査人の実際の監査の場面における判断や意思決定に大きな影響を与えることが予想される。そしてそうであれば，ここで得られた知見は，今後，JDM監査研究における知見と融合することで，さらなる広がりが期待できるかもしれない。

5．まとめ

　本章から得られるインプリケーションは，次の4つである。

① 全サンプルを対象にして我々が提示した仮説1～4については，そのい

ずれもが統計的に支持（ないし一部支持）された（図表4-17）。つまり，高度な専門能力を有することがプロとしての最低限の条件である（『専門能力仮説』）が，公認会計士はさらに，公益への奉仕や社会正義など，一定の社会性を有する存在である，と公認会計士自身が捉えている（『専門能力＋社会性仮説』および『社会性仮説』）。よって，公認会計士自身が考える公認会計士のアイデンティティ，つまり，公認会計士にとって欠くことのできない要素（他のプロとの比較の上で重要な要素）とは，社会性である。

② 所属別に分類したサンプルを対象にして我々が提示した仮説5（『規模仮説』）についても，統計的に一部支持された（図表4-19）。つまり，大手監査法人所属の公認会計士，中小監査法人所属の公認会計士，および個人事務所所属（ないし代表）の公認会計士では，「自分自身のプロとしての自覚」の回答水準には統計的な有意差があり，かつ，その違いは，大きく「監査法人（組織人）vs. 個人事務所（個人）」という図式で理解できる。

③ 「プロとしての自覚」以外の点においても，回答の水準は属性別に異なっており，一部においては「逆転現象」さえ観察された（図表4-27）。特に，大手・中小監査法人所属の公認会計士は，どちらかというと，「結果が大事」と考えているのに対して，他方，個人事務所所属の公認会計士は，「（結果よりも）実力ないしプロセスが大事」と考えているという傾向が観察された。

④ ②③の知見（我々の提示する『規模仮説』）は，監査法人や会計事務所間の「組織文化」比較研究や，個人の判断や意思決定の多様性について実験的に分析するJDM監査研究と融合していくことで，さらなる進展が期待できる。

【参考文献】

新睦人・盛山和夫編（2008）『社会調査ゼミナール』有斐閣.
石村貞夫（2007）『SPSSによる統計処理の手順（第5版）』東京図書.
黒川行治編（2009）『会計社会の変容と市場の論理に関する総合的研究』基盤研究（B）（一般）報告書.
黒川行治編（2011）『利益情報の変容と監査・保証業務のあり方に関する実証的要因分析』基盤研究（B）（一般）報告書.
柴健次・薄井彰・須田一幸編（2008）『現代のディスクロージャー』中央経済社.
Bonner, S.（2008）*Judgment and Decision Making in Accounting,* Prentice Hall.（田口聡志監訳（2012）『心理会計学』中央経済社.）

（田口聡志・柴健次）

Appendix　アンケート回収後の調整について

　我々は，図表4-1に示される暫定的な分類（「」（カギ括弧）付きの分類）を，以下のように整理・再集計した上で，最終的な属性分類を行っている。ヨリ具体的には，返信用封筒の色（大枠での「大手監査法人」，「中小監査法人」，「個人事務所」の分類）とアンケート結果（のうち，個人属性にかかる回答X3「所属事務所の形態」（個人or監査法人），および，X5「法人・事務所の規模」（人数を大枠で回答））とが一致しないサンプルが散見されたので，それらについて調整を施した。具体的な調整は，以下の3点である。

① 黄色封筒「大手監査法人」で返送されてきており，かつ，X3「形態」を「個人事務所」としているケース（1名）

　これは，大手監査法人が，非常勤の公認会計士（個人事務所）にアンケートを依頼しているものと考えられるため，個人のグループに含めるものとする[11]。

② 黄色封筒「大手監査法人」で返送され，X3回答「監査法人」であり，かつ，X5回答「5名以上25名未満」「25名以上100名未満」等

　これは，大手監査法人の地区事務所所属の回答者が，監査法人全体ではなく，自身が所属する地区事務所の実数を回答した可能性があると判断しうるため（図表4補-1および図表4補-2参照），このまま「大手監査法人」グループに含めるものとする。

図表4補-1　属性：Y（大手）のX5（規模）回答

1：5人未満	1	
2：5人以上25人未満	17	地方事務所
3：25人以上100人未満	16	
4：100人以上400人未満	4	関東近郊の大規模な地区事務所
5：400人以上1,000人未満	2	
6：1,000人以上	110	
回答なし	1	
total	151	

（黄色かつX3個人と回答したサンプルを除外）

11　ただし，当該サンプルは，後述する「欠損回答」を含むものであったため，実際にはサンプルから除外した。

図表4補－2　属性：Y(大手)におけるX4(地区)とX5(規模)のクロス集計

	X5＝1 （5人未満）	X5＝2 (5-25人)	X5＝3 (25-100人)	X5＝4 (100-400人)	X5＝5 (400-1,000人)	X5＝6 (1,000-人)	total
X4＝1(北海道)		1	4			7	12
X4＝2(東北)	1	3	2			4	10
X4＝3(関東)			1	3	1	54	59
X4＝4(中部)		4	8		1	16	29
X4＝5(近畿)		1				19	20
X4＝6(中国)		1	1			0	2
X4＝7(四国)		7				2	9
X4＝8(九州)				1		8	9
total	1	17	16	4	2	110	150

③　青色「個人」，かつ，X3回答「大手監査法人」

　実態は，図表4補－3および図表4補－4のとおりであり，これらについては文字どおり解釈し，「大手監査法人」のグループに含めるものとする。

図表4補－3　属性B（「個人」）のX3（個人・法人）回答

X3＝1 個人	18
X3＝2 法人	20
total	38

図表4補－4　属性：B(個人)におけるX3(個人・法人)とX5のクロス集計

	X5＝1 （5人未満）	X5＝2 (5-25人)	X5＝3 (25-100人)	X5＝4 (100-400人)	X5＝5 (400-1,000人)	X5＝6 (1,000-人)	total
X3＝1 個人	14	4					18
X3＝2 法人		3	1	3		13	20
total	14	7	1	3	0	13	38

　以上の修正を施すともに，アンケート調査分析上「欠損回答」[12]をしていると判断されるサンプル2件を除外した。以上より，最終的な属性分類およびその数は，本文における図表4－2のようになる。

12　ここで，「欠損回答」とは，すべての項目について無回答，もしくは，すべての項目について同じ回答番号を付している場合の当該回答を指すものとする。

第5章 アンケート調査による「倫理水準」の測定と分析

1．はじめに

　本章では，アンケート調査における回答から，回答者個人および回答者の想定するプロや公認会計士の理想像のもつ「倫理水準」の測定を試みる。倫理水準を数値的に測定することにより，集団別や属性別などのさまざまな観点からの比較が可能となる。具体的には，本章では，公認会計士である回答者について，自身をプロであると考える度合いと倫理水準の関係，年齢と倫理水準の関係，肩書きと倫理水準の関係，実務経験年数と倫理水準の関係，性別と倫理水準の関係，所属事務所の規模と倫理水準の関係について，明らかにする。倫理水準を測定する方法には，複数の方法が存在しうるが，本章では，コールバーグの道徳性発達理論に基づくDITの手法を用いる。したがって，以下では，「倫理水準」を「DITスコア」と定義する。

2．道徳性発達理論に基づく倫理水準測定について
　―道徳性発達理論とDIT法―

　アンケート調査により被験者もしくは被験者集団の倫理水準を測定する方法の1つに，道徳性発達理論に基づく倫理水準の測定がある。これは，コールバーグの道徳性発達理論を理論的根拠にして，アンケートにより被験者の倫理水準を数値化する方法である。まず，コールバーグの道徳性発達理論について簡潔に説明すると以下のようになる。

　コールバーグによれば，道徳性は順序に従って段階的に発達するとされる。コールバーグは，その発達段階が慣習以前レベル，慣習的レベル，慣習以後レベルの3つのレベルと各レベル内の2ステージの計6ステージから構成さ

れ，道徳性はこれらの6つのステージを低いステージから高いステージへと上昇する形で，他律から自律へと発達するということを提唱した（図表5-1）。

各ステージの内容は，次のとおりである。

ステージ1は，罰を回避するというような物理的な結果によって善悪を判断し，他律的な規則や権威に従う志向である。

ステージ2は，自分の欲求を満たすことが正しい行為であり，ときに相手の欲求を満たす行為を正しいとする志向である。あくまで自分を中心として自分と相手との営利的・実利的な要求を互いに満たすという志向である。

ステージ3は，相手や身近な人々に配慮し，喜ばせることが正しい行為であり，他者から是認され，他者を喜ばせ，助けることを志向する。

ステージ4は，正しい行為を，既存の法や規則，秩序において判断し，それらを当然のものとして認めて，法・規則・秩序の維持を志向する。

ステージ5は，個人や集団によって価値は相対的であることに気づいていて，法や規則を絶対視するのではなく，民主的なプロセスで定められた規則や法を重視する志向である。

図表5-1　道徳性の発展段階

慣習以前レベル
ステージ1：罪と罰への服従の志向 　罪とならないように行動すること，罰を受けないように行動することが正しい。 ステージ2：個人主義的志向・道具主義的志向 　自らの利益や欲求に合致するように行動することが正しい。
慣習的レベル
ステージ3：対人的同調，相互関係への志向 　他者から期待されるよい役割をすることが正しい。 ステージ4：社会的秩序への志向 　自らの義務を果たして，権威を重んじて，社会秩序を維持することが正しい。
慣習以後レベル
ステージ5：社会契約的志向，遵法的志向 　一般的な個人の権利と幸福を守るために社会全体に存在しているルール（規準）に従うことが正しい。 ステージ6：普遍的倫理原則への志向 　正義，公正，善行，誠実のような普遍的な倫理的原則に従うことが正しい。

出所　山岸（1995, 16-19）および大西編著（1991, 67）から作成。

ステージ6は，普遍的な倫理的原則に基づいて自らの行為を自律的に決定する志向である。もし，法や規則が，それらの倫理的原則に反する場合には，倫理的原則に従って行動することが正しいことになる。

以上の，コールバーグの道徳性発達理論を理論的根拠にして，調査の被験者の倫理水準を数値化することが可能となる。基本的な考え方としては，アンケートにより倫理的問題に関する質問をし，その回答から，被験者が，道徳性の発達段階のどの水準まで発達しているかを調べればよい。すなわち，発達段階のステージが高いほどスコアが高くなるという形でステージのスコアを定め，被験者がどの発達段階の内容に重点をおいているかをアンケートにより調べることで，総合的な倫理水準を数値化するというものである。このような倫理水準の測定方法は，DIT法（The Defining Issues Test；道徳的論点検査）（Rest 1979）と呼ばれている。本章で用いるDITスコアの計算式は3節で説明する。

3.「倫理水準」の測定とDITスコアについて

(1) 設問とコールバーグの道徳性発達理論に基づく道徳性発達段階

アンケートの設問における質問内容と道徳性の発展段階を，セクションCを例にとり，まとめると，図表5-2のようになる。倫理水準の測定とは直接的に関係のない他の質問に混ぜる形で，倫理水準の測定に関わる質問を設置し，アンケートが実施された。

(2) DITスコアの計算式の定義

本章では，次の計算式で，DITスコアを計算することとする。

$$DITscore = \sum_{i=1}^{6} stagescore_i \times stageweight_i$$

$stagescore_i$は，ステージiに関する質問への回答に対するスコアであり，以下の(3)項で定める。$stageweight_i$は，ステージiに関する質問への回答に対するスコアがDITスコア全体に対して与える影響の大きさを与える係数で

図表5-2　アンケートの質問内容と道徳性の発展段階

質問番号	道徳性発達段階	アンケートにおける質問内容
C-2	ステージ1：罪と罰	あなたは，非難や処罰を回避する行動をとる人である。
C-5	ステージ2：個人主義・利己主義	あなたは，自分の立場や生活を優先する人である。
C-8	ステージ3：対人的同調	あなたは，周りからの評価を考慮して行動する人である。
C-12	ステージ4：社会的秩序	あなたは，社会秩序の維持を考える人である。
C-15	ステージ5：社会契約	あなたは，社会や組織のルール，慣習，前例を守る人である。
C-20	ステージ6：普遍的倫理原則	あなたは，社会正義を考えて行動する人である。

※　ステージが高いほど，道徳性発達段階が高い内容を問う質問となっている。

あり，以下の（4）項で定める。

（3）DITスコアの計算のためのステージ別の設問ごとのスコアの決定について

アンケートにおける回答のスケールは，1から7の7段階となっており，7が質問内容に最も強く賛成し，1が質問内容に最も強く賛成しない，というものになっている（図表5-3）。

本章では，DITスコアの計算上，全ステージの設問に共通で，1と回答した場合を1点，2と回答した場合を2点，3と回答した場合を3点，4と回答した場合を4点，5と回答した場合を5点，6と回答した場合を6点，7と回答した場合を7点，とスコア化することとする。

図表5-3　アンケートの回答の番号の意味

【問題文に賛成しない】	1：まったくそう思わない	2：ほとんどそう思わない	3：あまりそう思わない
【賛成でも反対でもない】	4：いずれでもない		
【問題文に賛成である】	5：けっこうそう思う	6：かなりそう思う	7：まったくそう思う

（4）DITスコアの計算のためのウェイト・係数

DITスコアの計算式に現れる，各ステージごとのウェイトは，図表5-4のように設定する[1]。

---

1 ウェイト・係数の決定について次のように取り決めた。
① ステージ1から3というグループとステージ4から6というグループに2分し，ステージ1から3のグループのウェイト・係数にはマイナスの符号を与え，ステージ4から6というグループのウェイト・係数にはプラスの符号を与えつつ，2つのグループにわたって絶対値において対称的なウェイト・係数を与えるものとしている。
② その上で，DITスコアの最高得点が100点，最低得点が−100点となるようにウェイト・係数を基準化した。すなわち，ステージ4から6というグループについてみると，その3つのステージのウェイト・係数の絶対値の合計が16.666＝100／6となるように各ステージのウェイト・係数が選ばれている。（ステージ1から3というグループについても同じ。）16.6666という数値は次のように計算すればよい。最高得点を100点に設定し，最高得点の計算を考えると，$1w_1+1w_2+1w_3+7w_4+7w_5+7w_6=100$という式を満たすようにウェイト・係数$w_i$は決まる。ここで，ウェイト・係数の符号の決め方と絶対値の左右対称的な決め方により，$-w_1=w_6$，$-w_2=w_5$，$-w_3=w_4$，となっている。これを代入すれば，$6w_4+6w_5+6w_6=100$となり，$w_4+w_5+w_6=\dfrac{100}{6}=16.6666$となる。この下で，最低得点について，ウェイト・係数の符号の決め方と絶対値の左右対称的な決め方により，−100点となる。以上の式における，点数100の部分を変更すれば，最高（最低）得点は自由に変更できる。たとえば，最高得点を10点，最低得点を−10点にすることができる。また，偏差値の計算に類似する平均値をシフトさせる計算方法で，最高得点を100点，最低得点を0点とすることもできる。
③ このウェイトの下で，すべてのステージ別の設問に対し，同じ回答をすると（たとえば，すべて7，すべて1，すべて4など。），DITスコアは0点となる。これは平均点や中点的な意味をもつといえる。
④ ステージ4から6というグループの3つのステージのウェイト・係数の絶対値の合計が16.666となりうる組み合わせは無数に存在するが，ステージ1から3というグループとステージ4から6というグループの各ステージのウェイト・係数の絶対値が対照的になることを考慮しながら，ステージ4とステージ5とステージ6の重み付け・価値評価を相対的な倍率を検討しつつ設定した。たとえば，ステージ5とステージ6の重み付けは，ステージ6はステージ5の1.5倍のウェイトをもつものと考えた。（なお，実際的に，できる限りウェイト・係数は整数を選んだ。）この設定については，$w_4<w_5<w_6$という前提を満たした上で，価値評価について主観に依存することになる。

図表5-4　ウェイト・係数の一覧表

	道徳性発達段階	ウェイト・係数
C-2	ステージ1：罪と罰	－9
C-5	ステージ2：個人主義・利己主義	－6
C-8	ステージ3：対人的同調	－1.666　　（＝－5／3）
C-12	ステージ4：社会的秩序	1.666　　（＝5／3）
C-15	ステージ5：社会契約	6
C-20	ステージ6：普遍的倫理原則	9

（5）本章の「倫理水準」における倫理概念について

　ある社会，集団，個人における倫理の論理的体系あるいは倫理観には，いろいろなものがあり，唯一絶対かつ永久不変のものはないものと思われる。したがって，本章において「倫理水準」というとき，どのような倫理の体系が想定されているのかを明確にしなければならない。

　本章における倫理の体系は，図表5-1で示されるコールバーグの道徳性発達理論を基礎的内容として特徴づけられる倫理ということになる。一般に，倫理の体系は，複雑かつ多量な要素や判断を含むものであるが，それらについて個々に本章において指定することはせず，図表5-1で示されるコールバーグの道徳性発達理論に矛盾しない形で，個々の倫理上の要素や判断は位置づけられるものとすることにする。

　また，本章における「倫理水準」は，図表5-1で示されるコールバーグの道徳性発達理論を基礎的内容として特徴づけられる倫理の体系と，3節で特定化し説明した計算方法の双方によって内容が定義される，倫理的能力あるいは資質を示す数値である。そして先に説明したとおり，大小関係をもつ数値である。

　なお，本章で想定している倫理の体系が，日本や日本の会計プロフェッションにおける倫理であるということを主張するものではない。本章における倫理の体系は，本章における「倫理水準」の測定と分析のための理論的前提である。

(6)「倫理水準」の比較可能性

　DITの方法あるいはそれに類する方法で，測定した倫理水準の数値は，同じアンケートの内容により，同じ計算式で計算した数値のみ比較可能性があるといえる。同じ計算式を用いても，アンケート内容が異なれば直接的には比較可能性はない。また，アンケート内容が同じでも，計算式が異なれば直接的には比較可能性はない。したがって，先行研究や他の研究におけるDITスコアとそれ以外の研究のDITスコアを単純に比較しても意味のある比較ということはできない。ただし，異なる枠組みによって数値化した倫理水準の間において，倫理水準の数値の分布の形状を考慮に入れながら，近似的に比較可能性を確保する変換は存在する可能性はある。また，倫理水準の数値の測定方法が異なっても，1つの測定方法の下で多量のデータから得られた測定対象全体の倫理水準に関する定性的結論については，異なる測定方法を用いた研究の間で，比較可能性があることもありうる。たとえば，測定方法 α を用いて倫理水準を測定した結果，A国の公認会計士は，職位が上がるほど倫理水準が下がる傾向があるという定性的結論が得られたとする。また，測定方法 α とは異なる測定方法である測定方法 β を用いて倫理水準を測定した結果，J国の公認会計士は，職位が上がるほど倫理水準が上がる傾向があるという定性的結論が得られたとする。このとき，倫理水準の測定方法は違っても，2つの定性的結論を比較することには一定の意味があるであろう。

4．DITスコアの結果

　アンケートにおける回答から，回答者個人および回答者の想定するプロや公認会計士の理想像のもつ「倫理水準」を「DITスコア」として測定する。アンケートにおける，セクションAの質問の主語は，プロとなっており，セクションBの質問の主語は，公認会計士となっており，セクションCの質問の主語は，あなたとなっている。したがって，セクションCの回答からは，回答者個人の倫理水準・DITスコアを測定でき，セクションAの回答からは，回答者が想定する理想的な「プロ」の倫理水準・DITスコアを測定でき，セ

図表5-5　DITスコアの記述統計量

	セクションA	セクションB	セクションC
	プロ	公認会計士	あなた
人数・サンプル数	248	248	248
最大	93.333	100	94
最少	−60.33	−55	−66.33
平均	24.874	27.059	20.102
分散	691.85	783.75	686.38
標準偏差	26.303	27.996	26.199

クションBの回答からは，回答者が想定する理想的な「公認会計士」の倫理水準・DITスコアを測定できる。

　回答者248人分の回答から計算した，248人分のDITスコアの最大値，最小値，平均，分散，標準偏差は，図表5-5のとおりであった。

　この中で，平均値が一番重要な意味をもつ。平均値の値をもって，集団や属性などごとの「DITスコア」あるいは「倫理水準」の比較を行うこととなるからである。

　回答者248人分の回答から計算した，248人分のDITスコアのヒストグラムは，図表5-6，5-7，5-8のとおりであった。

　本アンケートにおけるセクションAの回答から測定したDITスコアは，プロフェッショナルの公認会計士である被験者個人が想定する，理想的「プロ」のあるべき「倫理水準」を示すと解釈される。本章におけるDITスコアがとり得る最高得点は100点であり，最低得点は−100点であるが，セクションAの回答から測定したDITスコアの平均値は24.874であり，図表5-6の分布の中心はプラスの側に偏っているといえる。また，図表5-6をみると，スコアは0から50の間に集中していることがわかる。

　本アンケートにおけるセクションBの回答から測定したDITスコアは，プロフェッショナルの公認会計士である被験者個人が想定する，理想的「公認会計士」のあるべき「倫理水準」を示すと解釈される。セクションBの回答から測定したDITスコアの平均値は27.059であり，図表5-7の分布の中心はプラスの側に偏っているといえる。また，図表5-7をみると，スコアは0か

ら50の間に集中していることがわかる。

　本アンケートにおけるセクションCの回答から測定したDITスコアは，プロフェッショナルの公認会計士である被験者個人の「倫理水準」を示すと解釈される。セクションCの回答から測定したDITスコアの平均値は20.102であり，図表5-8の分布の中心はプラスの側に偏っているといえる。また，図表5-8をみると，スコアは0から50の間に集中していることがわかる。

図表5-6　ヒストグラム：セクションA　DIT スコア分布

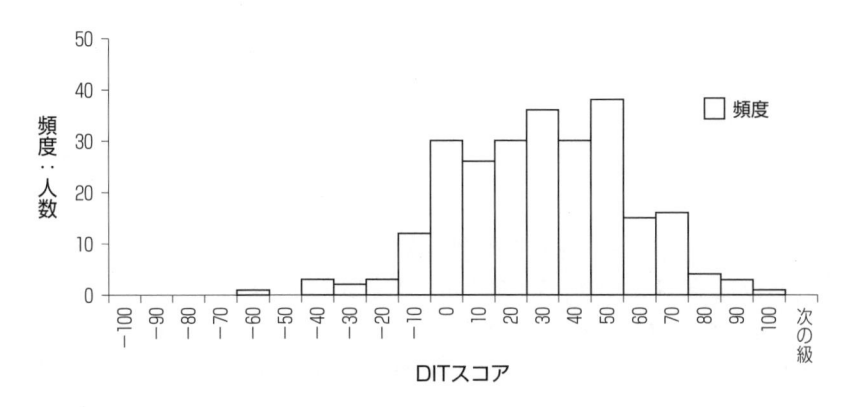

図表5-7　ヒストグラム：セクションB　DIT スコア分布

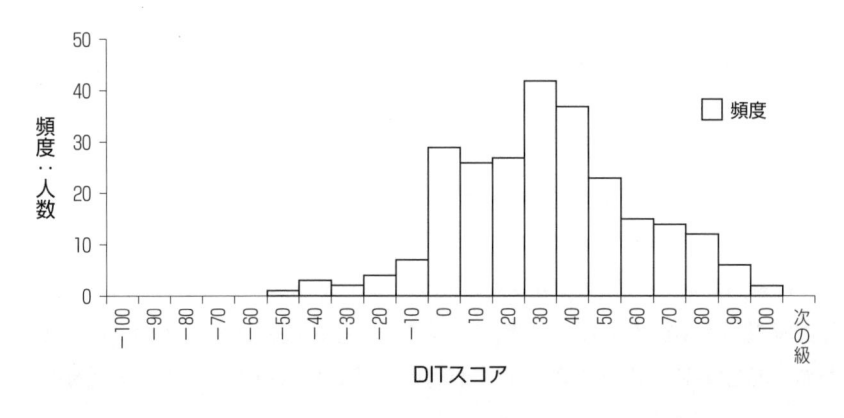

図表5-8 ヒストグラム：セクションC　DITスコア分布

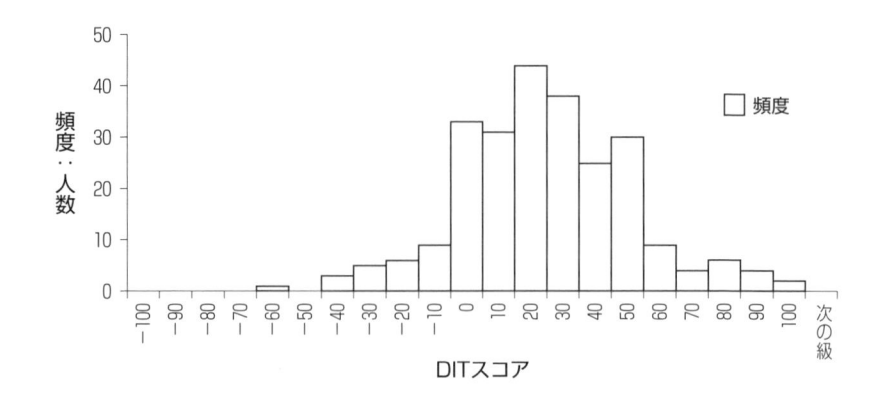

5．相関分析

　回答者1人につき，セクションA，B，Cの3つの回答から，3つのDITスコアが計算されているが，その関係性を分析する。6節では，セクションCの回答から測定したDITスコアを用いて考察を行っているため，ここでは，セクションCのDITスコアとセクションAのDITスコアの相関関係に注目することにする。これは，被験者個人の「倫理水準」と，プロフェッショナルの公認会計士である被験者個人が想定する，理想的プロのあるべき「倫理水準」との関係である。相関係数を計算したところ，0.518となった。散布図は，図表5-9のとおりである。

　図表5-9から，セクションCのDITスコアとセクションAのDITスコアの間には，ある程度の正の相関関係があることがわかる。すなわち，被験者個人の「倫理水準」が高い（低い）人ほど，その人が想定する理想的「プロ」のあるべき「倫理水準」が高い（低い）という傾向がある，といえる。

　同様に，セクションCのDITスコアとセクションBのDITスコアの相関係数は0.5925であり，セクションAのDITスコアとセクションBのDITスコアの相関係数は0.7012であったので，ともに正の相関関係があるといえる。すなわち，被験者個人の「倫理水準」が高い（低い）人ほど，その人が想定する

図表5-9　散布図

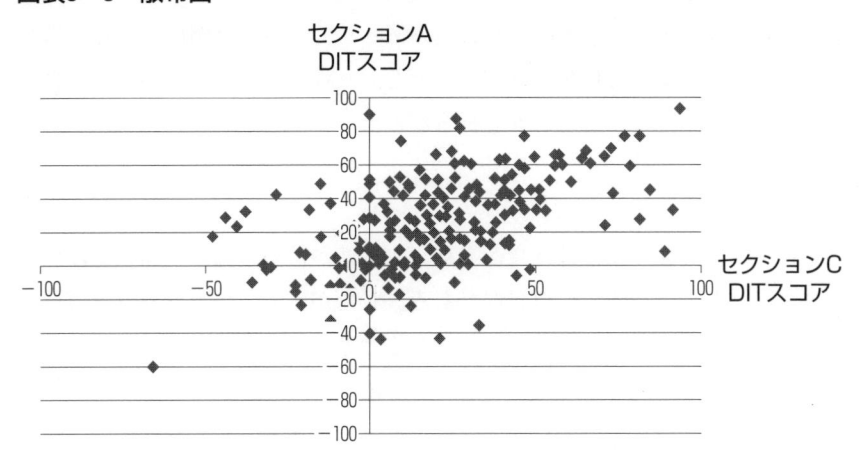

理想的「公認会計士」のあるべき「倫理水準」が高い（低い）という傾向がある，といえ，被験者個人が想定する理想的「プロ」のあるべき「倫理水準」が高い（低い）人ほど，その人が想定する理想的「公認会計士」のあるべき「倫理水準」が高い（低い）という傾向がある，といえる。

6．属性別比較の基準と仮説

(1) 属性別比較の基準

回答者全員を，いくつかの基準から，グループ化して，グループごとのDITスコアの平均値を比較する。

グループ化の基準は，以下のものを用いる。
- セクションCの問21「あなたはプロですか」への回答
- 年齢
- 肩書き
- 実務経験年数

ここでは，回答者各個人のDITスコアとして，セクションCの「あなたは，」

という主語となっている設問より計算した，あなた＝被験者個人の「倫理水準」を表すDITスコアを用いる（比較の例として，性別を例にとると，男性のグループの各個人のDITスコアの平均と，女性のグループの各個人のDITスコアの平均を比較するという分析となる）。

（2）仮説

　プロフェッショナルには社会から高い倫理性が求められる。高い倫理性はプロフェッショナルの1つの要件である。したがって，まず自分自身の自己認識のレベルにおいて，自身をプロであると考える度合いが強い公認会計士ほど，倫理水準が高くあるべきである。また，プロフェッショナルに求められる倫理性を理解しているならば，自身をプロであると考える度合いが強い公認会計士ほど，倫理水準が高くなっているはずである。このことを検証するために，自身をプロであると考える度合いが強い公認会計士ほど，倫理水準が高いか否かを検証する必要がある。

　コールバーグの道徳性発達理論では，人間の道徳性は，図表5-1の順序に従って段階的に発達するとされる。個人がおかれた環境やそれまで経てきた経緯などにより，道徳性の発達段階が後退する可能性もあると考えられるものの，一般に，人間の道徳性・倫理観の根幹部分は，生活を送っている年数・年齢の増加関数であると考えられる。したがって，年齢が高い公認会計士ほど，倫理水準が高くなっているものと予想される。このことを検証するために，年齢が高い公認会計士ほど，倫理水準が高いか否かを検証する必要がある。

　監査法人・会計事務所において，職位が高い公認会計士ほど，相対的に重い責任を負っている。そして，職位が高くなるほど，その役職者の判断は，社会に対して，大きな影響を与えうるものとなると考えられる。したがって，監査法人・会計事務所において，職位が高くなればなるほど，より高い倫理性が求められると考えられる。そして，そのような状況においては，高い倫理性を備えた人間が，高い役職に就くこととなるはずである。このことから，所属する組織内における職位が高い公認会計士ほど，倫理水準が高くなっているものと予想される。このことを検証するために，所属する組織内におけ

る職位が高い公認会計士ほど，倫理水準が高いか否かを検証する必要がある。

　実務経験年数が長い公認会計士ほど，実務の中で，法律上の問題，規則上の問題，倫理上の問題，利害上の問題等，さまざまな問題や難問に直面した回数が多いものと考えられる。そのような問題は，倫理的ジレンマを含むことが普通であり，何らかの方法で，何らかの折り合いをつけて倫理上の問題を解決あるいは解消しなければならない。実務経験年数が長い公認会計士ほど倫理的ジレンマを含む実務上の問題を乗り越えた経験が多いものと考えられる。倫理上の問題を適切に解決した経験が多いほど，倫理水準は高くなるものと予想される。それは，コールバーグの道徳性発達理論を前提にした場合，つまるところ倫理上の問題の解決の方法は，より上位の道徳性の判断基準に準拠することに依拠するからである。このことから，実務経験年数が長い公認会計士ほど，倫理水準が高くなっているものと予想される。このことを検証するために，実務経験年数が長い公認会計士ほど，倫理水準が高いか否かを検証する必要がある。

　以上のことから，次のような4つの仮説を措定することができる。

仮説1
　自身をプロであると考える度合いが強い公認会計士ほど，倫理水準が高い。

仮説2
　年齢が高い公認会計士ほど，倫理水準が高い。

仮説3
　所属する組織内における職位が高い公認会計士ほど，倫理水準が高い。

仮説4
　実務経験年数が長い公認会計士ほど，倫理水準が高い。

---

7. 属性別比較と仮説の検証

(1) あなたはプロですか

　アンケートにおける，セクションCの問21は，「あなたはプロですか」という質問内容となっている。この設問への回答によって，回答者を7つのグループに分類することができる。7つのグループごとに，人数およびセクションCの質問に基づくDITスコアの最大値，最小値，平均，分散，標準偏差をまとめると，図表5-10のとおりであった。

　被験者個人が自身をプロであると考える度合いについて，「けっこうそう思う」と回答した被験者が95人と最も多かった。

　7つのグループのDITスコアの平均値をグラフ化すると図表5-11のとおりである。

　「いずれでもない」と回答した回答者のグループから「まったくそう思う」と回答した回答者のグループまでのDITスコアの平均値に注目すると，グラフは右上がり，すなわち，自身をプロであると考える度合いが強い公認会計士ほど，倫理水準が高いという関係となっている。これは仮説1に合致している。

　すべてのグループごとの平均値に有意な差があるかどうか検定するために分散分析を行い，その結果は，図表5-12のとおりであった。P-値は，0.00025%であり，有意水準1%で平均値には有意な差があることがわかった。

図表5-10　アンケート結集：仮説1　プロとしての自覚

	まったくそう思わない	ほとんどそう思わない	あまりそう思わない	いずれでもない	けっこうそう思う	かなりそう思う	まったくそう思う	人数合計
人数	4	7	13	37	95	56	36	248
最大値	44.33333	33.33333	50	71	84.66667	91.66667	94	
最少値	-22.6667	-12	-48	-66.3333	-32.6667	-36	-40.6667	
平均	3.916667	8.952381	2.205128	4.801802	21.2807	26.36905	33.39815	
分散	817.9537	299.7566	789.2137	546.7806	411.1757	605.5179	1163.891	
標準偏差	28.59989	17.31348	28.09295	23.38334	20.27747	24.60727	34.11585	

図表5−11　グループ別のDITスコアの平均値：仮説1　プロとしての自覚

あなたはプロですか

（グラフ：横軸「まったくそう思わない」「ほとんどそう思わない」「あまりそう思わない」「けっこうそう思う」「まったくそう思わない」「かなりそう思う」「まったくそう思う」、縦軸 DITスコア平均）

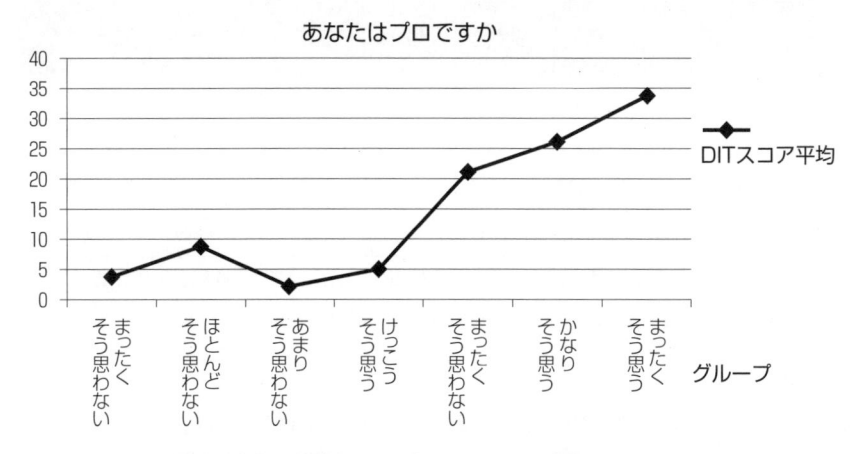

図表5−12　分散分析表：仮説1　プロとしての自覚

変動要因	変動	自由度	分散	観測された分散比	P-値	F境界値
グループ間	23439.28	6	3906.546	6.444184117	0.000002574274	2.877515
グループ内	146097.2	241	606.2126			
合計	169536.5	247				

※　F境界値は1％水準

　すなわち，自身をプロであると考える度合いが強い公認会計士ほど，倫理水準が高いという関係が成り立っており，仮説1を支持する統計的結果となった。

（2）年齢

　アンケートでは，回答者個人の年齢層を回答してもらっているため，年齢層により，回答者を7つのグループに分類することができる。7つのグループごとに，人数およびセクションCの質問に基づくDITスコアの最大値，最小値，平均，分散，標準偏差をまとめると，図表5−13のとおりであった。
　被験者個人の年齢について，「30代」と回答した被験者が72人と最も多かった。
　7つのグループのDITスコアの平均値をグラフ化すると図表5−14のとおりである。

図表5-13　アンケート結集：仮説2　年齢

	10代	20代	30代	40代	50代	60代	70代	人数合計
人数	3	36	72	68	43	15	10	247
最大値	43	81.66667	84.66667	94	89.33333	73	81.66667	
最少値	−22.6667	−66.3333	−44	−48	−30.3333	0	12.33333	
平均	16.33333	14.16667	14.81019	21.73529	25.56589	30.06667	33.16667	
分散	1192.111	804.4857	616.8758	735.4811	673.188	404.8127	398.4506	
標準偏差	34.52696	28.36346	24.83699	27.11976	25.94587	20.11996	19.96123	

図表5-14　グループ別のDITスコアの平均値：仮説2　年齢

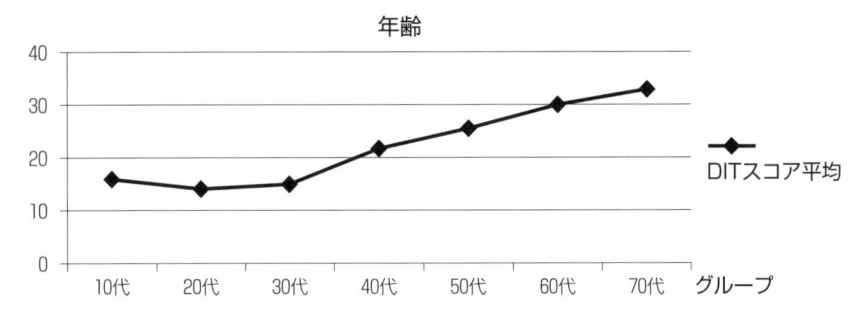

図表5-15　分散分析表：仮説2　年齢

変動要因	変動	自由度	分散	観測された分散比	P-値	F境界値
グループ間	7986.82	6	1331.137	1.98253019	0.068861	2.136479
グループ内	161144	240	671.4332			
合計	169130.8	246				

※　F境界値は5％水準

　「20代」と回答した回答者のグループから「70代」と回答した回答者のグループまでのDITスコアの平均値に注目すると，グラフは右上がり，すなわち，年齢が高い公認会計士ほど，倫理水準が高いという関係となっている。これは仮説2に合致している。

　すべてのグループごとの平均値に有意な差があるかどうか検定するために

分散分析を行い，その結果は，図表5-15のとおりであった。P-値は，6.8%であり，有意水準5%では，平均値に有意な差があるといえないが，ほぼ，有意な差があるといえると解釈できる。すなわち，年齢が高い公認会計士ほど，倫理水準が高いという関係が成り立っている可能性が高く，仮説2を支持する統計的結果となった。

(3) 肩書き

アンケートでは，回答者個人の肩書きを回答してもらっているため，肩書きにより，回答者を5つのグループに分類することができる。5つのグループごとに，人数およびセクションCの質問に基づくDITスコアの最大値，最小値，平均，分散，標準偏差をまとめると，図表5-16のとおりであった。

被験者個人の肩書きについて，「代表社員」と回答した被験者が106人と最も多かった。

5つのグループのDITスコアの平均値をグラフ化すると図表5-17のとおりである。

「スタッフ」と回答した回答者のグループから「代表社員」と回答した回答者のグループまでのDITスコアの平均値に注目すると，グラフは右上がり，すなわち，肩書きのレベルが高い公認会計士ほど，倫理水準が高いという関係となっている。これは仮説3に合致している。

図表5-16 アンケート結集：仮説3 肩書き

	スタッフ	シニアスタッフ	マネジャー	シニアマネジャー	代表社員	人数合計
人数	46	45	26	23	106	246
最大値	81.66667	54.66667	94	84.66667	91.66667	
最少値	−66.3333	−38	−44	−48	−30.3333	
平均	14.6087	16.66667	16.9359	16.84058	25.44969	
分散	1016.555	404	957.5646	940.8169	531.7271	
標準偏差	31.88345	20.09975	30.94454	30.67274	23.05921	

図表5-17　グループ別のDITスコアの平均値：仮説3　肩書き

肩書き

（スタッフ、シニアスタッフ、マネジャー、シニアマネジャー、代表社員）

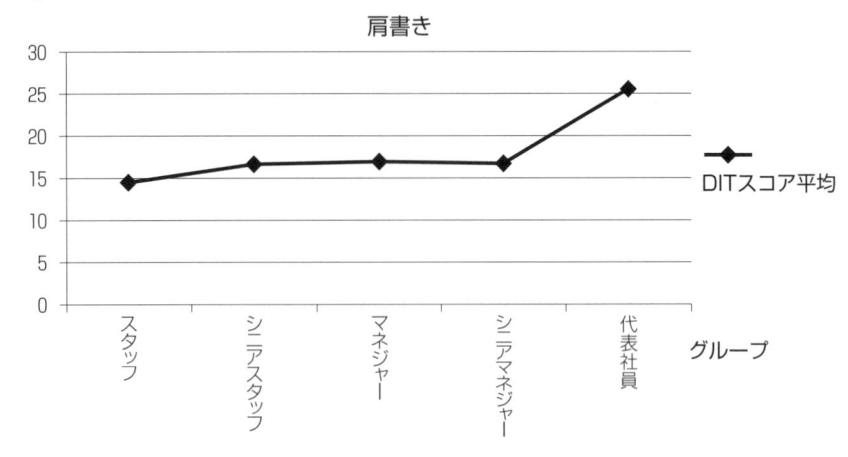

図表5-18　分散分析表：仮説3　肩書き

変動要因	変動	自由度	分散	観測された分散比	P-値	F境界値
グループ間	5455.799	4	1363.949874	2.004470706	0.094554	2.4091
グループ内	163989.4	241	680.4538825			
合計	169445.2	245				

※　F境界値は5％水準

　すべてのグループごとの平均値に有意な差があるかどうか検定するために分散分析を行い，その結果は，図表5-18のとおりであった。P-値は，9.4％であり，有意水準5％では，平均値に有意な差があるといえないという結果となった。有意水準5％によっては，仮説3は支持されなかった。

（4）実務経験年数

　アンケートでは，回答者個人の実務経験年数を回答してもらっているため，実務経験年数により，回答者を4つのグループに分類することができる。4つのグループごとに，人数およびセクションCの質問に基づくDITスコアの最大値，最小値，平均，分散，標準偏差をまとめると，図表5-19のとおりであった。

　被験者個人の実務経験年数について，「20年以上」と回答した被験者が85人と最も多かった。

第5章 アンケート調査による「倫理水準」の測定と分析

4つのグループのDITスコアの平均値をグラフ化すると図表5-20のとおりである。

「5年未満」と回答した回答者のグループから「20年以上」と回答した回答者のグループまでのDITスコアの平均値に注目すると，グラフは右上がり，すなわち，実務経験年数が長い公認会計士ほど，倫理水準が高いという関係となっている。これは仮説4に合致している。

すべてのグループごとの平均値に有意な差があるかどうか検定するために分散分析を行い，その結果は，図表5-21のとおりであった。P-値は，1.7%であり，有意水準5%で平均値には有意な差があることがわかった。すなわち，実務経験年数が長い公認会計士ほど，倫理水準が高いという関係が成り立っており，仮説4を支持する統計的結果となった。

図表5-19　アンケート結集：仮説4　実務経験年数

	5年未満	10年未満	20年未満	20年以上	人数合計
人数	65	37	61	85	248
最大値	81.66667	73	94	91.66667	
最少値	−66.3333	−44	−48	−36	
平均	13.95897	16.13514	19.72131	26.8	
分散	756.2657	657.5954	636.7933	623.7757	
標準偏差	27.50028	25.64362	25.23476	24.9755	

図表5-20　グループ別のDITスコアの平均値：仮説4　実務経験年数

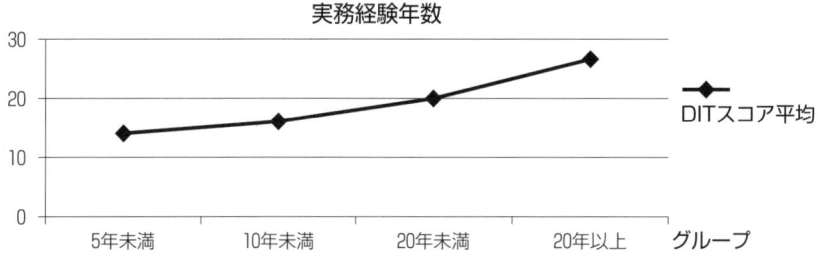

図表5－21　分散分析表：仮説4　実務経験年数

変動要因	変動	自由度	分散	観測された分散比	P-値	F境界値
グループ間	6857.335	3	2285.778	3.428403575	0.017777	2.641596
グループ内	162679.2	244	666.718			
合計	169536.5	247				

※　F境界値は5％水準

8．おわりに

　本章では，アンケート調査における回答から道徳性発達理論に基づく「DITスコア」としての「倫理水準」の測定をし，集団別や属性別などの観点からの比較を行った。具体的には，公認会計士である回答者について，自身をプロであると考える度合いと倫理水準の関係，年齢と倫理水準の関係，肩書きと倫理水準の関係，実務経験年数と倫理水準の関係について，分析と考察を行った。考察の結果，自身をプロであると考える度合いが強い公認会計士ほど倫理水準が高いという関係があるということ，年齢が高い公認会計士ほど倫理水準が高いという関係があるということ，実務経験年数が長い公認会計士ほど倫理水準が高いという関係があるということを明らかにした。

　今後の課題としては，諸外国の会計士との国際比較が挙げられる。また，本章では，個人の「倫理水準」の測定をメインとして取り扱ったが，個人から構成される集団の集団としての倫理水準の測定方法を検討することも今後の課題である。

【参考文献】

大西文行編著（1991）『新・児童心理学講座第9巻　道徳性と規範意識の発達』金子書房.

佐野安仁・吉田謙二編（1993）『コールバーグ理論の基底』世界思想社.

原田保秀（2009）「会計教育と倫理―会計倫理教育の目標とカリキュラムの検討―」『会計』Vol.176, No.2, pp.217-231.

原田保秀（2010）「会計公準論における倫理的アプローチの再考」『四天王寺大学紀要』Vol.50, pp.105-118.

原田保秀・矢部孝太郎（2010）「会計教育における倫理規程の意義―コールバーグ理論に基づく実験研究―」『四天王寺大学紀要』Vol.51, pp.93-106.

原田保秀（2011）「会計倫理の実証研究―会計学専攻の学生に対するDIT研究のサーベイ―」『四天王寺大学紀要』Vol.52, pp.47-68.

原田保秀（2012）『会計倫理の視座　規範的・教育的・実証的考察』千倉書房.

山岸明子（1995）『道徳性の発達に関する実証的・理論的研究』風間書房.

Kohlberg, L.（1969）"Stage and Sequence: The Cognitive-Developmental Approach to Socialization," In D. A. Goslin（ed.）, *Handbook of Socialization Theory and Research*, Rand McNally.（永野重史監訳（1979）『コールバーグ　道徳性の形成』新潮社.）

Rest, J.R.（1979）*Development in Judging Moral Issues*, University of Minnesota Press.

Rest, J.R.（1986）*Moral Development: Advance in Research and Theory*, Praeger.

（矢部孝太郎）

第6章 監査人の自主規制に関する実験比較制度分析へ向けて

1. はじめに

　本章は、監査人の自主規制について、これまでになされてきている既存研究、特に実験研究のサーベイを行うとともに、今後の研究の展望について検討することを目的とするものである。

　会計プロフェッション[1]が、会計プロフェッションとして社会から認められるためには一体どのような要素が必要なのか、またそもそも何をもって会計プロフェッションとするのか、という問題は極めて重要であるが、その問題を解き明かす1つの鍵として、自主規制の存在を挙げることができよう。たとえば米国では、公認会計士による財務諸表監査の品質を担保し、社会的信頼性を高めるために、伝統的には職業団体たるAICPA（American Institute of Certified Public Accountants）による自主規制がなされてきた。しかし近年、大型会計不正を背景としたPCAOB（Public Company Accounting Oversight Board）の登場により、公的規制（第三者規制）が台頭し、これまでの自主規制のあり方が大きく揺らいでいるといえる。

　そしてこのような自主規制のあり方を巡っては、アーカイバル型の実証研究において多くの議論がなされているが（第12章参照）、賛否両論あり、未だ定まった通説的見解がない状態にある。また、アーカイバル型の実証研究については、代理変数に問題があり、また、結局は相関関係しかみることができない（因果関係を捉えることができない）ため、他の実証分析の手法が求められる。そこで現在注目されているのが、実験研究である。実験研究は、

1　他の章でも議論されているとおり、会計プロフェッションといった場合、どの範囲までを含めてそれを定義するかは重要な問題であるが、本章では、監査業務に従事する公認会計士ないしその職業的な集団をさすものと便宜的に考えておく。

統制がしやすくデータのハンドリングが容易になしうるため、アーカイバル型の実証研究が抱える代理変数の問題をクリアすることができる[2]。

以上の問題意識から、本稿では次のような流れで議論を進めていく。まず第2節では、社会科学における実験とは何か、その意義について述べる。第3節では、監査人の自主規制の問題に関する実験を用いた先行研究をサーベイする。それを承けるかたちで、第4節では、今後の検討課題と展望について、筆者の考えを述べる。ここでは、実験経済学とゲーム理論とを融合した実験比較制度分析という新しい手法によりこの問題を分析することの重要性が示される。最後に第5節では、本稿のまとめを行う。

2. 社会科学における実験の意義[3]

実験とは、他の条件は一定にして、ある1つの独立変数だけを実験操作によって変化させ、従属変数の変化が仮説どおりに起こるかどうかを調べるための手法をいう（清水・河野編 2008, 99）。

現在、社会科学全体において人間観を巡る理論再構成の潮流があり、「時には非合理で感情的に行動するような、こころをもった人間（限定合理的、ないし、非合理的な人間）の存在を前提としたうえで、経済制度設計の問題をもう一度最初から考え直さなければならないのではないか」という気運が、一部で高まってきており、「人間のこころの問題」をベースにした新しい社会科学研究が、今大きな注目を集めつつある（Kahneman and Tversky 1979; Smith 1991; Camerer 2003）。具体的には、経済学、神経科学、心理学、社会学などといった既存分野を超えた「総力戦」により、経済社会の諸問題を考えていこうという大きなムーブメントが、まさに今起こっているのであ

---

[2] なお、第12章でも論じるとおり、自主規制のあり方がそもそも実証マターなのかという点は、クリティカルに重要な問題である。よって、この点、検討をすすめる必要があるが、他方では、同時並行的に、もし仮に実証マターだとした場合に実証分析では一体何がいえるのか、ということも議論を進めておく必要がないとはいえない。本章は、このような視点から、実証分析の1手法である実験研究を用いて整理を行うことにする。
[3] 以下、第2節の記述は、主に上枝・田口（2012）を参考にしている。

る（西條編 2007; 川越 2007; 河野・西條編 2007）。

　そして，このような人間行動を検証するために，実験は極めて有効な手段となる。すなわち，上記のような問題意識からすると，行動データや心理データを集積して，それを分析することが必要となるが，そのようなデータの集積は，まさに実験研究が得意とするところである。つまり，社会科学における実験は，①理論の実証手段（主に行動データの採取により，理論により予測された人々の行動と，その集積としての集合現象に関する妥当性を検討する），②人々の心理プロセスの解明（さまざまな状況におけるプレイヤーの実際の行動データやそれに関連する心理データの採取とそれらの比較検討により，どのような判断や意思決定がなされるのか，そして，なぜそれがなされるのか，という点を明らかにする），③意図せざる結果の予想と対処（異なる条件を比較し，理論の予測を超えた意図せざる効果の発生を確認したり，その対処方法を検討する），という点で大きな特徴を有するため，社会科学における人間観のあり方の再検討と関連して大きな注目を浴びている。

　次に，社会科学における実験のメリットを，アーカイバル型の実証研究（アーカイバル研究）と比較することで考えてみる。それは3つある。第1は，アーカイバル研究に比べて，データのハンドリングが容易である点が挙げられる。先に述べたとおり，アーカイバル研究では，代理変数をどのようにとるかが常に大きな問題となるが，実験研究では，実験者自らが，実験計画上どのようなデータをとるかを自由に設定することができるため，実験目的に沿ったデータを採取することが可能となる。第2は，事前検証性である。すなわち，まずアーカイバル研究は，現実に存在するデータを分析する（だからこそ「アーカイバル」研究と呼ばれる）ため，必然的に制度や仕組みの事後検証にならざるを得ない（当該制度や仕組みが現実に成立し実施された後でなければ検証できない）。これに対して，実験研究では，現実に存在しない制度や仕組みについても，実験室において創出しその中での被験者の振る舞いを観察できるため，制度や仕組みの事前検証が可能となる。この点で，実験研究は，制度設計に対する事前の提言力があるといえる。第3は，内的妥当性（internal validity）の高さである。すなわち，先に述べたとおり，実験研究では，実験計画上独立変数と従属変数を自由に設定でき，またその

操作や統制も比較的容易になしうるため，頑強性の高い結果を得ることができる。

3．監査人の自主規制に関する実験研究：先行研究のサーベイ

　会計プロフェッションの自主規制に関するアーカイバル型の実証研究については，第12章で分析している。よって，詳細な分析はそちらに譲るとして，本節では，そこでの内容を簡潔にまとめることにする。それは以下のとおりである。すなわち，監査人の自主規制を巡っては，アーカイバル実証においては賛成・反対両方の見解があり，未だ定まった通説的見解がない状態にある。よって，精緻な実証分析を行う必要がある。また，アーカイバル型の実証研究については，代理変数に問題があること，また結局は相関関係しかみることができない（因果関係を捉えることができないこと）などを踏まえると，他の実証分析の手法が求められる。そこで，本章では，実験研究に注目する。すなわち，先に述べたとおり，実験研究では，実験者自らが，実験計画上どのようなデータをとるかを自由に設定することができ，実験目的に沿ったデータを採取することが可能となるため，アーカイバル型の実証研究が抱える代理変数の問題や相関・因果の問題をクリアすることができる。

　よって本節では，監査人の自主規制について実験的手法を用いて分析を行っている研究に焦点を当てる。監査人の自主規制について分析を行っている先行研究のうち，実験的手法を用いている研究論文（でかつ，すでに出版されているもの[4]）は，筆者がサーベイする限り，以下の1本のみであるようである。

　　Grant. J., R. Bricker, and R. Shiptsova (1996) Audit Quality and
　　Professional Self-Regulation: A Social Dilemma Perspective and

---

[4] なお，working paperレベルも含めると，実はもう1本あるが（Wisconsin-Madison大学のBellovaryとMayhewが，2009年にSSRNにupしている論文），これは（ジャーナル採択前の未定稿ということで）「引用禁止」とされているため，本章では取り扱わないものとする。

Laboratory Investigation: *Auditing, A Journal of Practice & Theory*, Vol.15, No.1, pp.142-156.

　この論文は，監査人の自主規制のエッセンスを，監査の品質管理の視点から（ゲーム理論でいう）公共財ゲームの文脈で捉え，社会的ジレンマ問題として取り扱っている点，極めて興味深い研究といえる。そこで以下，この論文の概要をサーベイすることにする。

　Grant et al.（1996）は，監査の本質を，複数プレイヤー間の繰り返し社会的ジレンマ問題として捉えている。具体的には，監査人が稼ぐ監査報酬が，前期におけるすべての監査人の監査の質に依存するという設定をおく。つまり，まず①複数の監査人の存在を前提とし，②各プレイヤー（監査人）は，各期においてどれだけの質の監査を提供するか，というゲームをプレイする。つまり，ここでの監査人の意思決定変数は，「監査の質」である。そして，③クライアントが支払う監査報酬の総額は，監査人が提供する質の総量（業界全体の監査の質）で決定され，④クライアントが支払う監査報酬総額が決定した後に，それが個々の監査人に均等に配分される，という設定がおかれる。

　これはまさに，ゲーム理論でいう公共財ゲーム[5]になっている（公共財ゲームで各プレイヤーが拠出する金額を，「監査の質」に置き換えたモデルになっている）。そして，このような設定のもとでは，皆が「高品質」の監査を提供した方が社会全体はパレート最適な状態になるにもかかわらず，個人レベルでは，他のプレイヤーにフリーライドして「低品質」の監査を提供する方が合理的戦略となってしまう，という監査の品質に関する社会的ジレンマ問題が生じてしまうことになる。

　その上で，Grant et al.（1996）は，監査人の自主規制（professional self-regulation）をゲームに導入する。ここで，監査人の自主規制がある場合とは，次のような設定をいう。すなわち，①各プレイヤーは，自主規制機関ないし職業団体（coalition）に所属するかしないかの意思決定ができ，②所属

---

[5] ゲーム理論でいう公共財ゲームについては，たとえばCamerer（2003）を参照。

にはコストがかかり，③高品質の監査を提供しなければならないが，④この機関に所属することで，（個別には得られない評判を獲得することができ，その結果）より高い報酬が分配される，という設定である（集団的シグナリング効果）。つまり，この④の基本エッセンスは，財の品質に関する情報の非対称性の存在を前提とした，逆選択（adverse selection）問題の集団的解消（集団的シグナリング効果）といえる（「集団的シグナリングとしての自主規制」）。

そして，Grant et al. (1996) は，このような自主規制への参加というオプションがある場合とない場合を実験的に比較している。その結果，まず，そのような参加オプションが存在しない場合は，理論の予測どおり社会的ジレンマ状況が達成されてしまう。これに対して，参加オプションが存在する場合，監査人は自主規制機関にコストをかけて参加し（高品質の監査を提供し），社会的ジレンマ問題が解消されるという結果を示している。

このGrant et al. (1996) において興味深いのは，以下の2点である。第1は，機関への所属が強制ではなく，自主的な判断に任せられるとしても，そのようなオプションを監査人側が有する場合に，監査人自らがそのようなオプションをコストを払って行使するという点である。これは，強制されずとも自主的に監査の品質を高めるという方向にプレイヤーが向かうという点で，興味深い結果である。そして，このようなことが起こるのは，結局，所属するか否かが（職業的集団全体のシグナリング効果により）監査報酬にダイレクトに効いてくるからである。逆にいえば，監査報酬と自主規制への参加・不参加ないし監査の品質とが直接関連しないような条件下では，自主規制が有効に機能しているとはいえない可能性があることが示唆される。これが第2のポイントであるが，監査報酬との関連性の強弱により，自主規制の有効性が異なってくるというのは，現実世界に対して，以下のようなインプリケーションを有する。まず，①日本の監査環境に対してであるが，（現在は少しずつ変わってきているといわれているし，また，近年は全体的に減少傾向にあるといわれているが，日本の監査環境においては，相対的には）監査報酬が比較的平準化しているといえなくもない。もしくは，日本の場合は，監査報酬は，監査法人側の要因（品質や評判）というよりは，もっぱら会社

側の都合のみで決定される場合が多いといえる。このような環境下では、実は、自主規制が有効に機能しているとはいえない可能性がある。実際、日本の自主規制機関が特に重要な役割を果たしてこなかった（果たさなくても良かった）のは、実はこのようなメカニズムがその背後にあったのかもしれない。また、②米国の監査環境に対してであるが、自主規制が第3者規制に大きく取って代わられてしまったのは、米国の会計事務所間における監査報酬の過当な値下げ競争（ローボーリング）により、実際の監査の品質や自主規制機関への所属の有無と、監査報酬とが連動しなくなってしまっていたことによるのかもしれない。すなわち、勿論、競争により監査報酬が適正価格に収斂しているのであれば問題はないが、米国では、そのような適正価格を反映しない、行き過ぎた競争が起こってしまった。このため、価格と密接にリンクした集団的シグナリング効果が機能しない状況になってしまい、その結果、自主規制の有効性にゆらぎが生じてしまったのかもしれない。

このように、Grant et al.（1996）は、現在の自主規制のあり方について興味深い知見を示しているが、同時に以下の2点で検討すべき課題を有しているといえる。第1は、ゲーム理論の予測として、自主規制がある場合をモデルに入れ込んで、最後まで解き切っていない（均衡を導出していない）ということである。そのため、自主規制の存在により社会的ジレンマが解消されたことが、果たして理論の予測どおりの結果なのか、それとも理論の予測から乖離した意図せざる帰結なのか、この研究からは判断し得ない。また第2は、自主規制の有無が、外生変数となっているということである。すなわち、Grant et al.（1996）のモデルおよび実験では、自主規制オプションはモデルの外側で与えられる（もしくは与えられない）ものとなっている。この点、自主規制の有効性は検証できるが、自主規制か第3者規制か、どちらが社会的に選択されるのかという社会的選択のプロセスは、この研究からは明らかにされない。この点、自主規制オプションを内生変数化したモデルの拡張が求められる。

4．今後の研究の展望：
　　監査人の自主規制に関する実験比較制度分析に向けて

　前節で示したとおり，既存の実験研究は，いくつかの興味深いインプリケーションを有しているものの，いくつかの点で改善すべき（もしくは発想を変えるべき）点を有している。特に前節で示した後者，つまり，自主規制オプションが外生変数となっている点は，重要な要改善点である（内生変数化の必要性）。

　すなわち，ここで，監査人の自主規制のあり方を論じるにあたっては，そもそもそれがどのような経路で社会的に選択され[6]，生成されてきたのか，という点にまで遡って検討することは1つ重要なポイントとなろう。つまり，ある社会メカニズムの意義を検討するにあたっては，そのプリミティブな原初形態にまで遡り，そのエッセンスが一体何であり，また誰がそれを必要としていたのか（いるのか）検討することは重要であるといえる。このような議論は，つまるところ，そもそも自主規制は一体誰のためにあり，また，何のためにあるのか，という最も根源的かつ重要な問題に行き着くだろう。また，素朴に考えてこのような社会的な仕組みに対する捉え方の違いひいては制度生成プロセスの違いが，社会全体のパフォーマンスや人間同士の関係性に何か違いをもたらすことはないのだろうか。たとえば，社会の歴史には経路的依存性があり，社会がこれまで歩んできた歴史が，その後の経済システムに大きな影響を及ぼすということは，現実世界でもしばしば観察されている。そうであれば，制度生成プロセスの違いは現在の制度に対して大きな影響を及ぼす可能性があるだろうし，また，一見すると同じにみえる制度があったとしても，歩んできた歴史の違いがその実態や中身を大きく変えている可能性もある。このように考えると，制度が歩んできた歴史，ないし生成されていくプロセスの理解なしに，その制度の本質を知ることはできないともいえる。

　そこで次に問題となるのは，このような問題を解明していくために，我々

6　会計規制における社会的選択と私的選択については，たとえば黒川（1999）などを参照。

は一体どのような手法でこの問題に接近していくことができるだろうか，という研究アプローチの問題である。この点については，勿論さまざまな研究の可能性が考えられるが，ここでは，比較制度分析（Aoki 2001; Aoki 2010）と実験ゲーム理論（Camerer 2003）とを融合した実験比較制度分析（川越 2010; 田口 2011）という新たなフレームワークの援用可能性を提示したい。本稿がこの新たなフレームワークを示す理由は2つある。第1に，比較制度分析では，ある社会の仕組みを，ゲーム理論を用いて抽象的に，かつ多くの選択肢の中の1つとして捉えるため，制度比較が容易になしうるという点である。たとえば，複数の経済システムが存在しこれらを比較するとして，結局，何がその決定的な違いなのかを比較するのは困難な場合が多い。しかしながら，ゲーム理論を用いて，この問題のエッセンスを捉えることでそれが可能となるし，またそのことにより，それぞれのシステムがもたらす経済的帰結の予測も可能となる。また第2の理由は，経済実験によって，人間心理の奥底にまで斬り込んだ分析が可能となるという点である。たとえばアーカイバル型の実証研究では，上記のような問題に接近しようとする際，そもそもデータをどのように収集するかという点で大きな困難に直面するし，また人間心理や個々人の意思決定などを細かに分析することなども難しい。しかしながら，実験により仮想的な「社会」を構築し，それらを比較することで，我々は，そこにおける人間の振る舞いや心理にまで踏み込んだ分析が可能となるのである[7]。上記のような方法論から，①ゲーム理論を用いて（特に自主規制オプションを内生変数化したモデルを用いて），この問題のエッセンスを抽出し，その上で，②それを実際に心理・経済実験により検証することの重要性が示唆される。

　以上のような問題意識からすると，自主規制の発生や変容の分析にあたり，我々が特に注意すべきなのは，「自主規制」といった場合の「自主」の意味である。これは，実は「自主的に始めた」という意味ではなく，自分（自分たち）の品質を自主的に管理・監視しているという意味である。そしてこの

---

[7] 本章と同じ問題意識と分析手法により，財務諸表監査制度の生成の問題を取り扱った研究としては，たとえば田口・上條（2012）を参照。

図表6-1　監査人の自主規制に関する実験比較制度分析の論点整理

		②品質管理担当者	
		監査人	第3者
①オプション付与者	監査人	A:自主選択型自主規制	B:自主選択型第3者規制
	第3者	C:第3者付与型自主規制	D:第3者選択型第3者規制

ように考えるならば，この論点は，①誰が監査人に当該オプションを付与するのか（誰が社会的選択をするのか），という点と，②誰が監査人を監視・管理するのか（実際の品質管理を行う者は誰か），という点の2つに分解することができる。これを2×2のマトリクスに書くと，図表6-1のようになる。

　図表6-1に示されるとおり，自主規制の内生変数化，つまり，自主規制の実験比較制度分析にあたっては，純理論的には4つのパターンが考えられる。すなわち，A：自主選択型自主規制，B：自主選択型第3者規制，C：第3者付与型自主規制，D：第3者選択型第3者規制の4つである。つまりここでは，自主規制と第3者規制とは，そもそも二者択一の問題ではないという点が決定的に重要である。すなわち，一見すると，まず一方，自主規制は監査人自身が選びとった結果であり（A），他方，第3者規制は第3者が選択した結果（D）であるかのように錯覚しがちであるが（つまり，社会的決定を行った主体と，実際の管理担当者が同じであるかのように捉えてしまいがちであるが），実は，これは正しい理解ではないことがわかる。つまり，結果として自主規制になる（もしくは第3者規制になる）としても，そのスタートラインがどこなのか，どこを起源として当該仕組みが生成されていくのかに注意を払うことは，自主規制や第3者規制の本質を捉える上で，重要なポイントとなる。

　また，図表6-1では，①オプション付与者としては，「監査人」と「第3者」の2主体が示されているが，この第3者をどのように捉えるか（どのような範囲で捉えるか）で，議論は大きく変わってくる。つまり，第3者を，企業や投資家等の利害関係者とするのか，各国の規制主体（たとえば，金融庁）とするのか，それともより広く捉えて「社会」とするのかは極めて重要

な問題である。また，上記は，「誰かが付与する」という発想であるが，誰かが決定したのではなく，複数の主体の相互作用や合意により決定される可能性もあるし，またそもそも誰にも選択されていない（いわば，全体の「空気感」で自然に決ま・る・）可能性すらある。監査人の自主規制の実験比較制度分析にあたっては，このような問題も考慮した上で，検討を行う必要があろう。

5．結びに代えて

　本章は，監査人の自主規制について，これまでになされてきている既存研究，特に実験研究のサーベイを行うとともに，今後の研究の展望について検討することを目的とするものであった。本章で得られるインプリケーションは，次の3点である。

① 　監査人の自主規制に関するアーカイバル研究は，代理変数の採用において大きな問題があり，この点，データのハンドリングが容易な実験研究による検証が必要とされること。
② 　しかし，監査の自主規制に関する（出版されている）実験研究は過去に1本しかなく，しかも，自主規制オプションが内生変数化されていないなどの問題点があること。
③ 　そこで，当該変数を内生化し，制度選択のプロセスを重視する実験比較制度分析によるアプローチが必要とされるが，そこでは，自主規制と第3者規制を単純な二者択一の問題として捉えるのではなく，(a) 誰が監査人に当該オプションを付与するのか（誰が社会的選択をするのか），という点と，(b) 誰が監査人を監視・管理するのか（実際の品質管理を行う者は誰か），という点の2つに論点を分解して考える必要があること。

【参考文献】

上枝正幸・田口聡志（2012）「監査と実験：総論」日本会計研究学会特別委員会編『監査論における現代的課題に関する多面的な研究方法についての検討（中間報告）』第6章.

川越敏司（2007）『実験経済学』東京大学出版会.

川越敏司（2010）『行動ゲーム理論入門』NTT出版.

黒川行治（1999）『合併会計選択論』中央経済社.

河野勝・西條辰義編（2007）『社会科学の実験アプローチ』勁草書房.

西條辰義編（2007）『実験経済学への招待』NTT出版.

清水和巳・河野勝編（2008）『入門政治経済学方法論』東洋経済新報社.

田口聡志（2011）「制度と実験：会計基準のグローバル・コンバージェンス問題を題材として」『社会科学』（同志社大学人文科学研究所）Vol.41, No.3, pp.1-29.

田口聡志・上條良夫（2012）「監査制度の生成に関する実験比較制度分析—米国型監査システムは経営者を誠実にするか—」『企業会計』Vol.64, No.1, pp.140-147.

渡部幹・仲間大輔（2006）「制度の変容と共有された期待：ガヴァナンスへの実験社会心理学的アプローチ」河野勝編『制度からガヴァナンスへ：社会科学における知の交差』（東京大学出版会）pp.93-120.

Aoki, M.（2001）*Towards a Comparative Institutional Analysis*, MIT Press.（瀧澤弘和・谷口和弘訳『比較制度分析に向けて』NTT出版.）

Aoki, M.（2010）*Corporations in Evolving Diversity: Cognition, Governance and Institutions*, Oxford University Press.（谷口和弘訳（2011）『コーポレーションの進化多元性：認知・ガバナンス・制度』NTT出版.）

Camerer, C.（2003）*Behavioral Game Theory*, Princeton University Press.

Gintis, H.（2009）*The Bound of Reason: Game theory and the Unification of the Behavioral Sciences*, Princeton University Press.（成田悠輔・小川一仁・川越敏司・佐々木俊一郎訳（2011）『ゲーム理論による社会科学の統合』NTT出版.）

Glimcher, P.W., C.F. Camerer, E. Fehr, and R.A. Poldrack（2009）*Neuroeconomics*, Academic Press.

Grant. J., R. Bricker, and R. Shiptsova（1996）Audit Quality and Professional Self-Regulation: A Social Dilemma Perspective and Laboratory Investigation, *Auditing: A Journal of Practice & Theory*, Vol.15, No.1, pp.142-156.

Kahneman, D. and A. Tversky（1979）Prospect theory: An analysis of decisions under risk, *Econometrica*, Vol.47, pp.263-291.

Libby, R., R. Bloomfield, and M.W. Nelson（2002）Experimental research in financial accounting, *Accounting, Organizations and Society*, Vol.27, Issue 8, pp.775-810.

Smith, V.L.（1991）*Papers in Experimental Economics*, Cambridge University Press.

（田口聡志）

第7章 市場経済における財務諸表監査の機能と存在意義

1．はじめに

　本章では，財務諸表監査が社会になぜ存在しているのか，どのように存在しているのかということを説明するための1つの理論モデルの検討を試みる。その理論モデルは，財務諸表監査の社会的構造，社会における作用および機能を整合的に説明する一体的な説明の枠組みである。本章では，そのような理論モデルとして，百合野正博教授が構築された枠組みを筆者（矢部）なりにレビューすることにしたい[1]。百合野教授は，ウォーレス（Wanda, A. Wallace）（1985; 2004）が示す，監査への社会的需要を説明する3つの仮説を統合して，1つの枠組みを構成し，会計士監査の社会的構造，社会的機能を説明する理論モデルを構築されている。本章では，初めに，百合野教授の示唆に従いながら，ウォーレスの3つの仮説を説明し，次に，それらの仮説を統合した1つの分析枠組みをレビューする。

1　筆者（矢部）が1998年に受講した同志社大学商学部における百合野教授の監査論の講義で，財務諸表監査の社会的機能および社会的需要を説明するための統合的なフレームワークを学ばせていただいた。本章の説明では，その時の講義ノートの内容が基礎となっている。著者は，百合野教授の監査論の講義の受講中に，その統合的なフレームワークに関して，何度か質問させていただいた。そのときに回答いただいた内容の1つとして，Watts and Zimmermannの*Positive Accounting Theory*という著書を紹介していただき，会計研究において，数理的な分析手法を用いて研究を行う分野があることを初めて知った。筆者は，大学院以降，数理的な分析手法を用いて会計研究を行っているが，その時の紹介が，そのような研究スタイルを選んだ1つのきっかけとなっている。

2. ウォーレスの３つの仮説

(1) 財務諸表監査に対する需要と仮説

　Wallace (1985; 2004) は，法律によって強制されなくとも，自由市場における財務諸表監査に対する需要により，監査が社会に存在することとなるという主張を，３つの仮説に基づき行っている。本節では，Wallace (1985; 2004) に従って，監査に対する需要についてまとめることにする。

(2) 自由市場と監査

　市場経済・自由市場においては，希少な資源は価格メカニズムにより，効率的に配分され利用される（市場メカニズム）。したがって，現に会計士による監査サービスが生産・供給されているということは，監査サービスがそのサービスの消費者に需要され，必要とされているということを意味している。もし必要とされないのであれば，会計士は監査サービスの提供によって対価である報酬を（十分に）得ることができずに，会計士である個人の（一般的にいって高い）能力とその労働は，より高い報酬を得ることのできる，別の生産活動に配分されることになるからである。

　一方，法律によって，財務諸表監査が強制されていることも事実であるから，法律による強制・規制があることによって，監査サービスが市場に存在するという説明もある。しかし，法律による監査の強制・規制がなくても，監査サービスが市場に存在するという証拠はいくつもある。アメリカのSEC（証券取引委員会）が創設され財務諸表監査が法律によって強制される以前から会計士による財務諸表監査が大多数の上場企業で行われていた歴史的事実がある。また，古代ギリシャのアテネの都市国家や中世のイタリア，近代のイギリスでは監査が存在していた歴史的事実もある。

　このように，監査は，自由市場における市場メカニズムの下で，法律による監査の強制・規制がなくても，監査サービスがその消費者によって需要されることにより，自発的に市場（社会）に存在することになるといえる。

　市場経済・自由市場においては，監査サービスがその消費者によって需要

されることにより，監査報酬を得ようとする会計士によってその監査サービスが生産され，市場（社会）に監査が存在することになる。

そもそも監査サービスがその消費者に効用や便益を与えるものでなければ，需要されない。財務諸表監査は，経営者の作成した財務諸表が会計基準に準拠して作成され，その財務諸表に重大な不正や誤謬がないことを独立性を保持した監査人が証明することであり，財務諸表監査サービスは，そのようなサービスを提供することである。その監査サービスはどのような機能を果たすことにより，監査サービスの消費者に効用や便益，有益性を与えるのか。

Wallace（1985; 2004）は，監査サービスの消費者にとっての監査サービスの効用（使用価値），便益，有益性を規定する，監査サービスが果たす機能の本質的特徴を説明する3つの仮説を提唱している。それは，スチュワードシップ（モニタリング）仮説，情報仮説，保険仮説である。これらの仮説は，監査サービスがどのような機能を果たしているかを説明する枠組みであり，有益な機能があるから監査が必要とされるということを説明する仮説であり，なぜ監査が必要とされるのか（需要されるのか），という問いに対して，その具体的な内容を本質的な形で答える説明理論である。以下では，この3つの仮説を説明する。

（3）スチュワードシップ（モニタリング）仮説

スチュワードシップ（モニタリング）仮説は，企業の出資者（プリンシパル）と経営者（エージェント）のエージェンシー関係における監査需要を説明する仮説である。

エージェンシー関係とは，プリンシパル（依頼人・委託者）が，自分のためにサービスを提供してもらうために，なんらかの意思決定権を他人に委任して，エージェント（スチュワード）（代理人・受託者）として雇用する契約をいう。

株式会社においては，株主・株主総会（出資者）がプリンシパルであり，取締役・取締役会（経営者）がエージェントである。スチュワードシップ（モニタリング）仮説においては，出資者（プリンシパル）は，経営者（エージェント）の報酬を決める権限をもっており，業績などに応じて報酬を調整す

ることができる，ということが，以下の議論でのポイントとなっている。

　ここで，エージェンシー関係における，プリンシパルとエージェントはそれぞれ自己の利益を最大化するものと仮定し，また，エージェントが契約内容をプリンシパルの意に沿うように履行しているかどうかをモニタリングするためには費用がかかると仮定する。

　株式会社の経営者（エージェント）には，経営者自身の利益のために会社の金を使う（たとえば，豪華な重役室，高級な専用車，交際費，寄付，慈善活動など）選択肢がありうるが，会社の金は最終的には会社の所有者である出資者（プリンシパル）の財産であるため，経営者（エージェント）による会社の金の浪費は，出資者（プリンシパル）の利益にならない（出資者（プリンシパル）の財産を奪う行為となる）。

　出資者（プリンシパル）は，経営者（エージェント）が自身の利益のために会社の金を浪費しようとしていると予想するならば，その予想金額を経営者の報酬から切り下げようとするであろう。経営者（エージェント）は，その切り下げ金額（の予想金額）が，会社の金の浪費によって得られる自己の利益に見合わないものならば，浪費をしないようにするであろう。（お互いに相手の行動を予想して決定した）結果として，経営者は会社の金の浪費を行わず，経営者報酬の切り下げも行われないこととなるかもしれない。

　もし，出資者（プリンシパル）が，経営者（エージェント）による会社の金の浪費の有無と内容と金額を，モニタリングなしで，直接的に把握することができるとするならば，経営者が実際に会社の金を浪費した場合は，その金額を経営者報酬から差し引くことにより（経営者報酬がゼロ以上である範囲にある限り），出資者（プリンシパル）は経営者の浪費に基づく損失を被らなくて済む。したがって，この場合，出資者（プリンシパル）は，経営者（エージェント）による会社の金の浪費による損失の埋め合わせが可能である（ただし，経営者による浪費金額が経営者報酬を上回る場合は，損害賠償をしないことには，埋め合わせができない）。

　上記の説明を数値例で確認する。

　経営者が自己の満足のために浪費した金額を経営者裁量費用と呼びケース1では0億円，ケース2では10億円，ケース3では20億円であったとしよ

第7章 市場経済における財務諸表監査の機能と存在意義

図表7-1 プリンシパルによる経営者報酬の調整

(単位:億円)

	ケース1		ケース2		ケース3	
①株主・経営者帰属利益	1,000		1,000		1,000	
②経営者裁量費用	0		10		20	
③株主・経営者帰属純利益(①-②)	1,000		990		980	
	(A)	(B)	(A)	(B)	(A)	(B)
④経営者報酬	100	100	100	90	100	80
経営者報酬の調整額(減額金額)	——	0	——	10	——	20
⑤株主帰属利益(③-④)	900	900	890	900	880	900

う。経営者裁量費用を控除する前の企業の利益を株主・経営者帰属利益と呼び,ケース1,2,3に共通して,1,000億円であるとする。また,株主が決定する調整前の経営者報酬はケース1,2,3に共通して,100億円(株主・経営者帰属利益の10%)であるとする。図表7-1の各ケースの(A)の列は,経営者報酬の調整を行わずに,経営者が浪費した金額を株主が負担する場合が記入されている。経営者裁量費用がどのケースの金額であっても,各ケースの(B)の列のように,経営者裁量費用の金額を経営者報酬から調整する形で控除すれば,株主は,株主に帰属する最終的な利益である株主帰属利益を900億円にすることができる。株主に経営者報酬の決定権限があれば,経営者が浪費した金額を株主が負担する必要はないのである。

次に,出資者(プリンシパル)が,経営者(エージェント)による会社の金の浪費の有無と内容と金額を把握するために,コストのかかるモニタリングが必要な場合を検討する。経営者(エージェント)が契約内容をプリンシパルの意に沿うように履行しているかどうかを,出資者(プリンシパル)が確認し,経営者による会社の金の浪費の有無と内容と金額を確認するためのモニタリングを行う場合,そのためのモニタリングコストを経営者報酬から差し引くことにより,出資者(プリンシパル)はモニタリングコストを自己の負担としないようにすることができる。これは,出資者(プリンシパル)は,経営者(エージェント)の報酬を決める権限をもっているからである。

したがって，出資者（プリンシパル）には，モニタリングコストを最小化しようとするインセンティブがない。出資者（プリンシパル）は，モニタリングのためのコストを意識することなく，モニタリングのために企業内部の会計情報・財務諸表情報を収集しようとするかもしれない。

上記の説明を数値例で確認する。

図表7-1のときと同じく，経営者裁量費用はケース1では0億円，ケース2では10億円，ケース3では20億円であり，また，経営者裁量費用を控除する前の株主・経営者帰属利益は，ケース1,2,3に共通して，1,000億円であり，また，株主が決定する調整前の経営者報酬はケース1,2,3に共通して，100億円（株主・経営者帰属利益の10%）であるとする。

ここで新しく，プリンシパルがエージェントをモニタリングするためのモニタリングコストが，ケース1,2,3に共通して，50億円かかることとする。

図表7-2の各ケースの（A）の列は，経営者報酬の調整を行わずに，経営者が浪費した金額とモニタリングコストを株主が負担する場合が記入されている。経営者裁量費用がどのケースの金額であっても，各ケースの（B）の列のように，経営者裁量費用とモニタリングコストの金額を経営者報酬から調整する形で控除すれば，株主は，株主に帰属する最終的な利益である株主帰属利益を900億円にすることができる。株主に経営者報酬の決定権限があ

図表7-2　プリンシパルによる経営者報酬の調整

(単位：億円)

	ケース1		ケース2		ケース3	
①株主・経営者帰属利益	1,000		1,000		1,000	
②経営者裁量費用	0		10		20	
③モニタリングコスト	50		50		50	
④株主・経営者帰属純利益（①-②-③）	950		940		930	
	(A)	(B)	(A)	(B)	(A)	(B)
⑤経営者報酬	100	50	100	40	100	30
経営者報酬の調整額（減額金額）	——	50	——	60	——	70
⑥株主帰属利益（④-⑤）	850	900	840	900	830	900

れば，経営者が浪費した金額のみならず，エージェントを監督・指導するためのモニタリングコストも経営者に負担させることが可能であって，株主が負担する必要はないことになる（報酬があまりに少なすぎると考える経営者は辞めていくかもしれない）。

　上述のように，ここでの状況では，出資者（プリンシパル）に，モニタリングコストを最小化しようとするインセンティブがない。場合によっては，出資者（プリンシパル）は，コストを意識することなく，モニタリングのために企業内部の会計情報・財務諸表情報を収集しようとするかもしれない。その場合，モニタリングコストを結果的に負担させられる経営者（エージェント）は，モニタリングコストの最小化を望む。結果として，経営者（エージェント）は，出資者（プリンシパル）が行うモニタリングのコストよりも，自ら財務諸表を作成し，独立性のある外部監査人の監査証明を得て，出資者（プリンシパル）に対して報告することのコストの方が小さいならば，そのコストを自ら負担して財務諸表を作成し監査を受け財務報告・会計報告を行い，出資者（プリンシパル）が行うモニタリングに代えようとするだろう。

　このとき，経営者（エージェント）には，自ら，財務諸表を作成して提供しようとするインセンティブがあり，また，経営者（エージェント）の業績を示す財務諸表を自ら作成するがゆえに，財務諸表に独立性のある外部監査人の監査証明を得ようとするインセンティブがある。すなわち経営者（エージェント）には，ボンディング（自己規律・自己規制・身の潔白を示すこと）を行うインセンティブがある。

　経営者（エージェント）にとって，自ら作成した財務諸表に監査証明が必要となるのは，その財務諸表を出資者（プリンシパル）が信用しない場合は，出資者（プリンシパル）が予想する損失を経営者報酬から控除されると考えられるから，それを回避するために，その財務諸表は誤謬を含まないように慎重に作成されており，かつ重大な不正が含まれていないということを示さなければならないからである。

　上記の説明を数値例で確認する。

　経営者裁量費用，株主・経営者帰属利益，調整前の経営者報酬については，図表7-2と同じ状況を想定する。経営者が自ら財務諸表を作成し独立性のあ

る外部監査人の監査証明を得るためのボンディングコストは，ケース1，2，3に共通して，25億円かかることとする。図表7-3の各ケースの（A）の列は，経営者報酬の調整を行わずに，経営者が浪費した金額とボンディングコストを株主が負担する場合が記入されている（ここでは，経営者がボンディングによって外部監査人の監査を受けた財務諸表を作成して株主に報告する場合は，株主は改めてそれとは別のモニタリングを自ら行う必要はないものとしている。）。経営者裁量費用がどのケースの金額であっても，各ケースの（B）の列のように，経営者裁量費用とボンディングコストの金額を経営者報酬から調整する形で控除すれば，株主は，株主に帰属する最終的な利益である株主帰属利益を900億円にすることができる。一方，経営者も，自らボンディングを行い，ボンディングコストを自ら負担することによって，図表7-2の場合よりも，各ケース共通で，25億円だけ経営者報酬を増加させることができている。25億円という金額は，株主がモニタリングする場合のモニタリングコスト50億円と，経営者がボンディングを行う場合のボンディングコスト25億円の差額である。この状況をまとめたものが，図表7-4，7-5である。

図表7-2，7-3のケースのように，一般に，株主（プリンシパル）が経営者（エージェント）をモニタリングするコストよりも，同じ内容を経営者（エ

図表7-3　プリンシパルによる経営者報酬の調整

(単位：億円)

	ケース1		ケース2		ケース3	
①株主・経営者帰属利益	1,000		1,000		1,000	
②経営者裁量費用	0		10		20	
③ボンディングコスト	25		25		25	
④株主・経営者帰属純利益（①－②－③）	975		965		955	
	(A)	(B)	(A)	(B)	(A)	(B)
⑤経営者報酬	100	75	100	65	100	55
経営者報酬の調整額（減額金額）	——	25	——	35	——	45
⑥株主帰属利益（④－⑤）	875	900	865	900	855	900

図表7−4　図表7−2のケース：プリンシパルがモニタリングする場合の経営者報酬

(単位：億円)

	ケース1	ケース2	ケース3
③モニタリングコスト	50	50	50
⑤経営者報酬	50	40	30

図表7−5　図表7−3のケース：エージェントがボンディングする場合の経営者報酬

(単位：億円)

	ケース1	ケース2	ケース3
③ボンディングコスト	25	25	25
⑤経営者報酬	75	65	55

ージェント）がボンディングするコストの方が低いと予想される。このとき，経営者（エージェント）は，自己の経営者報酬を増加させるために，自らボンディングすることを選択することになる。

　以上のスチュワードシップ（モニタリング）仮説による監査需要の説明において，監査は，経営者（エージェント）によってまず第一に需要されているといえ，監査サービスの消費者は，自ら作成した財務諸表に監査証明を与えてもらう経営者（プリンシパル）である。

　以上の原理から，出資者（プリンシパル）と経営者（エージェント）がエージェンシー関係を始めるための契約には，経営者（エージェント）が出資者（プリンシパル）に対して監査済財務諸表の提供を行うという内容が含まれることになるであろう。

（4）情報仮説

　情報仮説は，有用あるいは価値のある情報の提供に監査が貢献するから監査が需要されるという仮説である。

　投資家は，投資利益を獲得するために，監査済財務諸表を利用して，企業の将来キャッシュフローを予測し，企業価値を算定して，投資意思決定を行

う。投資家は，合理的な投資意思決定に役立つ有用な情報として，監査済財務諸表を需要し，したがって監査を需要する。ただし，出資者（株主）と経営者の間の関係と異なり，投資家と経営者の間には，監査済財務諸表を提供するというような法的契約を結んだ関係がない。

情報仮説では，監査済財務諸表は，情報としての有益性（ベネフィット）をもつため，それをもたらす監査が需要されると考える。ここでは３つの有益性（ベネフィット）を挙げる。

１つ目の監査の有益性（ベネフィット）として，監査済財務諸表および監査は，リスクを軽減するという有益な機能を果たしていることが挙げられる。財務諸表を利用する投資家には，経営者の作成する財務諸表情報が不正確であることによって損失を被る可能性がある。リスク回避的な投資家が財務諸表情報が不正確であることによって損失を被るリスクを軽減するためなら支払ってもよいと思う対価を，個々の投資家が評価し，その投資家全体での合計の金額が，会計士による財務諸表監査のコストよりも大きいとき，財務諸表監査が行われて監査済財務諸表が提供されることは，厚生経済学的に，社会全体にとってより望ましい状態になることであるといえる（以下では便宜上，リスク回避的な投資家が財務諸表情報が不正確であることによって損失を被るリスクを軽減するためになら支払ってもよいと思う対価を，投資家のリスク軽減対価評価額ということにする。また，投資家が財務諸表情報が不正確であることによって損失を被るリスクを財務諸表リスクまたはリスクということにする）。

監査済財務諸表であっても未監査財務諸表であっても，財務諸表には，財務諸表情報が不正確であることによって投資家が損失を被るリスク（財務諸表リスク）がある。監査済財務諸表と未監査財務諸表を比較した場合，財務諸表情報が不正確でありそれによって投資家が損失を被る可能性は，一般的に未監査財務諸表の方が大きい。この意味で，監査済財務諸表は未監査財務諸表よりもリスクが低いといえる。したがって，監査は，そのようなリスクを減少させる機能を果たしている。

以下では，１つ（１組）の財務諸表と１つの企業が１対１に対応していることおよび，１つの企業とその企業が発行する株式が１対１に対応している

ことを前提にして，財務諸表リスクの説明の記述を行う。（ある１つの）財務諸表というとき，それはそれを作成した（ある１つの）企業を同時に指すことになる。

　監査済財務諸表と未監査財務諸表の間には，監査の有無に基づいた財務諸表情報が不正確である可能性の高低というような差異があり，その意味で，あるいくつかの財務諸表が未監査財務諸表であるならば，それらは共通して，監査を受けていないことにより財務諸表情報が不正確でありそれによって投資家が損失を被る可能性をもつというリスクをもっているといえる。監査を受けていないということそれ自体によって生じる財務諸表リスクをシステマティックリスクと呼ぶことにする。システマティックリスクは，未監査財務諸表が共通してもつリスクである。

　一方，同じように監査を受けていない未監査財務諸表であっても，個々の企業ごとに財務諸表が未監査であることによって生じる財務諸表情報の不正確性の内容は異なり，その内容によって投資家が損失を被る可能性は異なる。あるいくつかの財務諸表が未監査財務諸表であるとき，それらの財務諸表情報の不正確性の内容の程度は，各企業ごとつまり各財務諸表ごとに異なり，財務諸表情報が不正確でありそれによって投資家が損失を被る可能性としてのリスクの大小の程度は個々の未監査財務諸表（個々の企業）ごとに異なるであろう。このような未監査財務諸表がもつ，個々の企業ごとに生じる財務諸表リスクをアンシステマティックリスクと呼ぶことにする。

　未監査財務諸表に固有の財務諸表リスクは，このように，システマティックリスクとアンシステマティックリスクの２つから構成される（図表7－6）。

図表7－6　財務諸表リスク

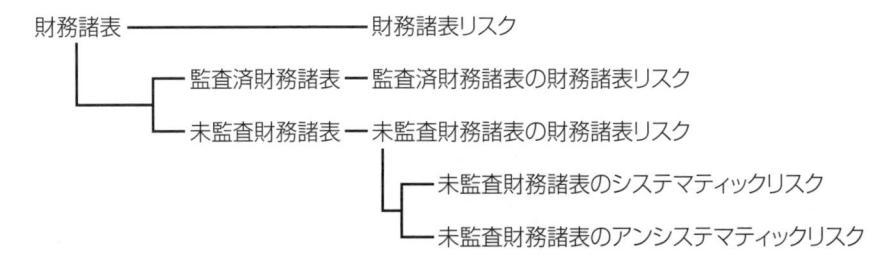

```
財務諸表 ──────────── 財務諸表リスク
    ├── 監査済財務諸表 ── 監査済財務諸表の財務諸表リスク
    └── 未監査財務諸表 ── 未監査財務諸表の財務諸表リスク
                          ├── 未監査財務諸表のシステマティックリスク
                          └── 未監査財務諸表のアンシステマティックリスク
```

分散投資の原理とポートフォリオ選択理論により，上で述べた意味での財務諸表リスクの異なる監査済財務諸表と未監査財務諸表があった場合，監査済財務諸表を作成した企業の株式と未監査財務諸表を作成した企業の株式を適当に組み合わせてポートフォリオを構成することにより，監査済財務諸表（を作成した企業）と未監査財務諸表（を作成した企業）のどちらかが無い場合と比べて，財務諸表リスクを下げることが可能な場合がある。その場合は，投資家のリスク軽減対価評価額は減少するであろう。すなわち，未監査財務諸表が監査を受けることにより監査済財務諸表となることによって，財務諸表リスクが軽減されることにより，投資家のリスク軽減対価評価額は減少する。これは，上で述べた意味でのアンシステマティックリスクは分散投資の原理によって減少させることができることに基づいている。投資家による分散投資によって，アンシステマティックリスクは減少させることができ，それにより投資家のリスク軽減対価評価額は減少する。一方，上で述べた意味でのシステマティックリスクは分散投資の原理によって減少させることができないため，そのリスクに対する投資家のリスク軽減対価評価額に見合った監査は，行われなければならないことになる。また，通常は分散可能な（分散投資によるリスク低減可能な）アンシステマティックリスクが，なんらかの理由・障害により，分散投資によって，分散（リスク低減）できない場合は，リスクを減少させることができない分だけ，投資家のリスク軽減対価評価額は減少させることができないことになる。

　原理的に分散投資の原理によって減少させることができない未監査財務諸表のシステマティックリスクであっても，あるいは，（原理的には分散投資の原理によって減少させることができるはずの）未監査財務諸表のアンシステマティックリスクがなんらかの理由・障害により，分散投資によって減少させることができない場合であっても，監査を行うことで，未監査財務諸表が監査済財務諸表になることによって，未監査財務諸表の財務諸表リスク（未監査財務諸表のシステマティックリスクと未監査財務諸表のアンシステマティックリスク）を監査済財務諸表の財務諸表リスクに変える形で，財務諸表リスクを減少させることができる。以上のように，監査は財務諸表リスクを減少（軽減）させることができるといえる。

第7章 市場経済における財務諸表監査の機能と存在意義

　2つ目の監査の有益性（ベネフィット）として，監査済財務諸表および監査は，経営者の意思決定を改善するという有益な機能を果たしていることが挙げられる。監査は，経営者が利用する会計情報・財務数値の正確性・信頼性を改善する機能を果たす。監査があれば，監査人が誤謬を発見するとともに，従業員も監査を予想して注意を払うようになるからである。監査によって，会計情報・財務数値の正確性・信頼性が改善すれば，経営者の経営意思決定も改善されることになる。監査は，経営者の意思決定を改善する機能を果たす。また，企業の利害関係者も監査によって正確性・信頼性の高められた財務諸表情報を利用することにより，与信，投資，労使交渉，規制などの意思決定が改善され，それは結果として，経営者の業績を改善することにつながる。

　3つ目の監査の有益性（ベネフィット）として，監査済財務諸表および監査は，証券の売買利益の獲得と投資家の意思決定を改善するという有益な機能を果たしていることが挙げられる。効率的市場仮説は，証券価格は，個々の投資家の判断が集約されたものであり，公に利用可能な情報のすべてを反映しているから，同じ情報を利用することで正常期待利益を超える投資利益を得ることはできない，という仮説である。新しい情報が与えられれば，その情報に早く気づいた投資家によって，証券価格が新しい均衡価格に達するまで証券の売買が行われる。証券価格が均衡価格に達し，情報が証券価格に「織り込まれ」れば，他の投資家はその情報によって利益を得ることはできない。売買利益は，新しい情報に早く気づいた投資家のみが獲得する。市場は非常に効率的である。すなわち，同じように投資利益を得ようとする投資家が無数にいるため，上記のプロセスが瞬時に行われ，均衡価格が変化する。したがって，ほとんどあらゆる投資家は，公開された情報の利用によっては，正常期待利益を超える売買利益を得ることはできないことになる。

　監査済財務諸表情報を最初に知りうる当事者である経営者と監査人は，それぞれ職業専門家としての独立性のため，その情報に基づいて証券の売買利益を得てはならない。また，インサイダー取引は法的に規制されているため，経営者がその情報に基づいて証券の売買を行うことは規制されている。自己の利益を最大化しようとする経営者がどのように行動するかは，一概にはい

えないものの，一般的に，経営者は監査済財務諸表情報に基づく証券の売買利益を得ようとしないであろう。また，ほとんどあらゆる投資家も，市場の効率性により，公開された監査済財務諸表情報の利用によっては，正常期待利益を超える売買利益を得ることはできない。

投資家の投資行動の平均－分散モデル（投資家の期待効用が投資収益率の平均と分散のみで表されるモデル）では，投資家は，期待効用を最大化するために，効用関数の無差別曲線と，実現可能なポートフォリオの期待（平均）収益率と標準偏差の組合せを表す投資機会曲線の接点で与えられるポートフォリオを最適ポートフォリオとして選択する。投資家は，リスク（標準偏差）を最小化するためではなく，また，期待（平均）収益率を最大化するためでもなく，期待効用を最大化するために，ポートフォリオを構成する。

投資家個人は，新しい監査済財務諸表の情報が証券の均衡価格に影響を及ぼすかどうかとは無関係に，新しい監査済財務諸表の情報を利用することによって，自己の効用を最大化する最適ポートフォリオの選択を，再調整によって改善し，より大きな効用を得られる状態に修正することができる。効率的市場において，監査済財務諸表情報は，ほとんどあらゆる投資家に対して，正常期待利益を超える売買利益を与えることはできないが，各投資家の主観的なポートフォリオ選択における期待（平均）収益率と標準偏差の見積りに役立つことによって，各投資家の主観的な期待効用を高めることができる。これが，投資家にとっての監査済財務諸表情報による意思決定の改善である。監査済財務諸表情報および監査は，投資家の主観的な期待効用を高めることに貢献するという意味で，有益性（ベネフィット）をもっており，投資家の意思決定を改善する機能を果たすといえる。

以上の情報仮説による監査需要の説明において，監査は，監査済財務諸表情報の有益性を直接的に享受する主体によってまず第一に需要されているといえる。

（5）保険仮説

保険仮説は，監査が保険として需要され，監査が保険によるリスク分散の機能を果たすという仮説である。

第7章　市場経済における財務諸表監査の機能と存在意義

　企業の証券発行における経営者，投資銀行，管財人，証券引受会社，弁護士という当事者は，損害賠償責任を負っているから，会計士監査の実施により，会計士が監査人という当事者として参加することを通じて，会計士（監査人）にも損害賠償責任のリスクを分担させようとするインセンティブをもつ。会計士（監査人）以外の当事者は，この意味での一種の保険をかけるインセンティブをもち，財務情報に関する責任を会計士（監査人）に転嫁することにより，訴訟によって生じると予想される損失を少なくするだろう。訴訟による賠償査定額が増大するにつれて，保険として監査に対する需要は増大すると予想される。経営者，投資銀行，管財人，証券引受会社，弁護士という当事者が，損害賠償責任のリスクに備えるために，保険会社の保険サービスを利用するのではなく，会計士（監査人）の監査を保険として利用する理由として，仮に監査の法的強制がないとしても，社会には財務諸表監査は会計士が行うべきという考えが浸透しているため，会計士による独立性をもった財務諸表監査を受けない企業は，経営者や関係する専門家が過失や不正を行っているのではないかと疑われる根拠となるからということ，近年の会計事務所は顧問弁護士を雇用し十分な法律スタッフを備え，損害賠償請求から自己を守っており，会計士はディスクロージャー問題に特化していることから，保険会社よりも会計士の方が共同被告人として効率的に保険機能を果たしうるからということ，訴訟に関して保険会社は金銭上の損失のみを考慮して行動するが，会計士は経営者と同じく，金銭上の損失だけでなく，自己の社会的評判も重視しているため，経営者と関心が共通しており，訴訟が自己の評判に与える影響を適切に配慮して行動を決定するからということ，会計士は，訴訟に関係する当事者に多い，経営を失敗したり欠陥のあるディスクロージャーをした経営者や不良債権の債権者の管財人や，投資で損失を出した投資家と比べて，十分な資力（ディープポケット）をもっていることが多いからということ，これらの理由が挙げられる。

　会計士（監査人）が，裁判所の判決によって高額の損害賠償責任を負う可能性をもっているということにより，会計士（監査人）は非監査会社に対して高額の監査報酬を要求することとなり，その高額の監査報酬は，企業の製品価格に転嫁され，広く消費者一般に負担される。本来，企業の事業によっ

て生じた損失はその企業の出資者が負担し，その損失のリスクも企業の出資者が負う。しかし，会計士（監査人）が高額の損害賠償責任を負う社会状況においては，会計士（監査人）の監査は，結果として，保険会社による保険を付すことができない企業の事業投資のビジネスリスクを社会（消費者）に分散する機能を果たしている。

　リスクを広く社会に分散する手段として保険会社ではなく監査・監査人が必要とされるのは，保険会社が財務諸表のディスクロージャーについての損害賠償に関して社会に広くリスク分散しようとせず，支払われた保険金はすでに保険をかけている別の企業や監査人の保険料の値上げなどを通じて回収しようとし，他の企業や監査人のみにリスクを負担させようとする傾向があることから，保険の逆選択により，合理的な価格で損害賠償保険を掛けようとする企業や監査人が合理的な価格で保険を受けることができなくなるからということ，経営上の誤った意思決定による損失についての保険を一般に保険会社が提供することができないため，監査人が監査の保険機能を果たさないことには，企業のビジネスリスクを社会に分散することができないこと，これらの理由が挙げられる。

　このような監査・監査人の保険機能は，会計士が職業専門家として，立法と司法により，法律と裁判を通じて，損害賠償責任を課されることから生じている。

　また，監査は政治的保険の機能も果たしている。粉飾決算事件さらにはそれに基づく景気の悪化のような企業のディスクロージャーの問題が生じたときに，「政治家あるいは規制当局がなぜその問題に気付かなかったのか」という問題は，「なぜ監査人はその問題を発見し，そして公表しなかったのか」という問題にすり替わることがある。政治家や規制当局は，企業に会計士の監査を受けることを強制することによって，国民の非難から逃れられるようにするために，会計士の監査を保険として需要しているといえる。

　以上の保険仮説による監査需要の説明では，監査は，一種の保険の機能を果たすものとして，訴訟における損害賠償責任の会計士（監査人）への分担を求める主体によって需要され，また，裁判所が高額の損害賠償責任を会計士（監査人）に課すことを通じて企業のビジネスリスクを広く社会に負わせ

ようとする社会によって需要され，また，政治的な非難を避けようとする政治家や規制当局にも需要される，と説明されることになる。

3．財務諸表監査の社会的構造と社会的機能を説明する統合的フレームワーク

　百合野正博教授は，相互補完的であるウォーレスの3つの仮説を統合し1つの枠組みを構成して，財務諸表監査の監査の社会的構造，社会における作用および機能を整合的に説明する一体的な説明理論を構築されている。その説明理論は2節で説明した，3つの仮説の説明を連繋させたものとなる。3つの仮説には，矛盾あるいは対立する部分がないため，相互補完的に説明理論を重ね合わすことが可能である。

　財務諸表監査の社会的機能，社会的需要，社会的存在形式を説明する，百合野教授の枠組みにおいて，社会全体は，投資家，株主，企業，経営者，会計士・監査人，消費者の各主体（部門）によって構成される。なお，説明記述の簡略化のために，企業については，株式会社を前提とすることにする。投資家は証券・金融商品に対する潜在的投資家の意味であり，社会の構成員であって証券・金融商品に対して投資可能なすべての主体のことを指している。投資家は，資金運用の利益を得るために，企業の発行する証券や金融商品に投資しようとする主体である。株主は，現在株主の意味であり，企業利益の配当を受けるために，企業に対して出資を行い，企業との間でエージェンシー関係をもつ主体のことを指している。株主の全体の集合は投資家の全体の集合の部分集合となる。企業（株式会社）は，投資家のうちの株主となる主体から資金を調達して株主に利益を配当するためにビジネスを行っている主体である。経営者は，株主から企業の経営を委託された，株主との間でエージェンシー関係をもつ主体である。会計士・監査人は，会計士である個人の全体からなる集合のことを指しており，会計士業の意味である。会計士は，企業の作成する財務諸表を独立の立場から監査し，監査報酬を得る。消費者は，企業の生産する商品・製品・サービスを購入し消費する主体である。

　経済全体の観点からは，投資家（株主を含む）と消費者はあわせて家計（労

図表7−7　社会における監査の存在形式

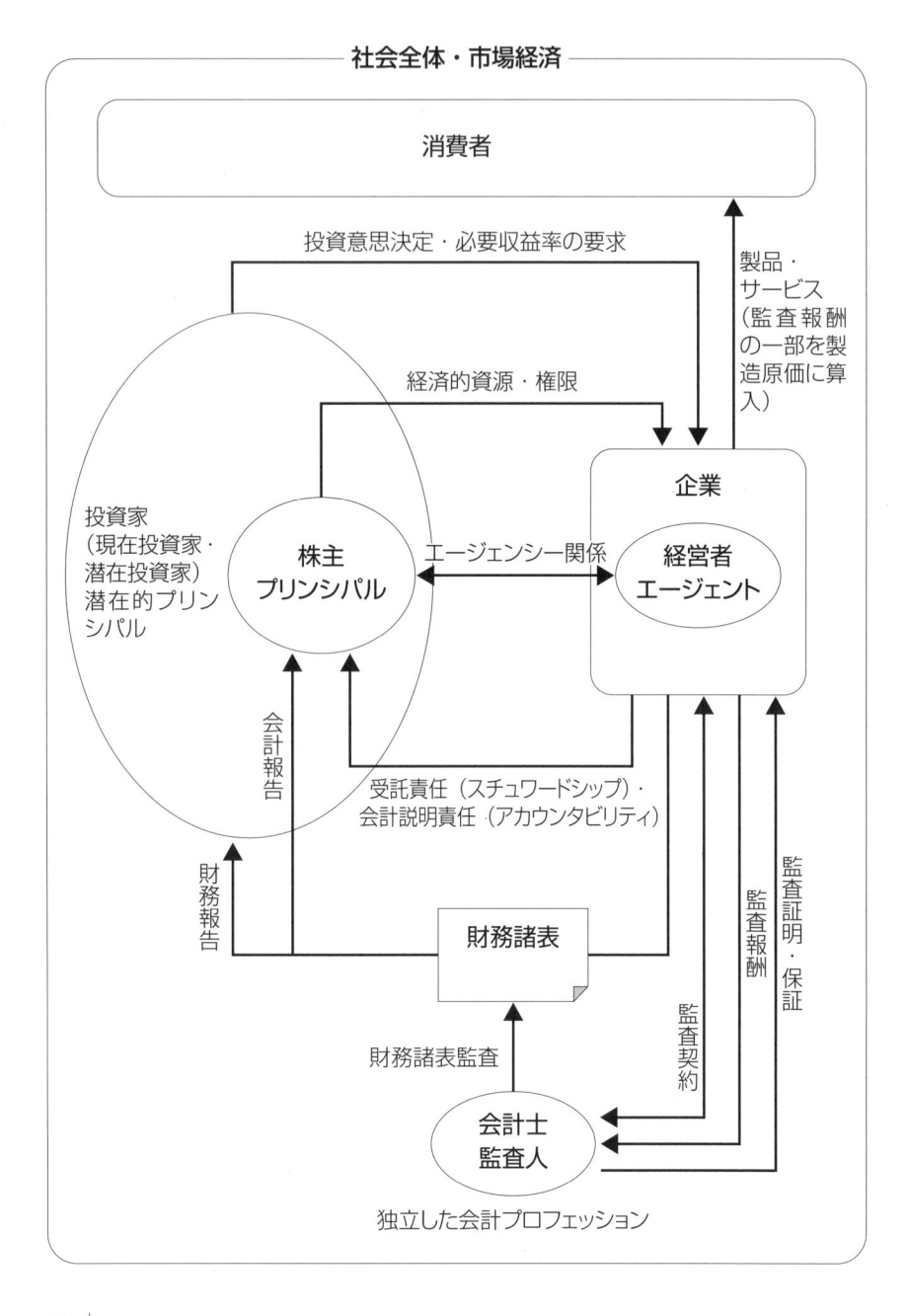

```
────────────── 社会全体・市場経済 ──────────────

                        ┌──────────────────┐
                        │     消費者        │
                        └──────────────────┘
          投資意思決定・必要収益率の要求        ▲
     ┌─────────────────────────────┐     │ 製品・
     │                             │     │ サービス
     │             経済的資源・権限  │     │（監査報酬
     │         ┌──────────────┐    │     │ の一部を製
     │         │              ▼    ▼     │ 造原価に算
     │ 投資家  │          ┌──────────┐   │ 入）
     │（現在投 │          │  企業     │   │
     │ 資家・  │   ┌───┐ │ ┌──────┐│   │
     │ 潜在投  │   │株主│─エージェンシー関係─│経営者││   │
     │ 資家）  │   │プリン│ │ │エージェ││   │
     │ 潜在的  │   │シパル│ │ │ント   ││   │
     │ プリン  │   └───┘ │ └──────┘│   │
     │ シパル  │      ▲ ▲  └──────────┘   │
     │         │      │ │                 │
     │         │   会計│ │受託責任（スチュワードシップ）・
     │         │   報告│ │会計説明責任（アカウンタビリティ）
     │         │      │ │                 │
     │         └──────┘ │                 │
     │   ▲               │       監  監   │
     │   │財              │       査  査   │
     │   │務              │       証  報   │
     │   │報             ┌──────┐明  酬   │
     │   │告             │財務諸表│・       │
     │   │               └──────┘保       │
     │   │                  ▲     証       │
     │   │           財務諸表監査│          │
     │   │               ┌──────┐        │
     │   └───────────│会計士 │←監査契約  │
     │                   │監査人│          │
     │                   └──────┘        │
     │               独立した会計プロフェッション │
     └─────────────────────────────┘
```

働，消費，投資する主体）という部門になる。経営者と会計士・監査人については サービスを生産するという側面に注目すると，広い意味での企業という部門に分類でき，経営者，会計士・監査人，企業とをあわせて，広い意味での企業（生産する主体）という部門になる。この統合的な枠組みの社会全体における経済全体の諸部門は，家計と広い意味での企業から構成される。そして，政府部門は捨象されている。この統合的な枠組みにおいて，政府部門が捨象されているのは，この枠組みが，政府や法律による強制・規制がなくても，監査が社会で必要とされ存在しうるということを説明する枠組みだからである。監査に対する政府や法律による強制・規制について分析を行う際は，この枠組みを土台あるいはベンチマークとして，分析を行うのが良いアプローチであると考えられる。

　株主と企業の経営者の間において生じる会計士の監査サービスへの需要および監査の機能，監査の存在形式は，スチュワードシップ（モニタリング）仮説によって説明される。投資家と企業の間において生じる会計士の監査サービスへの需要および監査の機能，監査の存在形式は，情報仮説によって説明される。会計士の監査サービスに関する監査報酬が消費者の財・サービスの購入価格に反映されて，広く消費者全体によって負担され，同時に，企業のビジネスリスクが広く消費者全体（社会全体）によって負担されるという監査の存在形式は，保険仮説の中の，監査報酬の財・サービス価格への転嫁理論によって，説明される。

　百合野教授の枠組みを図解すれば図表7-7のようになる。この全体像のように，社会において，会計士の監査が需要され，機能し，社会において会計士監査が存在している。

4．おわりに

　本章では，財務諸表監査の社会的機能，社会的需要，社会的存在形式を説明する，百合野教授の説明理論のレビューを行った。この説明理論によって，仮に，法律によって会計士の財務諸表監査の強制・規制がなかったとしても

自発的に会計士監査は需要され，会計士監査が社会に存在することになることがわかる。また，同じことではあるが，会計士の監査は社会にとって正味の効用や便益を生み出す財（goods）であることがわかる。それによって，財務諸表監査は，資本主義経済，市場経済が永続する限り，また，株式会社制度，証券・金融商品市場制度が永続する限り，また，財務会計が行われる限り，社会から必要とされ，会計士によって監査サービスが供給されることにより，社会に存在し続けると考えられる。

本章でレビューした説明の枠組みにおいては，ミクロ経済学，厚生経済学，情報の経済学，ゲーム理論，契約理論，エージェンシー理論，分散投資の原理，ポートフォリオ選択理論，効率的市場仮説，投資行動の平均－分散モデル，資本資産評価モデル，企業価値評価理論，保険理論，リスクシェアリングの原理などが援用されている。本章の内容を踏まえつつ，財務諸表監査の社会的構造，社会的機能を説明する数理モデルの枠組みを検討することを，筆者（矢部）の今後の課題としたい。

【参考文献】

百合野正博（1996）「説明義務とアカウンタンシー」『社会関連会計研究』No.8, pp.1-12.

百合野正博（1996）「会計士監査と社会経済的コンテクスト」『同志社商学』Vol.48, No.1, pp.461-483.

百合野正博（1998）「会計士監査の社会的機能と制度化への抵抗」『会計』Vol.153, No.5, pp.697-711.

百合野正博（1999）『日本の会計士監査』森山書店.

Wallace, W.A. (1985) *The Economic Role of the Audit in Free and Regulated Markets*, Macmillan Pub.Co..（千代田邦夫・盛田良久・百合野正博・朴大栄・伊豫田隆俊訳（1991）『ウォーレスの監査論—自由市場と規制市場における監査の経済的役割』同文舘.）

Wallace, W.A. (2004) The Economic Role of the Audit in Free and Regulated Markets: a Look Back and a Look Forward, *Research in Accounting Regulation*, Vol.17, pp.267-298.

Watts, R.L. and J.L. Zimmerman (1985) *Positive Accounting Theory*, Prentice Hall.（須田一幸訳（1981）『実証理論としての会計学』白桃書房.）

（矢部孝太郎）

第8章 日本のアカウンティング・プロフェッション

1. はじめに

　本章の目的は、アカウンティング・プロフェッションに関する研究の一環として、諸外国との比較を念頭に、日本におけるアカウンティング・プロフェッションの現状および特徴を明らかにすることにある。調査の結果は、アカウンティング・プロフェッションの種類、社会的位置づけ、資格試験制度、およびプロフェッションとしての独立性に区分して整理している。

2. アカウンティング・プロフェッションの種類

　日本における職業会計人制度は、1927年に制定された計理士法に基づく計理士の誕生に始まると考えられる。1945年の終戦後、GHQにより財閥解体などの経済民主化政策が進められ、1948年に計理士法が廃止され、これに代わるものとして公認会計士法が制定された。当時、企業会計や税務を担当していた計理士のうち、特別試験に合格したものについて計理士業務に加えて監査業務をさらに行うことができる資格として公認会計士資格が与えられた。

　税理士は、1951年に制定された税理士法が定める国家資格であり、税理士となる資格を有する者のうち、日本税理士会連合会に備える税理士名簿に、財務省令で定めるところにより、氏名、生年月日、事務所の名称および所在地その他の事項の登録を受けた者をいう（税理士法第18条）。

　本章では、日本におけるアカウンティング・プロフェッションとして、主に公認会計士を取り上げ、必要に応じて税理士についても言及する[1]。

3．社会的位置づけ

（1）関連法令・管轄行政組織

公認会計士の資格および業務の規制に関連する主たる法令は公認会計士法および公認会計士法施行令である。また，金融商品取引法，会社法，私立学校振興助成法などの各種法律において，公認会計士による財務諸表・計算書類等の監査が法定されている。所轄官庁は金融庁である。

税理士の資格および業務の規制に関連する主たる法令は税理士法であり，所轄官庁は財務省である。

（2）職業専門家団体の種類，位置づけ，特徴

日本公認会計士協会は，日本における唯一の公認会計士の団体である。日本公認会計士協会は，公認会計士法第43条第1項に基づき，公認会計士が組織する自主規制団体であり，会員の指導，連絡および監督に関する事務や公認会計士の登録に関する事務を行うものとされている（第43条第2項）。日本公認会計士協会は，まず1949年に任意団体として発足し，1966年に公認会計士法による特殊法人化がなされ，2004年には特別民間法人となって，今日に至っている。

短答式・論文式の公認会計士試験に合格し，実務補習所の必要単位を取得し，日本公認会計士協会が行う修了考査に合格して実務補習を修了し，かつ業務補助等の期間が2年以上の者は，公認会計士となる資格が与えられる。しかし，公認会計士と呼称し，開業するためには，公認会計士名簿に登録し日本公認会計士協会に入会することが義務づけられている（公認会計士法第

---

[1] 英米では，「アカウンティング・プロフェッション」といえば会計士のことを意味すると理解される。しかし日本では，英米の会計士が担っている業務・職能を公認会計士だけでなく税理士も担っている。また，日本では，産業界で働いている公認会計士・税理士の人数が少なく，そのかわりに企業内に相当水準の高い会計の知識・経験を備えた人材が少なからず存在しており，たとえば英米の会計士が産業界で果たしているものと同じ役割を果たしていると考えられる。しかし本章では，専門職業という括りで公認会計士と税理士のみを取り上げる。

46条の２）。

　税理士は，国税局の管轄区域ごとに税理士会を設立しなければならず（税理士法第49条），全国の税理士会は日本税理士会連合会を設立しなければならない（第49条の13）。日本税理士会連合会は，税理士法第49条の13第１項に基づき，税理士が組織する自主規制団体であり，税理士会およびその会員に対する指導，連絡および監督に関する事務を行い，ならびに税理士登録に関する事務を行うものとされている。日本税理士連合会は，1956年に社団法人から税理士法に基づいて設立される特別法人となり，2002年からは特別民間法人である。税理士となる資格を有する者が税理士業務を行うためには，税理士法第18条の規定に基づき，日本税理士会連合会に備えられた税理士名簿に登録しなければならない。

（３）職業会計士の人数

　日本公認会計士協会の会員数は，2011年12月31日現在，31,273名である。図表8－1は，会員数の推移（各年12月31日現在）を示している。

　これに対して，日本税理士連合会の税理士登録者数は，2012年７月31日現在，72,607名である[2]。少し時期がずれているが，税理士の人数（72,607人）は公認会計士（31,273人）の2.3倍ということになる。

　また，概算であるが，2010年の人口10万人あたりでは，公認会計士は24.4人，税理士は56.7人，あわせて81.1人である（2010年10月１日現在の人口は128,057,352人，総務省統計局調べ）。これを他国と比較してみよう。アメリカ公認会計士協会の登録会員数は約386,000人[3]，人口10万人あたりでは214.9人である（2011年末の総人口は309,051,000人，世界銀行調べ）。イギリスの職業会計士の人数は329,930人であり（詳細は第９章を参照されたい），人口10万人あたり526.7人を数える（2011年末の総人口は62,641,000人，世界銀行調べ）。ドイツの経済監査士および経済監査会社，宣誓帳簿監査士および帳

---

[2] 日本税理士連合会，「全国の税理士会，税理士登録者数」http://www.nichizeiren.or.jp/guidance/intro/registrant.html（2012年８月20日）.

[3] American Institute of Certified Public Accountants, "About the AICPA," http://www.aicpa.org/About/Pages/About.aspx（August 20, 2012）.

図表8-1　日本公認会計士協会会員数の推移

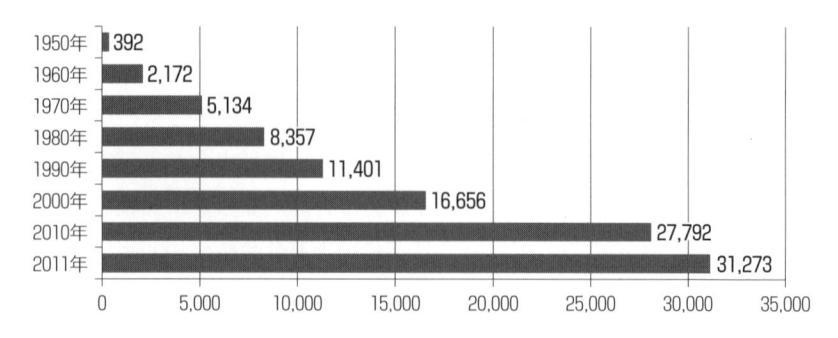

年	会員数
1950年	392
1960年	2,172
1970年	5,134
1980年	8,357
1990年	11,401
2000年	16,656
2010年	27,792
2011年	31,273

出所：日本公認会計士協会．「概要／会員数」http://www.hp.jicpa.or.jp/ippan/about/outline/index.html （2012年8月20日）．

簿監査会社の人数は，2011年1月1日現在21,048人（第10章参照），人口10万人あたり25.7人である（2011年末の総人口は81,776,000人，世界銀行調べ）。人口10万人あたり，アメリカおよびイギリスはそれぞれ日本の2.65倍および6.5倍の職業会計士が存在する。ドイツについては，日本の税理士に相当するプロフェッションの人数が含まれていないため，公認会計士の人口10万人あたり人数を比較すると，大きな差はない。

次に，日本の医師および弁護士とも比較してみよう。2010年12月31日現在における医師の届出数は295,049人[4]，人口10万人あたり230.4人であり，弁護士の人数は2010年3月31日現在28,789人[5]，人口10万人あたり22.5人である。人口10万人あたりでは，弁護士は公認会計士より少し少ないが，医師数は公認会計士の約10倍，公認会計士と税理士の合計と較べても2.8倍である。

（4）職業会計士の年齢構成

公認会計士および税理士の年齢構成を示すデータは発見できなかった。

---

[4] 厚生労働省．「平成22年（2010年）医師・歯科医師・薬剤師調査の概況」http://www.mhlw.go.jp/toukei/saikin/hw/ishi/10/index.html （2011年12月6日）．
[5] 日本弁護士連合会．「弁護士白書2012年版」http://www.nichibenren.or.jp/library/ja/publication/books/data/2012/whitepaper_bengosinosuii2012.pdf （2012年12月20日）．

(5) 職業会計士の業務または職能

公認会計士の業務は，公認会計士法第2条に規定されている。

① 公認会計士は，他人の求めに応じ報酬を得て，財務書類の監査または証明をすることを業とする。

② 公認会計士は，①に規定する業務のほか，公認会計士の名称を用いて，他人の求めに応じ報酬を得て，財務書類の調製をし，財務に関する調査もしくは立案をし，または財務に関する相談に応ずることを業とすることができる。ただし，他の法律においてその業務を行うことが制限されている事項については，この限りでない。

③ ①の規定は，公認会計士が他の公認会計士または監査法人の補助者として同項の業務に従事することを妨げない。

また，日本公認会計士協会のウェブサイトでは，公認会計士の業務として，監査，税務，およびコンサルティングが示されている[6]。

次に，税理士の業務は，税理士法第2条に規定されている。

① 税理士は，他人の求めに応じ，租税に関し，次に掲げる事務を行うことを業とする。

　1．税務代理
　2．税務書類の作成
　3．税務相談

② 税理士は，①に規定する業務（以下「税理士業務」という。）のほか，税理士の名称を用いて，他人の求めに応じ，税理士業務に付随して，財務書類の作成，会計帳簿の記帳の代行その他財務に関する事務を業として行うことができる。ただし，他の法律においてその事務を業として行うことが制限されている事項については，この限りでない。

③ ①②の規定は，税理士が他の税理士または税理士法人の補助者としてこれらの項の業務に従事することを妨げない。

また，日本税理士連合会のウェブサイトでは，税理士の仕事内容として，

---

6 日本公認会計士協会，「公認会計士の仕事内容」http://www.hp.jicpa.or.jp/ippan/cpainfo/about/work/index.html（2012年8月20日）．

上記以外に，会計業務，租税に関する訴訟の補佐人，および会計参与が示されている[7]。

公認会計士も税理士もともに法律に基づく独占業務（監査証明および税務代理等）を中心に発展してきたため，これらの業務に従事する者の比率が高いと考えられる。公認会計士および税理士が実際にどのような業務または職能に従事しているかを示すデータは入手できなかった。

（6）会計事務所の概況

2011年12月31日現在の監査法人数は214法人である。また，2012年7月31日現在の税理士法人数は2,429法人である。もちろんこれ以外にも公認会計士または税理士の個人事務所は数多く存在するが，事務所数や所属人数に関するデータは発見できなかった。

（7）報酬—公認会計士および税理士の年俸—

公認会計士および税理士の年俸について，公認会計士協会または日本税理士連合会による調査データは発見できなかった。ここでは，厚生労働省の調査データに基づいた分析を行っているウェブサイト「年収ラボ」から，いくつかのランキングを引用して紹介する。

図表8-2は，2005年から2010年にかけての公認会計士および税理士の平均年収の推移を示している。2010年のデータについて詳しく紹介すると，平均年収841万円，平均月収60万円，平均時給3,780円，年間ボーナス等124万円，回答者の平均年齢40.1歳，平均勤続年数11.3年，復元労働者数（調査した労働者の数から母集団に対応する数字として推計復元した労働者の数）5,060人，総労働時間158時間／月，男性平均年収898万円，女性平均年収674万円，男性割合74.7%，女性割合25.3%である。

なお，同サイトの職業別調査によれば，平均年収が最も高い職業は弁護士であり（平均1,271万円），平均1,141万円で医師が続いている。公認会計士お

7　日本税理士連合会，「納税者向け情報　税理士とは」http://www.nichizeiren.or.jp/taxpayer/about.html（2012年8月20日）．

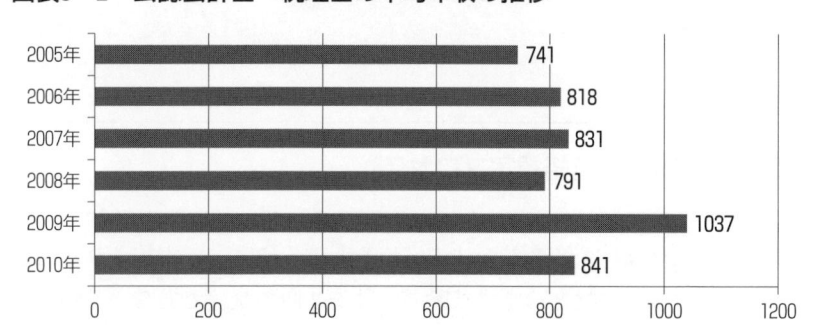

図表8-2　公認会計士・税理士の平均年収の推移

年	年収
2005年	741
2006年	818
2007年	831
2008年	791
2009年	1037
2010年	841

出所：年収ラボ，「公認会計士の平均年収」http://nensyu-labo.com/sikaku_kounin_kaikeisi.htm，（2012年8月20日）．

よび税理士は第6位にランクされている。

(8) 報酬—監査事務所の収入—

　図表8-3は，監査法人を大手，中堅，中小に区分して，2006年度から2010年度までの5年間の監査報酬（平均額）の推移を示したものである。

　なお，監査人・監査報酬問題研究会（2012）は，日本とアメリカの監査報酬を比較分析しているが，日本の監査報酬額はアメリカに較べて相当に低いことが確認されている。

　この理由の1つとして，財務報告制度およびコーポレート・ガバナンス・システムにおいて公認会計士監査が担っている（期待されている）役割が日

図表8-3　監査法人別監査報酬（平均額）の推移

監査法人	2006年度	2007年度	2008年度	2009年度	2010年度
A	33.32	36.85	82.78	82.34	80.57
B	31.30	35.40	66.56	64.92	63.89
C	27.60	29.68	55.34	56.03	54.92
中堅	20.20	22.72	34.57	33.67	33.42
中小	19.49	20.81	29.59	30.01	29.87

出所：監査人・監査報酬問題研究会（2012）75．

本とアメリカでは異なるため，対価として支払われる報酬も異なるということが考えられる。

4．資格試験制度（資格認定プロセス）

　公認会計士試験は，公認会計士法の定めるところによって実施される国家試験であり，短答式試験と論文式試験の1段階2回の試験である。受験資格の制限は設けられていない。

　公認会計士の資格は，公認会計士試験に合格し，合格の前後を問わず2年以上の公認会計士または監査法人の業務補助または経済界での実務従事の経験を有し，かつ日本公認会計士協会が実施する実務補習を受講し，修了考査に合格して内閣総理大臣の確認を受けることによって取得することができる。

　図表8-4は公認会計士試験合格者数の推移を示している。

　2003年の公認会計士法改正による試験制度の見直しにより，2006年から合格者数が増加し，それにつれて願書提出者数も増えたが，合格者の就職問題の影響もあり，2012年試験の合格者は制度変更前の水準に戻っている。

　2012年試験合格者の年齢構成は，25歳未満が全体の51.29%，25歳以上30歳

図表8-4　公認会計士試験合格者数の推移

年	新試験（人）	旧試験（人）	合計（人）
2003年	—	1,262	1,262
2004年	—	1,378	1,378
2005年	—	1,308	1,308
2006年	1,372	1,736	3,108
2007年	2,695	1,346	4,041
2008年	3,024	601	3,625
2009年	1,916	313	2,229
2010年	1,923	118	2,041
2011年	1,447	64	1,511

出所：公認会計士・監査審査会，「平成23年公認会計士試験合格者調べ」2006年11月20日，および「平成23年公認会計士試験合格者調べ」2011年11月14日。

未満が32.76%、30歳以上35歳未満が11.25%であり、35歳未満が全体の95.3%を占めている。合格者の学歴については、大学（短大含む）卒業者が49.57%、大学（短大含む）在学者が31.04%、両者で80.61％を占める。試験制度改革にあたって設置された会計専門職大学院の在学者および修了者の割合は7.35%にとどまっている。最後に、合格者の合格時点での職業構成は、学生が43.61%、専修学校・各種学校受講生が32.89%、無職が13.17%であり、全体の89.67%を占めている。

次に、税理士試験は、税理士法の定めるところによって実施される国家試験である。近年、各種の国家試験で受験資格が撤廃されつつあるが、税理士試験は学歴・学識（たとえば、大学、短大または高等専門学校の法律学または経済学を主たる履修科目とする学部（法学部、経済学部、商学部、経営学部）・学校を卒業した者）、資格（たとえば、日本商工会議所主催簿記検定1級合格者）、職歴（たとえば、弁理士・司法書士・行政書士・社会保険労務士・不動産鑑定士等の業務に3年以上従事した者）などの受験資格が設けられている（税理士法第5条）。

税理士試験に合格した者または税理士試験を免除された者は、合格の前後を問わず2年以上の租税に関する事務または会計に関する事務で政令で定めるものに従事すれば、税理士となる資格を有する。また、弁護士（弁護士となる資格を有する者を含む）および公認会計士（公認会計士となる資格を有する者を含む）も税理士となる資格を有する（以上、税理士法第3条）。税理士となる資格を有する者が税理士となるには、税理士名簿に登録を受けなければならない（税理士法第18条）。

図表8-5は、税理士試験合格者数の推移を示している。

税理士試験の受験者数は、公認会計士試験よりもかなり多い。2012年試験合格者の年齢構成は、25歳以下が全体の13.33%、26歳以上30歳以下が16.90%、31歳以上35歳以下が21.84%、36歳以上40歳以下が24.18%、41歳以上が23.18%であり、公認会計士試験合格者に較べて全体的に年齢層が高く、かつ31歳以上の割合が高いことが特徴である。合格者の学歴については、大学卒業者が74.23%、大学在学者が5.09%、両者で79.31％を占めており、公認会計士試験合格者と同様である。

図表8-5　税理士試験合格者数の推移

年	受験者 (人)	合格者 (人)	一部科目合格者 (人)	合格者合計 (人)
2007年度	53,324	1,014	7,413	8,427
2008年度	51,863	964	8,212	9,176
2009年度	51,479	1,058	7,116	8,174
2010年度	51,468	999	7,454	8,453
2011年度	49,510	1,094	7,973	9,067
2012年度	48,123	1,104	8,964	10,068

出所：国税庁，「税理士試験情報」http://www.nta.go.jp/sonota/zeirishi/zeirishishiken/zeirishi.htm（2012年12月20日）。

5．プロフェッションとしての独立性

(1) 資格登録と業務登録

　日本では，資格登録と業務登録の区分がない。短答式・論文式の公認会計士試験に合格し，実務補習所の必要単位を取得し，日本公認会計士協会が行う修了考査に合格して実務補習を修了し，かつ業務補助等の期間が2年以上の者は，公認会計士となる資格が与えられる。しかし，公認会計士と呼称し，開業するためには，公認会計士名簿に登録し日本公認会計士協会に入会することが義務づけられている。資格登録と開業登録のいずれも日本公認会計士協会が管轄している。

　税理士についても，税理士となる資格を有する者のうち，日本税理士会連合会に備える税理士名簿に，財務省令で定めるところにより，氏名，生年月日，事務所の名称および所在地その他の事項を登録することが義務づけられている（税理士法第18条）。

(2) 自主規制—倫理規則—

　日本公認会計士協会は，自主規制の柱として倫理規則を制定している。日本公認会計士協会が任意団体であった1950年に，定款外規則第1号として規律規則が定められ，2000年には，1998年公表の国際会計士連盟（IFAC）「職

業会計士の倫理規程」を受けて「倫理規則」が新たに制定された。その後は，IFAC倫理規程の改正にあわせた改正が行われている。また，業務上の職業倫理に関する支援として，「監査人の独立性チェックリスト」の公表や「倫理ヘルプライン」の設置も行われている。

「倫理規則」および関連する指針等は以下のとおりである。
① 「倫理規則」
② 「独立性に関する指針」
③ 「独立性に関する法改正対応解釈指針」
④ 「職業倫理に関する解釈指針」
⑤ 「職業倫理に関する解釈指針－監査法人監査における監査人の独立性について－」
⑥ 倫理委員会研究報告第1号「監査人の独立性チェックリスト」
⑦ 倫理委員会研究報告第2号「監査法人監査における監査人の独立性チェックリスト」

日本税理士連合会は倫理規則を定めていない。税理士法に信用失墜行為の禁止（第37条），守秘義務（第38条）などいくつかの関連規定がおかれているのみである。

(3) 自主規制─会員の処分─

日本公認会計士協会は，自主規制機関として，会員および準会員に対して会則に基づく懲戒処分を行うことができる。懲戒処分の事由には，たとえば以下のものがある（会則第50条）。
① 会員および準会員が法令によって処分を受けたとき。
② 会員および準会員が監査業務その他の業務につき公認会計士または会計士補の信用を傷つけるような行為をしたとき。
③ 会員が財務書類の監査業務を行うに際して，会則第44条各号（たとえば，故意に，虚偽，錯誤または脱漏のある財務書類を虚偽，錯誤および脱漏のないものとして監査意見を表明すること）に掲げるいずれかの行為を行ったとき。

懲戒処分には次の5種があり，①から④までを主たる懲戒処分，⑤を付加

する懲戒処分としている。
　① 戒告
　② 会則によって会員および準会員に与えられた権利の停止
　③ 除名
　④ 本会からの退会の勧告
　⑤ 金融庁長官の行う登録の抹消または監査法人に対する解散命令その他の懲戒処分の請求

　各地の税理士会および日本税理士会連合会には，会員たる税理士の懲戒処分等の定めはない。税理士法の第5章「税理士の責任」は，財務大臣による懲戒処分について定めている。

(4) 行政処分

　公認会計士法は，公認会計士または監査法人に対する処分を定めている。

　公認会計士に対する懲戒処分としては，①戒告，②2年以内の業務の停止，および③登録の抹消の3種を設けている（第29条，第34条の21）。公認会計士が，故意に，虚偽，錯誤または脱漏のある財務書類を虚偽，錯誤および脱漏のないものと証明した場合には，内閣総理大臣は，上記の②または③の処分をすることができる（第30条第1項）。また，公認会計士が，相当の注意を怠り，重大な虚偽，錯誤または脱漏のある財務書類を重大な虚偽，錯誤，および脱漏のないものとして証明した場合には，内閣総理大臣は，上記の①または②の処分をすることができる（第30条第2項）。

　監査法人に対する懲戒処分としては，①戒告，②業務管理体制の改善命令，③2年以内の業務の全部または一部の停止，および④解散を設けている（第34条の21）。また，内閣総理大臣は，違反行為に重大な責任を有すると認められる社員について，一定期間，当該監査法人の業務および意思決定の全部または一部に関与することを禁止することができる。さらに，監査法人の行う監査証明業務の運営が著しく不当と認められる場合で，同業務の適正な運営を確保するために必要であると認めるときは，当該監査法人に対して必要な指示をすることができる。

　なお，これらに加えて，公認会計士・監査法人が故意または過失によって

重大な虚偽証明を行った場合における課徴金納付命令制度が導入されている（第31条の2，第34条の21の2）。

次に，税理士法は，税理士または税理士法人に対する懲戒処分を定めている。

税理士に対する懲戒処分としては，①戒告，②1年以内の税理士業務の停止，および③税理士業務の禁止の3種を設けている（第44条）。税理士が，故意に，真正の事実に反して税務代理もしくは税務書類の作成をしたとき，または脱税相談等の禁止規定（第36条）に違反する行為をしたときは，財務大臣は，上記②または③の処分をすることができる（第45条第1項）。また，税理士が，相当の注意を怠り，真正の事実に反して税務代理もしくは税務書類の作成をしたとき，または脱税相談等の禁止規定（第36条）に違反する行為をしたときは，財務大臣は，上記①または②の処分をすることができる（第45条第2項）。加えて，税理士が，第33条の2第1項もしくは第2項の規定により添付する書面に虚偽の記載をしたとき，または税理士法もしくは国税もしくは地方税に関する法令の規定に違反したときは，財務大臣は，第44条に規定する上記①②③の懲戒処分をすることができる（第46条）。

税理士法人に対する懲戒処分としては，①戒告，②一年以内の期間を定めて業務の全部もしくは一部の停止，または③解散を設けている（第48条の20）。

（5）監査業務の品質管理

日本公認会計士協会は，自主規制の一環として，1999年から品質管理レビュー制度を導入し，実施している[8]。この制度は，品質管理委員会の下におかれたレビューチームの専任のレビューアーが，原則として3年に1度（大規模監査法人は2年に1度），監査事務所に赴き，その監査事務所の監査の品質管理の状況をレビューし，品質管理委員会で審査した上で，品質管理レビュー結果を通知し，必要に応じて改善を勧告し，当該報告に対する改善状況の報告を受けるというプロセスからなる。

この品質管理レビュー制度は，2004年4月から，公認会計士法に基づく制

---

8 品質管理レビュー制度の概要については，以下を参照されたい。
日本公認会計士協会，「信頼性への取り組み」http://www.hp.jicpa.or.jp/ippan/about/reliability/index.html（2012年8月20日）。

度となり，その対象事務所は，上場会社を監査している事務所のみならず，非上場の金融商品取引法監査をしている事務所や会社法監査のうち資本金100億円以上または負債総額1,000億円以上の会社を監査している事務所等にまで拡大された。

　また，2007年4月からは，品質管理レビュー制度に組み込む形で，上場会社監査事務所登録制度を導入し，上場会社を監査している事務所については，品質管理委員会に設置する上場会社監査事務所部会への登録を義務づけ，上場会社を監査している監査事務所の名簿を日本公認会計士協会のウェブサイトで公表するとともに，登録した監査事務所の概要や監査の品質管理の方針と手続の概要を公表している。

　上場会社監査事務所部会に登録された監査事務所に対しては，品質管理レビューの結果，品質管理の状況等に相当の疑念が生じた場合で，措置が必要と品質管理審議会が認めた場合には，注意，継続的専門研修の履修指示，品質管理レビューによる限定事項等の概要の開示，上場会社監査事務所部会の登録の取消しの4種類の措置がとられる。

　公認会計士・監査審査会は，日本公認会計士協会による品質管理レビューの報告を受け，その内容を審査し，必要に応じて日本公認会計士協会や監査事務所等に立ち入り検査を実施する。この検査の結果，監査の品質管理が著しく不十分であったり，監査業務が法令等に準拠していないことが明らかになったりした場合には，業務の適正な運営を確保するために必要な行政処分その他の措置を金融庁長官に勧告する。これを受け，金融庁から日本公認会計士協会または監査事務所に対して懲戒処分等が行われる。

6．むすび

　本章では，日本のアカウンティング・プロフェッションの現況を把握するために，公認会計士と税理士を対象として，アカウンティング・プロフェッションの種類，社会的位置づけ，資格試験制度，およびプロフェッションとしての独立性について概観した。

アカウンティング・プロフェッションは，諸外国も含めて，所定の資格認定プロセスが定められており，そのプロセスを経た有資格者に業務の独占権が与えられている。日本では，資格認定プロセスのほとんどはアカウンティング・プロフェッションではなく国家による資格試験として運用されている。しばしば指摘されるとおり，日本の公認会計士および税理士制度は，その業務に対するニーズに基づいて自発的に生成，発展してきたものではなく，まず法律に基づく制度の器が作られ，その器の中で発展してきたと理解される。日本の現行制度では，公認会計士および税理士の数は相対的に少なく，公認会計士は監査業務，税理士は税務業務に従事する割合が非常に高いことから，アカウンティング・プロフェッションが従事している業務，職能は限定的である。監査報酬に関する日米比較のデータしかないが，プロフェッショナル・サービスに対する報酬の水準も高いとはいえない。

プロフェッション（専門職）は社会制度の一部であり，それが属する社会の歴史的または文化的背景，価値観，経済システムなどの影響を当然に受ける。アカウンティング・プロフェッションのあるべき姿を考えるにあたっては，類似の制度を有する諸外国に学ぶことも重要であるが，日本の社会におけるあり方を模索することが求められる[9]。

【参考文献】
監査人・監査報酬問題研究会（2012）『わが国監査報酬の実態と課題』日本公認会計士協会出版局.
町田祥弘・松本祥尚（2012）『会計士監査制度の再構築』中央経済社.

（林　隆敏）

---

[9] 日本公認会計士協会は，日本における公認会計士および公認会計士制度のあるべき姿の構築を目指して，2011年4月に委託研究者を公募し，調査研究を行っている（研究期間は2012年12月まで）。2012年6月には，日本公認会計士協会ウェブサイトの会員向けページにおいて「日本における公認会計士及び公認会計士制度のあるべき姿の提言プロジェクトチーム」からの中間報告（案）が公表されている。

第9章 イギリスのアカウンティング・プロフェッション

1．はじめに

　本章の目的は，アカウンティング・プロフェッションに関する研究の一環として，日本および諸外国との比較を念頭に，イギリスにおけるアカウンティング・プロフェッションの現状および特徴を明らかにすることにある。特に，イギリスという国（地域）において，アカウンティング・プロフェッションに該当するものとしてどのような専門家ないし専門家団体が存在し，当該専門家は社会においてどのように位置づけられているかに焦点を絞り，さまざまな角度からの調査を試みた。その調査結果を，イギリスにおけるアカウンティング・プロフェッションの種類，社会的位置づけ，資格試験制度，およびプロフェッションとしての独立性に区分して整理している。

2．アカウンティング・プロフェッションの種類

　周知のとおり，世界で最初の会計士団体はイギリスで設立された。1853年にスコットランドのエディンバラで設立されたエディンバラ会計士協会（現在のスコットランド勅許会計士協会の前身）は，1854年10月23日に国王より勅許（Royal Charter）を受け，会員に勅許会計士（Chartered Accountant）という資格が与えられた。次いで，1880年には，イングランド・ウェールズの会計士協会が勅許を受けた。

　しかし，イギリスには勅許会計士以外にもさまざまな「会計士（accountant）」が存在する。イギリスでは，監査業務，破産管理業務（insolvency）および投資顧問業務（investment business）を除いて，個人

が自らを会計士と称したり会計士として開業したりするために必要な免許ないし資格はない[1]。しかし，単なる「会計士」は，医師や弁護士のような他の専門職業に与えられているものと同様の業務に関する法的保護を受けない。法的に保護されるのは，専門的資格を有した会計士，たとえば登録が必要な監査業務や破産管理業務に従事している個人およびそのような登録資格を有する特定の会計士団体の会員に限られる。

イギリスの会計士制度は，日本のような法令に基づく単一団体による独占でなく，一定の要件を満たした会計士団体が王室または国から勅許または認可を受けるという制度であるために，それぞれの会計士団体は，自らの勢力と地位を向上させるべく，会員数や経済社会での影響力の拡大を目指して競争を繰り広げてきた。当初は地域や業務に特化した会計士団体が数多く存在したが，地域団体の統合や会計業務の変化による組織の統廃合が進んでいる。現在のイギリスにおける主な職業会計士団体は，次の8団体である。

① 勅許認可会計士協会（The Association of Chartered Certified Accountants: ACCA）

② 公認会計士協会（The Association of Authorised Public Accountants: AAPA）[2]

③ 勅許管理会計士協会（The Chartered Institute of Management Accountants: CIMA）

④ 勅許公共財務会計士協会（The Chartered Institute of Public Finance and Accountancy: CIPFA）

⑤ イングランド・ウェールズ勅許会計士協会（The Institute of Chartered Accountants in England & Wales: ICAEW）

⑥ アイルランド勅許会計士協会（The Chartered Accountants Ireland:

---

1 「会計士」という用語を法律で定義し，勅許会計士のような特定の有資格者にのみ「会計士」という称号の使用を認めることにしてはどうかとの議論もあるが，そのような規制は官僚的であり，膨大なコストがかかり，サービス提供の自由を制限する非競争的な政策であるとの理由から，現在のところ，「会計士」という称号の使用は自由である（Independent Certified Practising Accountant, "Accountants Under Fire," http://icpa.org.uk/underfire (August 20, 2012)）。

2 AAPAは1996年にACCAの子会社となっている。

CAI）

⑦　スコットランド勅許会計士協会（The Institute of Chartered Accountants of Scotland: ICAS）

⑧　国際会計士協会（The Association of International Accountants: AIA）

　これらの職業会計士団体のうち，その設立に勅許を受けている団体は，ICAEW，CAI，ICAS，ACCA，CIMAおよびCIPFAの6団体である。勅許を得ている6団体は，1974年に会計士団体諮問委員会（Consultative Committee of Accountancy Bodies: CCAB）を設立している³。これらの団体の正会員は同水準の資格を有しているとみなされており，ACCAおよびCIPFAの会計士は，一定の要件を満たせばICAEW，CAIまたはICASの会員になることができる。

　上記8つの職業会計士団体に対応する資格は以下のとおりである。

A　勅許認可会計士（Chartered Certified Accountant）【上記①の団体】
B　認可公認会計士（Authorised Public Accountants）【上記②の団体】
C　勅許管理会計士（Chartered Management Accountant）【上記③の団体】
D　勅許公共財務会計士（Chartered Public Finance Accountant）【上記④の団体】
E　勅許会計士（Chartered Accountant）【上記⑤⑥⑦の団体】
F　国際会計士（International Accountant）【上記⑧の団体】

　また，イギリスには，日本の税理士に該当する資格として，たとえば勅許税務協会（Chartered Institute of Taxation）が資格認定する勅許税務アドバイザー（Chartered Tax Adviser: CTA）がある。ただし，CTAは日本の税理士とは異なり，税務に関する独占業務権をもたない。勅許税務協会の会員数は，2011年12月31日現在，15,815人である。

3　CIMAは，会計士の規制主体として財務報告協議会（Financial Reporting Council: FRC）に対してCCABが支払う納付金の負担を巡って対立が生じ，2011年3月にCCABから脱退した（Chartered Institute of Management Accountants, "CIMA withdraws from the CCAB," http://www.cimaglobal.com/ccab（August 20, 2012））。

さらに，この他にも会計士が所属する団体がいくつか存在する。たとえば，公認開業会計士協会（Institute of Certified Practising Accountants: ICPA），財務会計士協会（Institute of Financial Accountants: IFA），開業会計士国際協会（International Association of Practising Accountants: IAPA），公認会計士協会（Association of Certified Public Accountants: ACPA），会計技術者協会（Association of Accounting Technicians: AAT）[4]などである。

　以上が，イギリスにおける会計業務の担い手の概況である。本章の対象となるアカウンティング・プロフェッションは，日本の公認会計士および税理士を念頭におくと，上記①から⑧の会計士団体とそこに属する上記AからFの資格，および勅許税務協会とそこに属する勅許税務アドバイザーということになる。ただし，勅許税務協会および勅許税務アドバイザーについては十分な資料が入手できなかったため，以下では主に，会計士団体・資格についてまとめている。

3．社会的位置づけ

(1) 関連法令・管轄行政組織

　会計士の資格および業務の規制に関連する主たる法令は，1989年会社法，2006年会社法ならびに2000年金融サービスおよび市場法（Financial Services and Markets Act 2000）であり，これらの法律に関するさまざまな「命令（Statutory Instrument）」が制定されている。現在の所轄官庁は，最終的に行政上の責任を負うという意味ではビジネス・イノベーション・職業技能省（Department for Business, Innovation and Skills）であり，直接的な管轄は，プライベート・セクターである専門職業監視審議会（Professional Oversight Board: POB）[5]が担っている。

4　AATはCIMA，CIPFA，ICAEWおよびICASによる後援を受けている。ACCAも当初はAATを後援していたが，独自に類似の資格である公認会計技術者（Certified Accounting Technician: CAT）という資格を創設するために，後援を取りやめている。このCATsは開業免許（practising certificates）の対象外である。

(2) 職業専門家団体の種類,位置づけ,特徴

　会社法の規定に基づく監査において,「監査人(Company Auditor)」として選任されるためには,認可された監督団体(Recognised Supervisory Bodies: RSB)の会員(当該団体に会費を納めている文字どおりの会員だけでなく,当該団体が定める監査人として選任されるための規則に従う者を含む)であり,かつ当該RSBにより監査人として適格であると認められていなければならず(1989年会社法第25条),さらに,当該団体に「登録監査人(Registered Auditor)」として登録しなければならない(1989年会社法第35条,1991年命令第1566号)。

　監査人として選任されるための適格条件の1つである「認可専門家資格(Recognised Professional Qualification)」は,認可された資格付与団体(Recognised Qualifying Bodies: RQB)によって与えられる(1989年会社法第31条および第32条)。監査人として選任されるためには,RQBがそれぞれに定める規則に従って,資格証明(たとえば,ICAEWであれば"Audit Qualification",CIPFAであれば"Certificate in Company Auditing and Accounting")を得なければならない。

　先述の主な職業会計士団体のRSBまたはRQBとしての認可状況は,図表9-1のとおりである。

　図表9-1の職業会計士団体のうち,その設立に勅許(Royal Charter)を受けている団体は,ACCA,CIMA,CIPFA,ICAEW,ICIAおよびICASの6団体である。CIPFAは公的部門の会計に特化した団体であり,地方自治体の会計基準設定団体である。また,CIMAは企業における管理会計業務に重点をおいている。

　上記8団体のうち,AIA,CIMAおよびCIPFAはRSBではない。したがって,これらの団体の会員は,会社法監査に従事するためには,他の団体による監督を受けなければならない。AAPAは,既得権者条項(grandfather clause)が適用される1948年会社法のもとでの監査のために認可された個人を監督するためにRSBの地位を有している。AAPAは,現在はACCAの子会

5　POBは,FRCの一部である。

図表9-1　主な職業会計士団体のRSB・RQBとしての認可状況

団体名	RSB	RQB
1. 勅許認定会計士協会（ACCA）	○	○
2. 公認会計士協会（AAPA）	○	×
3. 勅許管理会計士協会（CIMA）	×	×
4. 勅許公共財務会計士協会（CIPFA）	×	○
5. イングランド・ウェールズ勅許会計士協会（ICAEW）	○	○
6. アイルランド勅許会計士協会（ICAI）	○	○
7. スコットランド勅許会計士協会（ICAS）	○	○
8. 国際会計士協会（AIA）	×	○

社であるが，主にAIAから資格を付与された会計士の監査に関する監督を担当している。

（3）職業会計士の人数

　図表9-2は，7つの職業会計士団体の2006年および2011年における英国およびアイルランド共和国内の会員数（各年12月31日現在）をまとめたものである。「英国およびアイルランド共和国内」とは，職業会計士団体に登録された住所によるもので，就業先または住居の住所であると考えられる。

　7つの職業会計士団体全体の会員数合計は2006年から2011年の5年間で14.6%増加しているが（年平均成長率2.8%），職業会計士団体間で増加率には差がある。CAIの5年間の年平均成長率は5.6%であり，CIMAが4.4%，ACCAは4.2%と続いている。一方，AIAとCIPFAの会員数はこの5年間で減少している。英国およびアイルランド共和国で最も大きい職業会計士団体

図表9-2　職業会計士団体の会員数

（単位：人）

年	ACCA	CIMA	CIPFA	ICAEW	CAI	ICAS	AIA	計
2006	61,386	55,580	13,381	110,894	14,329	14,535	2,194	274,305
2011	75,305	69,038	13,159	117,475	18,814	16,666	1,647	314,115
成長率	22.7	24.2	−1.7	5.9	31.3	14.7	−24.9	14.6

出所：POB（2012）8.
※　AAPAの会員はACCAに含まれている。

はICAEWである。

　ここで，2011年における職業会計士の人数を日本と比較してみたい。イギリスの職業会計士の人数は，7つの職業会計士団体会員数314,115人に勅許税務協会会員数15,815人を加えた329,930人であり，人口10万人あたり526.7人を数える（2011年末の総人口は62,641,000人，世界銀行調べ）。これに対して，日本公認会計士協会の会員数は2011年12月31日時点で31,273人（日本公認会計士協会調べ），人口10万人あたり24.4人，日本税理士連合会の会員数は2012年7月31日時点で72,607名（日本税理士連合会調べ），人口10万人あたり56.7人であり，年のズレはあるが単純に合計すると人口10万人あたり81.1人である（2010年10月1日現在の人口は128,057,352人，総務省統計局調べ）。したがって，人口10万人あたりの人数には6.5倍の格差がある。対GDPで比較してみると，イギリスはGDP1億ドルあたり13.6人（2011年のGDPは2兆4,300億ドル，世界銀行調べ），日本はGDP1億ドルあたり1.8人である（2011年のGDPは5兆8,700億ドル，世界銀行調べ）。さらに，対法人数では，イギリスは法人1,000社あたり115.5人（2011年末の会社登記数は2,857,000社，会社登記所調べ），日本は法人1,000社あたり40.2人（2010年末の法人数は2,586,882社，国税庁調べ）である。彼我の差は極めて大きい。

（4）職業会計士の業務または職能

　イギリスにおける職業会計士の人数は非常に多く，監査業務以外のさまざまな業務または職能に携わっていると考えられる[6]。図表9-3は，7つの職業会計士団体の会員（2011年12月31日現在，全世界ベース）の就業部門を示している。監査業務に従事している会計士数そのもののデータは発見できなかった。開業している会計士が必ずしも監査に従事しているわけではないが，開業していない会計士は監査に従事できない。

6　ICAEWの定義では，会計士業務には，財務諸表または財務情報の作成または助言，監査および財務報告，破産管理業務，税務，および財務または経営コンサルティング（主たる内容が会計に関連するものに限る）が含まれる。一個人，パートナーシップのパートナー，または会社の取締役として会計士業務を提供する場合には，開業免許が必要である。また，会社法の規定に基づく監査業務に従事するためには，開業免許に加えて監査資格証明が必要である。

CIMA,CIPFAおよびAIAの会員で開業している者はそれぞれ2％,3％および5％と非常に少ない。CIPFAを除けば最も就業者が多いのは産業界であり,CIPFAは唯一,会員の過半数が公的部門に雇用されている団体である。2006年から2011年までの変化を分析すると,会員の就業先が徐々に変化し,開業者が5％減少し,産業界で働く者が5％増加している。

　職業会計士団体の会員がどのような業務または職能に携わっているかを示すデータは入手できなかったため,参考資料として,ICAEWのウェブサイ

図表9－3　職業会計士団体の会員の就業部門

(単位:％)

年	ACCA	CIMA	CIPFA	ICAEW	CAI	ICAS	AIA	計
開業	26	2	3	31	29	28	5	22
産業界	56	72	8	42	57	42	84	53
公的部門	10	16	62	3	4	3	1	10
引退	4	10	25	15	4	18	10	10
その他	4	0	2	9	6	9	0	5

出所:POB (2012) 13.
※ 「その他」は,未就業,休業中,就学中または産休中の会員,および分類不可能な会員(例えば情報未提供者)を含む。

図表9－4　ICAEW会員に対する求人の職能と件数

Analyst (257)	Group Accountant (47)
Audit & Assurance (280)	Internal Audit & Risk (73)
Business Recovery & Insolvency (6)	Management Accountant (25)
Compliance (19)	Management Consulting (8)
Corporate Finance (33)	Partner (12)
Corporate Reporting (5)	Product Control (7)
Credit Control / Accounts Assistant (17)	Project Accountant (21)
Finance Director/CFO (32)	Systems Accountant (21)
Finance Manager (211)	Tax (238)
Financial Accountant (138)	Transfer Pricing (12)
Financial Controller (115)	Treasury (9)
Forensic Accountant (17)	Non-Finance (4)
Fund Accountant (25)	Voluntary (13)
General Accounting (46)	Other (53)

出所:ICAEW, "ICAEW JOBS," http://www.icaewjobs.com/moreterms/job-function/105 (20 August 2012)

トに掲載されている求人案内における分類と求人数を紹介する。図表9－4を参照されたい。カッコ内の数字は求人件数を示している。

　図表9－4に示された求人件数は勅許会計士に対する需要をある程度示すものと解釈できる。イギリスにおける職業会計士の人数，図表9－3の就業部門に示された開業していない職業会計士の割合（産業界と公的部門の合計で63％），ならびに図表9－4に示された求人の傾向を考え合わせると，イギリスでは確かに，日本に較べて職業会計士がさまざまな業務または職能に携わっていると判断することができる。

（5）会計事務所の概況

　2006年会社法スケジュール10は，RSBに対して，法定監査人の登録手続を定めるとともに，法定監査人である個人または事務所が実施する業務を監督することを求めている。RSBは，会社法のこの要求事項を，法定監査人の登録，監査業務のモニタリング，苦情申し立てに対する調査の手配，および法定監査人の資格を有する者が適切な適格性の水準を満たしているかどうかの確認手続を通して実行している。

　図表9－5は，2006年および2011年の12月31日にRSBに登録されていた監査事務所数を示している。

　英国において法定監査を実施するために登録されている監査事務所の数は減少傾向にあり，近年は減少率こそ低下しているものの，2006年から2011年にかけて17.4％減少している。個人開業者（sole practitioner）の数は2003年以降毎年減り続けており，2006年から2011年にかけての減少率は27％である。全体の登録監査事務所数は2006年から2011年にかけて17.4％減少した。この減少は，法定監査免除規定の改正により法定監査を受けなければならない事業体の数が少なくなったことによるものと考えられる。会社登記所（Companies House）に提出された年次計算書類のうち監査を免除されたものの割合は，2006年7月には68.1％であったが，2010年7月には71.1％に増加している。法定監査を受ける事業体数が減少する一方で，監査に関する規制は厳しくなっており，監査事務所によっては監査登録を維持することが事業上見合わなくなってきている。そのため，他の事務所と合併するか，品質管

図表9-5　RSBに登録している監査事務所数

(単位：社)

年／代表者数	ACCA	AAPA	ICAEW	CAI	ICAS	計
2006.12.31	2,741	NA	4,859	1,028	300	8,928
2011.12.31	2,224	57	3,864	995	235	7,375
1名	1,342	56	1,715	604	88	3,805
2-6名	857	1	1,878	367	127	3,230
7-10名	18	0	154	12	12	196
11-50名	7	0	99	9	7	122
51名以上	0	0	18	3	1	22

出所：POB (2012) 19.
※　代表者（Principals）は，パートナーシップのパートナー，LLPのメンバー、会社の取締役である。

理および継続専門研究制度に関する規模の経済が成立する大手事務所に監査業務を譲る事務所が多くみられるようである（POB 2012, 20）。

(6) 報酬―産業界における会計士の年俸―

　ここでは，職業会計人の社会における位置づけを探る手がかりとして，報酬の水準を探ってみたい。ICAEWが会計士業務以外の事業活動に就業している会員を対象として実施した給与調査[7]の結果を紹介する。図表9-6を参照されたい。

　2012年度の調査は，給与およびボーナスが前回の2010年調査よりも増加したことを示している。この傾向は実業界全体にみられるものではない。過去12ヶ月間で回答者の57％の給与およびボーナスが増加している。2012年の年間給与およびボーナスの平均額は，それぞれ92,100ポンドおよび21,200ポンドである。年間給与の伸びが最も大きかったのは，経験年数20年以上の回答者である。ただし，給与およびボーナスの平均値は，少数の高額所得者によって膨らんでいるので，ICAEW会員全体の傾向を示すには，中央値の方が

7　給与調査のデータ収集は，独立の市場調査会社により2012年2月13日から26日にかけてオンラインで実施された。ICAEWの会員のうち，会計士業務（accountancy practices）以外に就業している63,912名の会員に対して参加を呼びかけ，6,454名から回答を得た。調査から得られたサンプルが事業活動に就業しているICAEW会員すべてを正しく代表するように，データは事業活動に就業している会員の地理的分布（英国内または英国外）に応じて重みづけされている。事業活動に就業しているICAEW会員のうち17％は英国外で働いている。

図表9-6 回答者全員の年間給与およびボーナス

年	回答者数(人)	給与（£）	ボーナス（£）	合計（£）	円換算額（円）
2009	3,754	79,100	13,200	92,300	17,787,638
		69,100	500	69,600	13,412,997
2010	3,169	82,400	17,400	99,800	14,631,054
		70,700	2,100	72,800	10,672,753
2012	6,454	92,100	21,200	113,300	14,504,976
		78,000	4,000	82,000	10,497,864

出所：ICAEW, "ICAEW Salary Survey 2012," http://www.icaewjobs.com/article/11832/icaew-salary-survey-2012（07 March 2012）を参照。

※1 各年とも，上段は平均値，下段は中央値である。
※2 換算レートは，各調査年の前年の年間平均レート（公表仲値）であり，2009年は197.72円／ポンド，2010年は146.60円／ポンド，2012年は128.02円／ポンドである。レートは，三菱UFJリサーチ＆コンサルティングのウェブサイト（http://www.murc.jp/fx/past_3month.php）から入手した（以下の図表において同じ）。

図表9-7 資格取得後年数別の年間給与およびボーナスの平均額

資格取得後年数	回答者数(人)	給与（£）	ボーナス（£）	合計（£）	円換算額（円）
0-2年	135	46,700	2,500	49,200	6,298,584
2-4年	304	51,100	4,400	55,500	7,105,110
4-6年	271	60,400	7,800	68,200	8,730,964
6-9年	389	71,600	14,300	85,900	10,996,918
9-19年	2,177	92,400	23,200	115,600	14,799,112
20年以上	3,035	103,300	24,700	128,000	16,386,560

出所：ICAEW, "ICAEW Salary Survey 2012," http://www.icaewjobs.com/article/11832/icaew-salary-survey-2012（07 March 2012）を参照。

※ 換算レートは，2011年の年間平均レート（公表仲値）128.02円／ポンドである。

よりよい代表値であると考えられる。2012年の年間給与およびボーナスの中央値は，それぞれ78,000ポンドと4,000ポンドである。

次に，図表9-7は勅許会計士の資格取得後年数ごとの年間給与およびボーナスの平均額を示している。図表9-7からは，資格取得後年数が長くなるにつれて給与およびボーナスの平均額が高くなっていることがわかる。

(7) 報酬—監査事務所の収入—

図表9-8は,登録監査事務所大手20事務所の2011年における監査業務および非監査業務による報酬額を示しているが,実績比較一覧表ではないことに留意されたい。監査報酬等の情報は,POBの求めに応じて監査事務所が自発的に提供したものである[8]。

ここで,世界的な4大ネットワーク事務所であるPricewaterhouseCoopers, Deloitte, KPMGおよびErnst & Youngと日本の提携事務所(あらた監査法人,有限責任監査法人トーマツ,有限責任あずさ監査法人,および新日本有限責任監査法人)の監査報酬を比較してみよう。1監査契約あたりの監査報酬額は,PricewaterhouseCoopersは1.77億円(700.3億円,395件),Deloitteは2.46億円(562億円,228件),KPMGは2.14億円(518.5億円,242件),そしてErnst & Youngは1.66億円(398.1億円,240件),全体では1.97億円である。これに対して,あらたは1.2億円(97.1億円,120件),トーマツは0.60億円(563.4億円,934件),あずさは0.87億円(631.2億円,726件),新日本は0.70億円(675.8億円,962件),全体では0.73億円である[9]。監査報酬についても,日本とイギリスの格差が確認できる。

(8) 弁護士との比較

ここでは,プロフェッションの代表として法曹(裁判官,検察官および弁護士)と会計士の人数比較を試みたい。医師についても比較したかったが,イギリスの医師に関するデータを発見することはできなかった。

イギリスでは,日本でいうところの弁護士は,法廷弁護士(barrister or advocate)と事務弁護士(solicitor)に分かれている。イングランドおよびウェールズの法廷弁護士および事務弁護士は,それぞれ弁護士規範委員会(Bar Standards Board)およびロー・ソサエティー(Law Society of

---

[8] 有限責任パートナーシップ(Limited Liability Partnership: LLP)である監査事務所は,LLPに適用される2006年会社法の規定に従って,計算書類を公表し,会社登記所に提出しなければならない。

[9] 日本の監査法人の監査報酬額および監査契約の件数は,監査人・監査報酬問題研究会編著(2010)に収録されているデータを利用した。

第9章 イギリスのアカウンティング・プロフェッション

図表9-8 登録監査事務所大手35事務所の報酬額

事務所名	組織形態	年度末	代表者数（人）	監査代表者数（人）	監査責任者数（人）	監査報酬額（億円）[1]	監査クライアントに対する非監査業務（億円）による報酬額[1]	非監査クライアントに対する業務による報酬（億円）[1]	総報酬額（億円）
PricewaterhouseCoopers	LLP	2011/6/30	843	230	369	700.3	464.7	1,755.2	2,920.1
Deloitte[2]	LLP	2011/3/31	696	179	207	562.0	224.0	1,663.0	2,449.0
KPMG[3]	LLP	2011/9/30	579	178	272	518.5	372.5	1,294.3	2,185.3
Ernst & Young	LLP	2011/6/30	528	111	174	398.1	263.7	1,213.6	1,875.5
Grant Thornton	LLP	2011/6/30	209	72	100	131.9	48.6	302.1	482.6
BDO	LLP	2011/6/30	190	61	92	113.9	61.4	176.7	352.1
PKF (UK)	LLP	2011/3/31	97	49	49	74.3	41.0	65.3	180.5
Baker Tilly[4]	LLP	2011/3/31	255	108	116	67.9	38.4	122.9	229.2
Mazars	LLP	2011/8/31	108	54	57	58.9	23.0	58.9	140.8
RSM Tenon Audit	Company	2011/6/30	5	4	88	30.7	0.0	0.0	30.7
Crowe Clark Whitehill	LLP	2011/3/31	74	48	49	29.4	11.5	23.0	64.0
Moore Stephens	LLP	2011/4/30	65	31	31	16.6	5.1	64.0	85.8
Nexia Smith & Williamson Audit	Company	2011/4/30	37	29	29	15.4	N/A	57.6	73.0
Kingston Smith	LLP	2011/4/30	51	43	43	15.4	9.0	15.4	39.7
MHA MacIntyre Hudson[5]	LLP	2011/3/31	42	28	28	12.8	N/A	N/A	41.0
UHY Hacker Young	Group of Partnerships	2011/4/30	94	55	58	12.8	7.7	37.1	57.6
HW Group	Partnership	2011/3/31	159	79	84	11.5	9.0	53.8	74.3
Chantrey Vellacott DFK	LLP	2011/6/30	51	22	22	11.5	2.6	21.8	35.8
Haysmacintyre	Partnership	2011/3/31	23	19	19	11.5	3.8	5.1	20.5
Buzzacott	LLP	2011/9/30	24	12	12	10.2	1.3	19.2	30.7

出所：POB (2012) 46-49. （一部抜粋）

※1 換算レートは、2011年の年間平均レート（公表仲値）128.02円／ポンドである。
※2 Deloitte LLP の数値は英国、チャネル諸島およびマン島における業務に関するものである。
※3 KPMG LLPおよびKPMG Audit Plc. の両方を含む。
※4 Baker TillyおよびBaker Tilly UK Holdings Ltd. の両方を含む。
※5 2011年11月21日にMacIntyre Hudsonから名称変更した。

England and Wales）の監督を受ける。弁護士規範委員会の統計によれば，2010年現在，実務に従事している法廷弁護士は15,387人である[10]。また，ロー・ソサエティーの統計によれば，2010年6月現在，開業免許を有している事務弁護士は117,862人である[11]。裁判官と検察官の人数統計は発見できなかった。これに対して，日本の法曹人口は，2011年現在，裁判官3,656人，検察官2,633人，弁護士（日本弁護士連合会登録会員）30,513人である。比較可能な弁護士の人数について較べてみると，イギリスの弁護士は人口10万人あたり206.1人であるのに対し，日本の弁護士は人口10万人あたり23.8人に過ぎない。弁護士も会計士と同様，イギリスの方が日本よりも圧倒的に多い。会計士だけでなく職業専門家全般について，日本とイギリスでは社会のニーズや期待される役割に大きな違いがあるのかもしれない。

4．資格試験制度（資格認定プロセス）

勅許会計士の資格認定はRQBの権限である（1989年会社法第32条）。勅許会計士の試験制度は，実務研修と筆記試験を含む一連の教育・訓練・認定という資格認定プロセスである。このプロセスにおける筆記試験の名称および内容は，試験の実施機関であるRQBにより異なる。たとえば，試験の名称は，ICAEWの場合は"ACA Examination"であり，ICASの場合は"Test of Professional Expertise"である（内容も異なる）。以下では，ICAEWの資格認定プロセスについて簡潔に説明する[12]。

試験科目は，専門段階12科目と上級段階3科目の合計15科目からなる。専門段階12科目は，知識教科6科目（ビジネスおよび財務，経営情報，会計学，法学，保証，税務原則）と応用教科6科目（ビジネス戦略，財務管理，財務

---

10 Bar Standards Board, "Practising barrister statistics," http://www.barstandardsboard.org.uk/media-centre/research-and-statistics/statistics/practising-barrister-statistics（August 20, 2012）.
11 Law Society of England and Wales, "Trends in the solicitors' profession Annual Statistical Report 2010," http://www.lawsociety.org.uk/representation/research-trends/annual-statistical-reports（August 20, 2012）.
12 ICAEWのウェブサイト（http://careers.icaew.com）を参照。

会計, 財務報告, 監査および保証, ならびに税務) からなる。また, 上級段階3科目は, 技術教科2科目 (専門総合―ビジネス報告および専門総合―ビジネス変革) と事例教科1科目からなる。

受験要件を満たすためには, まず, ICAEWにより認可された雇用者と会計士業務訓練契約を締結し, その後に勅許会計士 (ACA) 訓練生としてICAEWに登録しなければならない。受験資格として実務経験 (訓練) が求められる点は, 日本と大きく異なる特徴である。

資格取得要件には, 学歴, 実務経験, および勅許会計士訓練がある。学歴要件は, 高等学校卒業者, 大学卒業者, 財務・会計・経営に関する資格取得者, および会計技術者協会 (Association of Accounting Technicians) の資格取得者について規定がある。実務経験については, ①会計士業務訓練契約を締結した雇用者のもとで, 450日間の実務経験を積むことと, ②6ヶ月ごとに雇用者より進捗状況に関する評価を受けてICAEWへ報告することが求められる。最後に, ①勅許会計士試験, ②専門的実務経験, ③倫理に関する計画的訓練および④初期専門能力開発からなる勅許会計士訓練をすべて完了していることが求められる。

これらの要件を満たした有資格者はACA (Associate of the Chartered Accountants) と呼ばれる。ACA資格取得後10年以上を経て, 一定の条件を満たすと, 上級資格であるFCA (Fellow of the Chartered Accountants) の称号が与えられる。

さらに, 勅許会計士として開業するためには, RSBに監査登録 (Audit Registration) を行う必要がある。ICAEWにおいて登録監査人になるためには, 次の要件をいずれも満たす必要がある。

① ICAEWへ申請を行うこと。
② 監査登録委員会の要件を満たし, 監査業務を提供するのにふさわしい法人であること。
③ 年間監査登録料を支払うこと。
④ ICAEW監査関連規則および指針を遵守すること。
⑤ 職業補償保険規則を遵守すること。

5．プロフェッションとしての独立性

(1) 資格登録と業務登録
　イギリスでは，資格登録と業務登録の区分がある。会計・監査業務（public practice）に従事するための資格（practising certificate）はRQBにより認定される（RQBへの入会が必要）。また，株式会社の監査人に選任される資格は，RSBにより認定される（RSBへの入会が必要）。しかし，資格登録と開業登録のいずれも職業会計士団体が管轄している。

(2) 自主規制―会員の処分―
　会員の業務上の問題案件に関する懲戒処分は，原則として各会計士団体が行う。ここでは，ICAEWによる会員の懲戒処分の概要を確認する[13]。
　ICAEWの懲戒処分のおおまかな審議プロセスは次のとおりである。

① 会員の懲戒行為に関する苦情の申し立て，または懲戒行為の発覚
② 調査委員会による調査
③ 懲戒委員会への法廷の設置
④ 聴聞会の実施
⑤ 懲戒処分の決定

　また，ICAEWの懲戒に関する定款（Disciplinary Bye-Laws）には次のような処分が規定されている。

① 会員（個人）に対する処分として，協会からの除名（会員資格の剥奪），会計・監査業務に従事するための免許（Practising certificates）の剥奪または一時停止，会計・監査業務に従事するための免許を得る資

---

[13] ICAEW, "Complaints and Regulation," http://www.icaew.com/en/members/regulations-standards-and- guldance/complalnts-and-regulatlon（August 20, 2012）.

格の剥奪または一時停止，戒告（二段階），罰金など。
② 会員事務所（member firm）に対する処分として，「勅許会計士」という名称の一時使用禁止，戒告（二段階），罰金。
③ 登録事務所（registered firm）に対する処分として，1989年会社法に基づく登録の取り消し，戒告（二段階），罰金。

なお，ICAEWのような職業会計士団体単独による懲戒処分の他に，6つのRSBの共同による懲戒処分システム（Accountancy & Actuarial Discipline Board Scheme）がある。

(3) 自主規制―倫理規則―

　各職業会計士団体は，自主規制の柱として倫理規則（Code of Ethics）を制定している。たとえば，ICAEWの倫理規則は，すべての会員，学生，会員事務所の従業員，および会員事務所が行う有償または無償の専門業務および事業活動において，すべての会員，学生，会員事務所の従業員，および会員事務所に適用されるものであり，会計士全般に適用される倫理規則，開業している会計士に適用される倫理規則，および破産管理業務を行う会計士に適用される倫理規則が設けられている[14]。

(4) 監査人の独立性規制

　倫理規則における独立性との関係においてではあるが，会計士が提供できる業務，あるいは提供できない業務に関する定義はない。監査人自身が判断すべき事項として位置づけられている。FRCの監査実務審議会（Auditing Practice Board: APB）倫理基準第5号およびICAEWの倫理規則が，非監査業務の提供に関する留意事項を示している[15]。

---

[14] ICAEW, "ICAEW Code of Ethics," http://www.icaew.com/en/technical/ ethics/icaew-code-of-ethics（August 20, 2012）.
[15] ICAEW, "Auditor independence," http://www.icaew.com/en/technical/ethics/auditor-independence/auditor-independence（August 20, 2012）.

監査人のローテーションについてはAPB倫理基準第3号が規定している。一般規定として，監査事務所は，以下の品質管理を行わなければならない。

① 個々の監査契約について，監査契約パートナー，主要監査パートナーおよびシニア・スタッフが契約チームのメンバーとして監査に関与している期間を監視する方針と手続を確立すべきであること。
② 監査契約パートナー，主要監査パートナーおよびシニア・スタッフが長期間にわたって関与している場合，会計事務所は，そのことが監査人の客観性と独立性に与える脅威を評価し，当該脅威が明らかに重要ではない場合を除いて，当該脅威を許容水準に引き下げるための防護措置を講じること。
③ 監査契約パートナーが10年を超えて継続して関与している場合には，適切な防護措置を講じるか，長期間継続して関与している理由を文書化するとともに，その事実を被監査会社のガバナンス責任者に通知すること。

なお，上場企業の監査契約パートナーの関与は最長5年，インターバル5年である。監査契約パートナー（audit engagement partner）とは，会計事務所を代表して，監査の契約と実施，および発行された監査報告書に対して責任を有する当該事務所のパートナーまたはその他の者であって，必要な場合には，会計職業専門家団体，法的機関または規制機関による適切な資格を有する者をいう。

監査事務所メンバーの被監査会社への就職制限は，APB倫理基準第2号が規定している。具体的には，過去2年間のいずれかの時点で監査契約の契約パートナー（あるいは独立パートナー，主要監査パートナーまたは命令系統に属するパートナー）であったパートナーが，会計事務所を辞めて当該監査契約の被監査会社の取締役（非執行取締役を含む）または経営管理上の重要な職位に就任する場合，会計事務所は当該会社の監査人の職を辞任しなければならない。会計事務所は，移籍したパートナーが被監査会社の職に就くために会計事務所を辞めてから2年が経過するか，または移籍したパートナ

ーが被監査会社との雇用関係を終了するまで，監査人としての再指名を受けてはならない。また，契約チームの一員であった者（契約パートナー，主要監査パートナーまたは命令系統に属する者を除く）が，その職位を離れてから2年以内に会計事務所を辞めて当該監査契約の被監査会社の取締役（非執行取締役を含む）または経営管理上の重要な職位に就任する場合，会計事務所は当該会社の監査チームの構成が適切であるか否かを検討しなければならない。

（5）監査業務の品質管理

　会社法の規定に基づく監査において監査人として選任されるためには，RSBの会員であり，かつ当該RSBにより監査人として適格であると認められていなければならず（1989年会社法第25条），さらに，当該RSBに登録しなければならない（1989年会社法第35条および1991年命令第1566号）。RSBの「監査規則」では，登録監査人は「監査遵守レビュー（Audit Compliance Review）」と称される品質管理手続を実施することが求められている。イギリスにおける監査人監督制度の基礎は，この登録監査人自身による品質管理にある。

　ただし，すべての上場会社および公益の観点から財務的に重要な企業の監査については，RSBとは独立のPOBによって検査される。したがって，ICAEWのようなRSBによる検査は，POB監査検査部の検査対象外の監査に限られる。また，RSBの検査はPOBの監督下にある。POBは，4大監査法人については毎年，その次に位置づけられる5会計事務所については平均して2年に1回，その他の会計事務所は平均して3年に1回のペースで検査することになっている。

　また，2008年4月に発効した法定監査指令（Statutory Audit Directive）により，RSBは少なくとも6年に1回は登録監査事務所によって実施されている業務を検査しなければならなくなった。図表9-9は，2010年1月1日から2011年12月31日の2年間にRSBによって実施された検査件数と検査を受けた登録監査事務所の割合を示している。

図表9-9　2010年および2011年におけるRSBによる検査の概要

年	摘要	ACCA	AAPA	ICAEW	CAI	ICAS	計
2010	12月31日に終了する1年間にモニタリングを受けた登録監査事務所数	350	7	751	84	49	1,241
	モニタリングを受けた登録監査事務所の割合（％）	15.8	11.5	19	8.5	20.9	16.6
2011	12月31日に終了する1年間にモニタリングを受けた登録監査事務所数	369	4	716	22	56	1,167
	モニタリングを受けた登録監査事務所の割合（％）	16.6	7	18.5	2.2	23.8	15.8

出所：POB（2012）21.（一部抜粋）

6．むすび

　本章で行った比較はあくまでも外形的なものであるが，イギリスと日本の違いがいくつか確認された。イギリスには主だった職業会計士団体だけでも8団体あり，2011年末時点で約31万人の職業会計士が存在している。人口10万人あたりの人数では，イギリスには日本の6.6倍の職業会計士が存在する。弁護士についても同様の格差が確認された。また，日本では，公認会計士試験も税理士試験も国家試験として統一試験が実施されているが，イギリスの資格試験は認可を受けた会計士団体（RQB）がそれぞれに管轄しており，職業会計士による自治を前提とした資格認定制度が運用されている。さらに，日本では，公認会計士の多くは監査業務に従事していると思われるが，イギリスでは会計士として開業するだけでなく，産業界や公的部門においてさまざまな職能を担っている。

　このような違いは，職業会計士ないし職業専門家の歴史的な発展の経緯，専門的な知識や経験の価値に関する社会の認識，雇用環境，キャリア形成の考え方など，さまざまな要因により生じるものと考えられる。これらの要因は国・地域ごとに異なるため，日本のアカウンティング・プロフェッションのあるべき姿を論じたり，制度設計をするにあたっては，他の国・地域の制

度を参考にしつつ，日本固有の事情を念頭におくことが必要である。

【参考文献】
石原俊彦（2009）『CIPFA―英国勅許公共財務会計協会』関西学院大学出版会．
監査人・監査報酬問題研究会編著（2010）『2011年版 上場企業監査人・監査報酬白書』日本公認会計士協会出版局．
友岡賛（2010）『会計士の誕生―プロフェッションとは何か』税務経理協会．
山浦久司（1993）『英国株式会社会計制度論』白桃書房．
Professional Oversight Board（2012）*Key Facts and Trends in the Accountancy Profession*.
Professional Oversight Board（2012）*Report to the Secretary of State for Business, Innovation and Skills, Year to 31 March 2012*.
The Institute of Chartered Accountants in England & Wales（2012）*Annual Review 2011*.

（林　隆敏）

第10章 ドイツのアカウンティング・プロフェッション

1．ドイツの会計プロフェッションの種類

　ドイツにおける会計プロフェッションには，経済監査士（Wirtschaftsprüfer），宣誓帳簿監査士（vereidigten Buchprüfer），税理士（Steuerberater），税務代理士（Seuerbevollmächtigte）がある。ドイツの会計プロフェッションの特徴は，会計プロフェッションの資格が決算書監査人の資格であること，また，税理士を法定の資格として制定している点に求められる。この点，わが国は，公認会計士と税理士の2つの資格を法定しており，また，実態として監査業務と税務業務が大きな割合を占めることと類似している。以下，本節では，これら4つのプロフェッションの概要を示し，次節以降は，監査プロフェッションである経済監査士と宣誓帳簿監査士について示すこととする。

（1）経済監査士（Wirtschaftsprüfer）および宣誓帳簿監査士（vereidigten Buchprüfer）

　ドイツでは，会社の規模および資本市場指向の会社か否か区分に従い，決算書監査人（Abschlussprüfer）による監査が法律上要求されている。この決算書監査人は，経済監査士または経済監査会社（Wirtschaftsprüfergesellschaft），宣誓帳簿監査士または帳簿監査会社（Buchprüfungsgesellschaft）によって行われる。

　ドイツでは，会社（Gesellschaft）は，資本会社（Kapitalgesellschaft）と人的会社（Personnengesellschaft）に分けられ，前者の資本会社は株式会社（Aktiengesellschaft），有限会社（Gesellschaft mit beschränketer Haftung），株式合資会社（Kommanditgesellschaft auf Aktien）の3つに，

また，人的会社は，合名会社（Offene Handelsgesellschaft）および合資会社（Kommanditgesellschaft）の2つに分かれる。また，商法（Handelsgesetzbuch）は，資本会社を大，中，小の3つの規模に分類している（第267条）。

そして，資本会社は，商法第267条第1項に規定する小規模会社を除いて，年度決算書および状況報告書について決算書監査人による監査を受けなければならない（第316条第1項）。また，コンツェルン決算書およびコンツェルン状況報告書についても同様である（第316条第2項）。なお，監査を受けない決算書は確定されない（第316条第1項）。したがって，中規模以上の資本会社は，年度決算書および状況報告書について監査を受けなければならない。

資本会社の年度決算書および状況報告書の決算書監査人になることができるのは，経済監査士または経済監査会社である。ただし，中規模の有限会社等については，宣誓帳簿監査士または帳簿監査会社が決算書監査人になることができる（第319条第1項）。

（2）税理士（Steuerberater）および税務代理士（Seuerbevollmächtigte）

ドイツは，わが国と同様，税理士の専門資格をおいている数少ない国の1つである。ドイツにおいては，業務としての税務補助に関わる者の資格について，税務補助法（Steuerberatungsgesetz: StBerG）第2条は，「税務案件における援助（Die Hilfeleistung in Steuersachen）は，資格を有する個人および団体のみがその業務上の権限を行使することができる。これは，本業か副業か，報酬を受ける業務か又は報酬を受けない業務かの区別に関わりなく，適用される」としており，有資格者による業務であることを明示している。ただし，日本のように税理士のみが税務業務を行いうるとするのではなく，無制限に税務案件の援助を行いうる者（第3条），一時的または散発的に税務案件の援助を行いうる者（第3A条），制限的に税務案件の援助を行いうる者（第4条）を定めている。

無制限に税務案件の援助を行いうる者は，①税理士，税務代理士，弁護士，開業ヨーロッパ域内弁護士，経済監査士，および宣誓帳簿監査士，②パートナーがもっぱら①の資格名で呼ばれる場合のパートナーシップ

(Partnerschaftsgesellschaften)，③税理士会社，弁護士会社，経済監査会社，および帳簿監査会社である。また，一時的に税務案件の援助を行いうる者は，EU域内の他国等において税務案件業務を行っている者であり，第3a条に列挙されている。最後に，制限的に税務案件の援助を行いうる者は，公証人(Notare)，特許弁理士（Patentanwälte）等であるが，公証人法や弁理士法等，各々の業法の定める「業務の範囲内」(im Rahmen ihrer Befugnisse)で，税務案件の援助を行いうる。このように，ドイツでは一律に税務案件の援助を税理士の業務とせず，他の資格者であっても，業法の範囲内において税務援助を認めることとしている。なお，これ以外で税務案件の補助を行うことは禁じられており（第5条第1項），違反する過料手続(Bussgeldverfahren)があることから（第5条第2項），法令上認められた者について，税務援助業務は独占されている。

2. 社会的位置づけ

(1) 関連法令

　先に述べたように，経済監査士と宣誓帳簿監査士は，商法等，法律に定められた範囲で監査業務を独占しているが，かかる経済監査士，宣誓帳簿監査士，およびこれらの会社に関して，資格認定，業務，監督等については，経済監査士法（Wirtschaftsprüferordnung: WPO）に定められている。

(2) 管轄行政組織

　経済監査士等の行政は，最終的には連邦経済技術省（Bundesministerium für Wirtschaft und Technologie: BWT）が管轄している（経済監査士法第66条）。また，多くの管理は，決算監査人監視委員会（Abschlussprüferaufsichtskommission: APAK. なお，Auditor Oversight Commission: AOCと英語で標記されることも多い）が所管している。APAKは，最近のEUにおける監査法制の改革に伴い（後述），2004年12月の経済監査士法の改正に伴って設定された機関である。APAKは，ドイツの経済監査士会議所

(Wirtschaftsprüferkammer: WPK) およびWPKに加盟するすべての監査士を監督する機関である（第66a条）。したがって，連邦経済技術省→APAK（AOC）→WPK→個々の監査士および監査会社，という管理・監督体制になっている。

APAKは，最低6名最高10名の委員により構成される（第66a条第2項）[1]。APAKの委員は，監視上の独立性の確保のため，過去5年以内にWPKのメンバーであったものであってはならない（第66a条第2項）。また，専門性の確保のため，APAKの委員は，会計，金融，経済，学術，および司法の分野に従事している，またはこれまでに従事した者でなければならない。なお，APAKの委員の委嘱は，連邦経済技術省が行い，在任期間は4年である（第66a条第2項）。また，連邦経済技術省は委員の解職権をもつ（第66a条第2項）。APAKは，WPKの監視機関であることから，WPKから独立し，WPKからのいかなる指示も受けない（第66a条第2項）。

また，APAKは，監査士試験，外国籍の監査の有資格者に対する能力試験，経済監査士および宣誓帳簿監査士に対する資格の付与，監査会社の資格付与，資格の剥奪，監査士および監査会社の登録，懲戒に関わる監視，外部品質保証，職業規則の採択を行うなど，広範な監督権限を付されている。

（3）専門職業団体

専門職業団体は，上記のWPKの他，1961年に経済監査士法第4条に基づき設立されたWPKの他，任意機関として，社団法人ドイツ経済監査士協会（Institut der Wirtschaftsprüfer in Deutschland e.V.：IDW）がある。どちらも，国際会計士連盟に加盟している職業団体である。

歴史的には，19世紀後半から設立された数多くの職業団体が統合されて，最初の経営監査士協会が設立されたのは1932年であった（加藤 1993, 47）。その後，第2次世界大戦中の解散，戦後の再編を経て，現在のドイツ経済監査士協会が設立されたのは1954年であった。そして，1961年，経済監査士法

1　APAKのウェブサイトによれば，2012年7月31日現在，同委員会の構成員は9人である（http://www.apak-aoc.de/english/apak/commissioners.asp)。

が制定され，同法にしたがって経済監査士会議所が設立されることになった。

ドイツの監査制度においては，もともと，監査人の独立性，正当注意義務などの人的基準は経済監査士法，株式法，商法などの法律の枠内で規定されてきたが，監査の実施ならびに報告書の作成などの作成に関する基準は1933年以来，経済監査士協会の専門意見書によって徐々に補充されてきた（加藤 1993, 324）。

その後，経営監査士ならびに監査会社の職務内容，自主的管理をおこなう経済監査士会議所の設立，権利義務，禁止業務，職業責任保険，職業裁判制度等を規制するために1961年，経済監査士法が制定された（加藤 1993, 48）。

① ドイツ経済監査士協会

現在のドイツ経済監査士協会IDWの会則（Satzung des Instituts der Wirschaftsprüfer in Deutschland E.V.）によれば，IDWの概要は下記のとおりである。まず，目的は，経済監査士等会員の教育，経済監査上の技術の開発，経済監査士プロフェッションの利害を保護するための諸活動，監査士の年金・保険の取り扱い，国内外の関連組織体との連携等である（§2）。IDWは会員のため，さまざまな活動を行っているが，監査制度上，最も重要な役割の1つは，基準設定である。IDW内には，監査および会計審議会が設けられており，ここで，IDW監査基準等，会計と監査の実務に関する基準が策定される（§12）。

IDWは任意団体であり，入会は任意であるが，会員となるための資格について，正会員となる資格は，経済監査士および経済監査会社のみである。その他，宣誓帳簿監査士，外国の有資格者で経済監査士法が定める要件を満たす者，外国法で監査またはその他プロフェッションに相当する法人，経済監査士合格者のうち経済監査士として任命を受けていない者などの他，経済監査士資格を有しない経済監査会社の役員，無限責任社員，有限責任パートナーシップのパートナーなどが準会員となることができる。名誉会員の規定もある（§3）。

会員の権限については，IDWが提供する技術的な補助，教育，継続的な

実務教育等を受けることができ，また，IDWの監督機関のメンバーに対する投票権を有するほか，各種の会員権限がある。また，会員の義務については，IDWが公表しているIDW技術意見，IDW監査基準，IDW保証業務基準，IDW会計原則，IDW基準（会計と監査以外の業務に関わる基準）等の職業基準への準拠義務，継続的な実務教育への参加義務，年間平均40時間以上の継続的実務教育，依頼人に対する独立性の保持義務，守秘義務の他，他の会員による職務活動上の犯罪行為の報告義務等がある（§4）。

会員資格は，死亡，退会，会員になるための資格の喪失，除名によって失われる。会員は，IDWの利益を大きく侵害した場合，§4に規定する会員の義務について重大な違反があった場合など，個人的にも職業上も，除名に相当する十分な理由があると目される場合，各種の手続きを経て除名の処分が行われることがある。また，会員が職業上の活動において刑事告訴され訴訟となっているときには，会員権が停止されることがある（§5）。

② 経済監査士会議所

経済監査士会議所は，1961年の経済監査士法の制定によって設立された法定の団体である。経済監査士会議所の目的について，経済監査士法は，「職業上の自主規制という使命（der beruflichen Selbstverwaltungsaufgaben）を果たすため，経済監査士会議所を設立する。経済監査士会議所は，職業試験，能力試験，任命，資格付与，取消および登録，規律監視，品質管理，および実務規則の公表の諸分野において間接的な国家行政機関（mittelbarer Staatsverwaltung）である」としている。

また，経済監査士法上，経済監査士会議所の任務は次のとおりである（経済監査士法第57条第2項）。

- 職業上の責務に関連する問題について会員に助言し，指示を与えること
- 求めに応じて，会員間の争いを調停すること
- 求めに応じて，会員および当該会員の依頼人との間の争いを調停すること
- 会員の職業上の責務に対する遵守状況を監視するとともに，懲戒権を行使すること

- 会員全体に関連するすべての問題について，適格な裁判所，当局，および組織体に対して経済監査士会議所としての見解を示すこと
- 裁判所または行政機関もしくは連邦もしくは州の立法過程に関わる組織体からの求めに応じて職業的専門家としての見解を提出すること
- 職業上の訓練において，規則上，与えられた分野の業務を担うこと
- 現在の会員に対する継続的な訓練および将来のメンバーになりうる者に対する教育を促進すること
- 州司法当局の職業裁判所の名誉陪席裁判官および連邦司法省に対して，提言書を提出すること
- 職業登録簿を備えおくこと
- 経済監査士および宣誓帳簿監査士ならびにその遺族のために福祉施設を運営すること
- 品質管理のシステム（die System der Qualitätskontrolle）を運営すること
- 経済監査士および宣誓帳簿監査士を任命すること，ならびに経済監査会社および帳簿監査会社を認可すること，これらの任命および認可の取り消し（zrücknehmen）または撤回する（widerrufen）こと
- 独立の試験機関を創設し運営すること
- 連邦職業会議所として，マネーロンダリングの防止の範囲内で，法律上与えられた資格を行使すること

　これらから明らかなように，ドイツの法定自主規制団体である経済監査士会議所には，資格試験に始まり，資格の得喪，会員の懲戒処分，品質管理等，非常に広範な権限が認められていることである。そのため，経済監査士協会内の機構およびガバナンスについても同法に規定されており，経済監査士法第57条第3項は，経済監査士会議所は規約を定めることができるとし，また，その内容について第4項で規定している。その内容は，独立性，誠実性，守秘義務に始まり，適切な職業行動等，プロフェッションとしての行動規則の役割を規定するものである。経済監査士会議所は，同法に従い，規約を定め，公表している（Satzung der Wirtschaftsprüferkammer über die Rechte und Pflichten bei der Ausübung der Berufe des Wirtschaftprüfer/vereidigten Buchprüfers；BS WP/vBP）。

　経済監査士は，公的な任命とともにWPKの会員となる。また，経済監査会社の執行社員，マネジャー，およびパートナーのうち無限責任の者は経済監査士でなくとも，WPKの会員となる。経済監査会社も会員である（WPO第58条）。宣誓帳簿監査士および帳簿監査会社は，経済監査士会議所の会員である（WPO第128条）。このように公的な任命とともに自動的に会員となること，また，任命を受けなければ有資格者とみなされず，かつ，有資格者でなければ，独占業務を行い得ないことから，経済監査士会議所への加入は強制とみなすことができ，また，会員は，例外なく経済監査士会議所の努力に浴し，かつその管理を受けることになる。

（4）プロフェッションの統計

　経済監査士および経済監査会社，宣誓帳簿監査士および帳簿監査会社の統計については，経済監査士会議所から公表されている資料Die WPK 2010[2]およびWPKのウェブサイト[3]によれば，図表10－1のとおりである。

　また，上記の数値を基礎として，人口との比較をみると図表10－2のようになる。

　人口約6千人に1人の経済監査士，また，5千人弱に1人の経済監査士または宣誓帳簿監査士がいることになる。わが国の場合，総務省の統計によれば，2010年現在の人口が約1億2千8百万人であり，仮にこの数を2012年1月31日現在の公認会計士数23,036人で割ると，人口約5,556人に1人の公認会計士がいることになる。これと比較すると，対人口比では，わが国とほぼ同等の数の経済監査士が，また，若干，多い数の経済監査士および宣誓帳簿監査士，すなわち監査プロフェッションがいることになる。

2　http://www.wpk.de/publikationen/publikationen.asp
3　http://www.wpk.de

第10章　ドイツのアカウンティング・プロフェッション

図表10－1　経済監査士，経済監査会社，宣誓帳簿監査士，帳簿監査会社の推移

	1932	1.1.61	1.1.86	1.1.90	1.1.95	1.1.00	1.1.05	1.1.10	1.1.11	1.1.12
経済監査士	549	1,590	4,836	6,344	7,994	9,984	12,244	13,619	13,886	14,124
宣誓帳簿監査士	0	1,151	89	2,782	4,233	4,094	4,009	3,688	3,575	3,476
経済監査会社	76	196	991	1,215	1,541	1,879	2,221	2,540	2,631	2,710
帳簿監査会社	0	7	1	32	108	166	143	121	118	121
経済監査会社または帳簿監査会社の法令上の代表者のうち，経済監査士および宣誓帳簿監査士の資格を持たない者	0	66	470	439	564	726	773	778	808	816
任意加入者	0	0	28	28	30	32	38	50	50	50
会員数の単純合計	625	3,010	6,415	10,840	14,470	16,881	19,428	20,796	21,048	21,297

図表10－2　経済監査士および宣誓帳簿監査士と人口の比率

	1932	1.1.61	1.1.86	1.1.90	1.1.95	1.1.00	1.1.05	1.1.10	1.1.11	1.1.12
人口（万人）	－	7,337	7,772	7,943	8,167	8,221	8,246	8,177	8,172	－
人口／経済監査士	－	46,144	16,071	12,506	10,216	8,234	6,734	6,004	5,885	－
人口／経済監査士および宣誓帳簿監査士	－	26,755	15,780	8,703	6,679	5,839	5,073	4,724	4,680	－

※　小数点以下は切り捨て

（5）会計プロフェッションの業務

　法令上は，経済監査士の業務は，経済監査士法第2条第1項において，企業の決算書の監査であることが明確に謳われている。また，第2条第2項は，依頼人のための税務業務も規定している行うことも規定している。さらに第2条第3項は，職業上の宣誓の下で，企業の経営管理の領域において専門家として行動すること，経営上の助言，第三者の利益の保護，管財を行うこと

としている。なお，宣誓の手続きおよび文言は法定されている（第17条第1項）。

宣誓帳簿監査士についても，決算書の監査業務（第129条第1項），税務業務（第129条第2項），職業上の宣誓の下で企業の経営管理領域において専門家として行動すること，経営上の助言，第三者の利益の保護，管財が規定されている（第129条第3項）が，これらは業務としては経済監査士と同じである。ただし，1項の監査業務については，特に，商法第264a条に規定されている中規模の有限会社およびパートナーシップについて，商法第316条第1項第1文に基づく監査を行う。

IDWのウェブサイトでは，監査および保証業務，マネジメント・コンサルティング業務，税務助言業務，専門家としての意見，管財人が紹介されている。監査助言業務については，法令で強制されているもののほか，特殊状況に関連する監査および保証業務（企業の設立，再編，合併，資本額の変更，株式会社法下での特別な監査），経営監査（政府の契約のための価格の監査，投資プロジェクト，原価率，補助金），経営効率の監査（内部統制システム，ITシステム，組織システム），経営機能その他財政状態の監査（公的部門，病院，金融機関，ブローカー，信用度，リストラ構想）等が挙げられている。

(6) 報酬
① 報酬に関する規定

経済監査士は，監査業務，専門家業務，管財業務については，成功報酬とすることはできない（第55条第1項）。法定監査の報酬は，被監査会社の他の業務の規定により影響を受けたり，決定されることがあってはならない（第55条第1項）。提供する業務と契約報酬額がかなり乖離している場合，経済監査士会議所の求めに応じて，監査の完了に十分な時間を割き，能力のある人材を当てていることを示さなければならない（第55条第1項）。

なお，標準報酬等については，ドイツでは会計を含む主要なプロフェッショナルにおいてすでに撤廃されており，また，EU域内では，域内の競争のため，プロフェッショナルの報酬については，法令等で標準額を提示することは推奨されていない（COM/2004/0083 final, para. 31 through 41）。

図表10-3　ドイツの高所得者層の平均所得ランキング（抜粋）

順位	職　種	平均所得 （総支給月額）
第1位	医師	€ 6,410
2	パイロット	5,973
3	企業コンサルタント	5,249
4	**経済監査士**	**5,094**
5	歯科医	4,804
6	判事	4,698
7	電気技師	4,657
8	精密技術技師	4,629
12	**税理士**	**4,485**
15	弁護士	4,151

② 会計プロフェッションの所得水準

ドイツの代表的な週刊のニュース雑誌FOCUSのウェブサイトに，2010年度の平均所得ランキングが掲載されている[4]。それによれば，高所得者層のランキングに会計プロフェッションが上がっており，高い報酬を誇る職種であることがわかる（図表10-3）。

3．試験制度

現在の試験制度は，2004年1月1日より経済監査士会議所内に設けられた職業試験のための試験機関が行っている。この試験機関は，自律的な組織であり，その職務を果たすため，経済監査士会議所の地域支所も含む。なお，これ以前は，各州の経済省が所管していた。また，経済監査士会議所による試験の実施は，決算書監査人監視委員会のレビューの対象となっている。なお，こうした試験制度の改正は，後述するEUの改定第8次指令にしたがっ

---

[4] http://www.focus.de/finanzen/karriere/berufsleben/deutschlands-groesster-gehalts-report-150-berufe-im-grossen-gehaltsranking_aid_681640.html

たものとなっている。さらに，試験実施に関する規定も2004年に法定されて今日に至っている（Prüfungsverordnung für Wirtschaftsprüfer nach §§ 14 unde 1311 der Wirtschaftsprüferordnung）。この規定は，試験の実施要領を規定したものであり，試験科目，試験の方法，試験委員等について定めている。

経済監査士試験の受験については，受験資格がある。受験資格は，教育要件すなわち，受験者は大学卒業資格（経済監査士法第8条第1項），監査会社等において従業員として10年以上の実務経験（第8条第2項第1号），宣誓帳簿監査士または税理士として5年の実務経験（第8条第2項第2号）の3つのうちいずれかを満たしていなければならない。

第2の受験資格要件は，監査の実務経験である。教育要件の大学卒業資格により受験をしようとする者は，監査会社等において従業員として少なくとも3年の実務経験を必要とする（第9条第1項）。大学での教育が通常の8セメスタ未満である場合，この年数は4年に延長される（第9条第1項）。この実務経験には，少なくとも監査実務を2年以上含むことが必要である（第9条第2項）。大学卒業資格でなく，実務要件によって受験をしようとする者についても，2年以上の監査実務経験を必要とする（第9条）。このようにドイツでは，受験の前に実務経験が課されている。

ドイツの試験制度の特徴は，わが国の対比でいえば，試験の実施体制が実務家の団体である経済監査士会議所に任されていること，また，それが外部の監視機関の監視対象になっていることである。わが国にたとえていえば，公認会計士試験は，金融庁や公認会計士・監査審査会といった行政機関ではなく，職業団体である日本公認会計士協会が行い，その実施体制のレビューを公認会計士・監査審査会が行うという構造になっているということができる。

なお，最近数年の経済監査士の受験に関する資料は図表10－4のとおりである。

図表10-4　経済監査士の合格率の推移

	2008年度	2009年度	2010年度	2011年度
受験者数	971	1,041	977	886
合格者数	480	552	555	529
合格率	49%	53%	57%	60%

4．プロフェッションとしての独立性

　経済監査士および宣誓帳簿監査士を所管する行政機関は，連邦経済・技術省であるが，その多くの権限は，決算監査人監視委員会（Abschlussprüferaufsichtskommission）に移譲されている。

　EU加盟国は，第8次指令（およびその改正）を国内法化することが義務づけられている。周知のように，1978年に初めて発行された第8次指令は，その後，2006年の大改正および2008年の改正を経て今日に至っている。その中で，監査に対する監視は，『ヨーロッパ連合における法定監査に対する品質保証に関する委員会勧告』（2001/256/EC）で初めて公式の文書上に認識された。これが発表された当時は，まだエンロン，ワールドコムといった会計スキャンダルが発生する前であり，アメリカにおけるサーベインズオックスリー法の制定，PCAOBの設立はその後のことであった。

　しかしながら，資本市場の信頼性の回復を詠った2003年コミュニケーション・ペーパー『EUにおける法定監査の強化』（COM（2003）286 final）では，公共監視機関の設置は，短期，すなわち2003-2004年までという短い期間で改革すべき事項の1つとして取り上げられた。また，上に述べた『品質管理』に関する委員会勧告（2001/256/EC）では，公共監視機関は，品質保証制度（quality assurance system）の中で，各監査事務所の内部品質管理システムの評価を含むという品質管理レビューの枠内の議論であったが，その後，アメリカでの会計・監査に対する信頼の失墜と，数々の施策による信頼の回復を目の当たりにし，『EUにおける法定監査の強化』では，極めて広範な権限を公共監視委員会にもたせるべきことを要求している。そして，その後，こ

の内容にしたがって第8次指令が改定され，2006年に公表された（2006/43/EC）。また，その後の内国法化の状況は，すべて欧州委員会のウェブサイトに掲載されている。

　もちろん，第8次指令は，EUにおいて上場している会社を監査する第三国の監査事務所には，原則，域内の国のいずれかで登録を行い，公的な監視，品質保証などを受けることを要求している一方，同等と評価された場合には，品質保証レビューが免除されるなどの有利な点があり，わが国においても，先般の公認会計士法の改正により内容が整備されたところである。

　ドイツにおいては，すでに2004年の諸法の大幅な改正により，対策が進められている。試験制度など各州にあった権限は経済監査士会議所に移行するとともに，公共監視委員会として，決算書監査人監視委員会が設置された。また，伝統的なドイツ経済監査士協会（IDW）については，監査基準等を含む実務指針を国際監査基準にあわせて改訂を進めているところである。

5．品質管理等

　品質管理については，経済監査士法上，品質保証として規定されており，経済監査士会議所が経済監査士等を調査するとともに，その結果は，決算書監査人監視委員会のレビューを受けることになっている。

【参考文献】
加藤恭彦（1993）『現代ドイツ監査制度論』千倉書房．

（瀧　博）

第11章 フランスのアカウンティング・プロフェッション

1．はじめに

　フランスの会計専門職は，専門会計士（Experts comptables）と会計監査役（Commissaires aux comptes）によって構成される。日本と同様に，独立した会計士しか専門会計士や会計監査役としては登録できないため，米国と比較して，その構成人員は少数である。2010年に，専門会計士として登録している人数は約19,000人[1]，会計監査役として登録している人数は約14,500人[2]であった。そして，フランス会計専門職の特徴の1つとして，会計監査役全国協会（Compagnie Nationale des Commissaires aux Comptes，以下CNCC）のメンバーが，ほとんど専門会計士団体（Ordre des Experts Comptables以下，OEC）にも所属しているという点が挙げられる。そのため，本章では両者を取り上げて検討する。

　専門会計士は，経済産業省の管轄下にある職業であり，税務関連業務，財務諸表の作成，コンサルティングといった，企業の全般的な会計サービスを提供する。一方，会計監査役は，法務省の管轄下にある職業であり，企業の法的監査業務，契約による監査とコンサルティングといった業務を主に担当する。法律上，この2つの職種は独立しているものの，専門会計士の多くが，CNCCにも所属し監査業務も行っているため，日本の税理士と公認会計士を兼ねるような役割を果たしている。

　本章では，フランスにおいて会計専門職がおかれている状況，その規制制度等について特にフランスに特徴的な点に焦点を当てて，総合的に検討する。

---

[1] OEC公表データより。
[2] CNCCサイト-Les chiffres clés（2010）「重要な数値データに関する報告2010年度版」http://www.cncc.fr/chiffres-cles.html。

会計監査役と専門会計士の共存という特徴以外でも，監査義務の対象の範囲，共同監査について取り上げる。研究方法としては，先行研究，法的規制やOEC，CNCC公表文書等による文献レビューによって検討を行う。第1節において，アカウンティング・プロフェッションの種類，第2節でその社会的な位置づけ，第3節で試験制度を紹介する。第4節では，会計専門職に関する規制，第5節で監査の品質管理の取り組みについて検討する。

2．アカウンティング・プロフェッションの種類とその歴史的背景

フランスでは，1673年に制定された商事王令（Ordonnance de Colbert）によって，会計帳簿の作成は，他のヨーロッパ諸国と比較して早い段階から求められることとなった。一方で，会計専門職制度の発展は，イギリスやドイツと比べて遅れていた。その主な原因は，1791年のル・シャプリエ法（Loi Le Chapelier）の制定に求められる。労働者の団結禁止を定めた当該法律が制定されたことで，会計専門職団体の結成が認められない時代が長く続いたのである。19世紀中葉には，団結権が認められ，会計専門職団体設立の機運も高まった。しかし，国からの支援がなかったため，小規模な団体の設立に留まった（Degos 2003）。

1920年代には，所得税の普及に伴って会計業務の範囲が急速に拡大し，会計専門家教育および専門会計士試験制度が発展した（Ramirez 2001; Garcia 2011）。さらに，1935年に法定監査制度を強化するために「認可監査役」（Commissaires agréés）制度が創設されたことによって，会計専門職の業務範囲はさらに広げられた。制度の創設に伴い，法定監査を行う際には，上訴裁判所に登録している認可監査役の名簿から監査人を選ぶ義務が発生した。ただし，当時の「認可監査役」のすべてが，専門会計士だったわけではない。

第2次世界大戦以前において，会計を取り扱う職種[3]の協会が多く設立されたが，国家規模の職業団体が成立することはなかった。結局，後のOEC

3　独立した専門会計士以外に，教員，企業の経理等があった。

へとつながる「専門会計士・認可会計士団体」(Ordre des Experts Comptables et Comptables Agréés) が設立されるのは,ドイツ占領下の1942年のことであった (Degos 2003)。

会計監査役という職業は,1960年代までは,認可監査役の名簿以外にその資格を証明するものがなく,専門会計士との境界も曖昧なものであった。1966年7月24日には,「商事会社に関する法律」(Loi n 66-537 du 24 juillet 1966 sur les sociétés commerciales,以下,1966年法) が制定され,全株式会社と資本金300,000フランを超える有限会社では会計監査役を1人以上任命すること,資金公募会社は会計監査役2人以上を任命することが要求された。1969年には,法務省の下でCNCCが創設され,会計監査役に会計の高度な専門知識が要求されることとなった (1969年8月12日デクレ)。

ところで,専門会計士には,CNCCに登録できる権利が付与されていたため,両組織の執行部のメンバーのほとんどは共通していた。1969年のデクレにより,会計監査役独自の試験制度が創設されたものの,会計監査役と専門会計士両方の資格が取得できる専門会計士教育課程に,受験生が圧倒的に偏っていた。これらの結果,専門会計士が監査業務を事実上独占する状況となったが,両組織が合併することはなく,現在も相互に独立した組織運営を行っている。

その理由は,会社法を企業に遵守させるために造られたCNCCは法務省の管轄下にあり,税制と経済計画から強い影響を受ける会計基準を企業に遵守させることを目的とするOECが大蔵省の管轄下にあるためである。この両省庁の行政的な管轄が異なっている結果として,会計CNCCとOECは現在も別々の組織として共存しているのである (Mikol 1993)。

3. 社会的位置づけ

日本と同様に,専門会計士および会計監査役はいわゆる自由業に該当するが,会計事務所や監査法人の従業員として勤務している実務家も多い。

会計監査役に登録している人数は2010年時点で14,500人である。そのうち,

図表11−1　会計監査役年齢別構成比（2010年度）

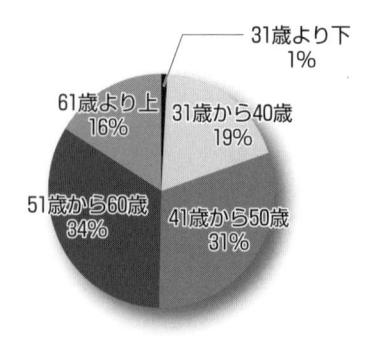

出所：CNCCサイト-Les chiffres clés,「重要な数値データに関する報告」より筆者作成.

16.5％が女性である。また，4,500の監査法人が，法人会員として登録している。以下は，2010年度の会計監査役（14,500人）の年齢別内訳である。図表11−1にあるように，会計監査役の半数近くが50歳以上によって構成されており，スムースな世代交代の達成がCNCCの現在の大きな課題となっている。

専門会計士として登録している人数は2010年時点で18,225人である。そのうち，21％が女性である。また，15,919の会計事務所法人と510の合名会計事務所（sociétés en participation）が，法人会員として登録している。

収入に関しては，正式な統計は存在していないが，全国認可協会連盟（UNASA）の調査によれば，2008年の会計監査役の平均年収は，74,823€であった。2004年以降，IFRS（International Financial Reporting Standards, 国際財務報告基準）の導入の影響によって，監査業界は人材不足が深刻化している。その結果として，会計監査役の収入は総じて上昇しており，若手のスタッフからパートナーまでその影響を受けている。だが，他の自由業の年収と比較をすると，建築設計士126,508€，弁護士139,726€，医師（内科）は

図表11−2　会計監査役の年収（2008年）

調査対象人数：726	平均	第1四分位	第2四分位	第3四分位	第4四分位
年収	74,823 €	17,385 €	37,941 €	71,124 €	172,544 €

出所：UNASA（2009）より筆者作成.

140,734€であり、会計監査役の年収を平均的に上回っていた(UNASA 2009)。

4．監査業務の特徴

　フランスの監査業務に関する特徴は，まず監査を受ける義務が広く設定されている点である。すべての株式会社，そして一定規模以上の，その他の会社形態や非営利団体も監査を受ける義務が課されている。そのため，中小企業も含めて会計監査役を必要とする組織は非常に多い。監査件数においても，小規模企業を対象とする監査が一番多い。図表11-3は，2010年に監査を受けた組織を従業員数別で分けた構成比である。

　会計の分野における「フランスの例外(exception française)」は，主に監査上の特徴として表れているとされる。前述のように，フランスでは，会社法に規定される監査対象企業が比較的広範であることと，監査業界の寡占の度合いが比較的低く，ローカルな監査法人が多いという特徴がある。

　1966年法によって，上場企業や一定の規模を超える企業においては，二重監査(Co-commissariat)が要求されている。二重監査のコストに対する不満は根強いものの，本制度は全体的にみて効果的な制度だと評価されている

図表11-3　従業員数でみる監査対象となった組織の規模

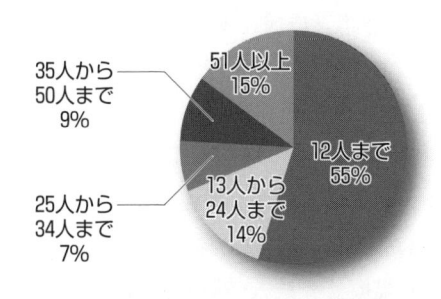

- 12人まで 55%
- 13人から24人まで 14%
- 25人から34人まで 7%
- 35人から50人まで 9%
- 51人以上 15%

出所：CNCCサイト-Les chiffres clés，「重要な数値データに関する報告」より筆者作成．

(Guedas 2007; Piot and Janin 2007)。

　Guedas（2007）によると，二重監査がフランスにおける監査の品質の向上に貢献したと考えられる理由は3つある。1つ目は，独立した2人の会計監査役の意見があるため，重役との専門的な議論がスムースになることである。つまり，会計監査役と重役の意見が異なる場合があっても，会計監査役2人対重役という有利なパワーバランスになる。また，3人の間の交渉であるため，なれ合いによる不適切な判断が下されるリスクを防ぎ，年次決算をより適正に保証できると考えられる。

　2つ目は，監査の意見の相補性である。監査法人はそれぞれ方法や能力が違うため，複数の意見があることで，総合的な監査の質が上がると考えられる。

　3つ目は，会計監査役を2人任命することで，監査市場の寡占化を防ぐことができることである。たとえば，上場企業の場合，外国人投資家に信頼感を与えるために4大監査法人から会計監査役を1人選び，そして国内の利害関係者向けには，国内において著名なフランスの大手監査法人から1人選ぶという慣習が最近まで続いていた（Ramirez 2003）。その結果，フランスでは，4大監査法人による上場企業監査のマーケットシェアは61%であり，アメリカ（97%）やイタリア（99%）と比べて，少なくなっている。

　Constantin, Mazars, Salustro-Reydel, Gendrotといったフランスの大手監査法人は，こうした慣習があるため4大監査法人との競争が可能であった。その結果として，彼らは国内の会計基準設定，OECおよびCNCC，会計教育機関においても有力な関係者として機能していた。

　しかし，上場企業の連結財務諸表作成にあたりIFRSがアドプションされたことで，大手企業向けの監査市場は寡占化を急速に進めることとなった。まず，IFRS初年度適用時に，4大監査法人においては人材不足が発生し，かつ国内監査法人ではIFRSへの対処力の不足が判明した。そのため，IFRSに対応できる能力をもつ4大監査法人による国内監査法人の買収が始まった。現在は，国内大手監査法人はほとんど消滅に瀕しているといっても過言ではない状況にある[4]。また，大規模監査法人の層が消滅した結果，4大監査法人と残るローカル監査法人の間には質的，量的に大きなギャップが生じるこ

ととなっている。

　上場企業に対するIFRSアドプションの決定以前に，国家会計審議会 (Conseil National de la Comptabilité) は，PCGをIFRSの概念に合わせる方針をとった。その結果，2000年から2004年にかけて中小企業の会計実務にも重大な影響を及ぼすような新しい基準が設定された。

　上場企業のIFRSへの対応業務は4大監査法人に独占され，国内会計基準もコンバージェンスによって変化させられた結果，間接的にせよIFRSは全会計専門職に重大な影響を与えることとなったのである。

5．試験制度

　本節では，「専門会計士試験」(Diplôme d'expertise comptable) について説明する。前述のように専門会計士試験に合格することで会計監査役の資格も手に入るという制度になっているため，ほとんどの受験生は専門会計士試験を受験する。会計監査役となるための試験を受験する方法を選択するのは，非常に例外的なケースである。

　専門会計士試験の運営は，フランス高等教育省 (Ministère de l'enseignement supérieur) の管轄下にある「資格及び選抜試験教育機関」 (Service interacadémique des examens et concours: SIEC) の1つの部門である「専門会計士資格運営組織」(Service gestionnaire du diplôme d'expertise comptable) が担当している。

　試験制度は3段階に分かれており，それぞれ会計経営試験 (Diplôme de comptabilité et de gestion：以下DCG，デクレ2006-1706，2006年12月22日)，上級会計経営試験 (Diplôme supérieur de comptabilité et de gestion：以下DSCG，デクレ2009-1789，2009年12月30日)，専門会計士試験 (Diplôme d'expertise comptable：以下DEC) と称される。

4　現時点（2011年4月）で，フランスの大手監査法人で独立性を保っているのはMazarsだけとなっている。逆に，独立の中小監査法人は依然多数存在している。

図表11－4　フランス専門会計士試験

	受験科目	試験形式
第1段階： 会計経営試験（DCG） （受験要件：大学入学資格（バカロレア）取得）	①法律入門，②会社法，③労働法，④税法，⑤経済学，⑥コーポレートファイナンス，⑦経営学，⑧情報システム，⑨会計入門，⑩上級会計，⑪管理会計，⑫ビジネス実務英語，⑬インターンシップ＋卒論，⑭第2外国語	⑬インターンシップ＋卒論のみが口頭試問，それ以外は記述式。
第2段階： 上級会計経営試験（DSCG） （受験要件：DCG合格）	①法律，②ファイナンス，③管理会計，④会計・監査，⑤情報システム，⑥経済英語，⑦インターンシップ＋卒論，⑧第2外国語	⑥経済英語のみ口頭試問。それ以外は記述式。
第3段階： 専門会計士試験（DEC） （受験要件：DSCG合格，3年以上の実務経験）	①監査，②職業倫理，③論文	①監査，②職業倫理は筆記試験 ③論文は，口頭試問。

出所：藤田・板橋（2012）70.

　2009年度のDECにおける合格率は60％であったが，一番難しいとされているDSCGにおける合格率は13％しかないため，そもそも試験の最終段階まで到達できる受験生が少ないことがわかる[5]。

　また，これらの試験過程を経て，専門会計士となったあとでは，年40時間の研修が義務づけられている。OECや，会計事務所が提供する研修コース，またはOECが指定する高等教育機関が提供する講義を，規定の時間数受ける必要があるとされている。

5　合格率は，SIECサイト（http://www.siec.fr（最終アクセス日：2011年3月10日））より。

6．プロフェッションの規制

(1) 商法規制

　専門会計士を規制する法律は，1945年9月19日の条例（Ordonnance n° 45-2138 du 19 septembre 1945 portant institution de l'ordre des experts-comptables et réglementant le titre et la profession d'expert-comptable）である。また，現在の監査制度は，1966年法や1967年の「商事会社に関するデクレ」（Décret n° 67-236 du 23 mars 1967 sur sociétés commerciales）によって規定される。会計監査役に関する規制は「会社の会計監査役の職業組織及び職業上の地位に関するデクレ[6]」（Décret n° 69-810 du 12 août 1969 relatif à l'organisation de la profession et au statut professionnel des commissaires aux comptes de sociétés）である。

　1966年法では，会計監査の役割として2つ規定がある。1つは，年次計算書類の正規性および誠実性の確認，継続的任務としての会社の帳簿および資産を確認すること（1966年法第228条第1項）。次は，株主間の平等が遵守されたことを確認することである（1966年法第228条第2項）。

　こうした法的枠組みは，2000年代において改定がなされた。まず，エンロン事件が発生した直後，2001年の「新経済規制法」（Loi n° 2001-420 du 15 mai 2001 relative aux nouvelles régulations économiques）によって，会計監査役の保証範囲が拡大された。たとえば，開示が義務づけられた関連当事者取引に関する情報やCSR情報が監査対象となった。2010年7月23日の法律（Loi du 23 juillet 2010 relative aux réseaux consulaires, au commerce, à l'artisanat et aux services）では，専門会計士に関する規定の緩和がなされた。この緩和により，副業務としてであれば，商事業務や，第3者のための投資を行うことも許されることとなり，専門会計士が提供することのできるサービスの範囲が拡大された。

6　この文書は法典に導入され，現在では商法の一部に組み込まれている。

（2）倫理規則その他の自主規制

　監査業務に関して，CNCCも基準設定を行っている。フランスの監査基準は1987年9月にCNCCによって初めて設定された（蟹江 1999）わけだが，その時点では，まだ自主的な（private）規制であった。2003年の「金融の安全性に関する法律」の制定によって，それまでに作成された監査基準が法務省のデクレとして位置づけられることとなった。以降，フランスの監査基準は，CNCCによって設定され，会計監査役高等評議会（Haut Conseil du Commissariat aux Comptes：以下，H3C）の意見をもとに法務省に承認されることとなった。監査基準は，監査業務や監査報告書について幅広く扱っており，現在約40存在している。

　CNCCは監査基準以外に，職業倫理規程（Code de déontologie）も規定している。こちらは2005年に商法に組み入れられた。この倫理規定は，IFAC（International Federation of Accountants）の倫理規程を翻訳したものである[7]。

　OECも同じく，2007年に職業倫理規程を公表したが，それはOEC独自の規程である。全体的なルールの他に，広告に関する姿勢，契約書（Lettre de mission）の作成義務，依頼人から代金が支払われない場合に，作成した資料を留置しておく権利などについて明確な規定を設定している。

7．品質管理

　2003年まで，監査の品質管理はCNCCによる検査によって行われていた。2003年に「金融の安全性に関する法律」（Loi de sécurité financière）が制定され，共同規制（corégulation）という新しい監督制度が導入された。共同規制は，会計専門職から独立した2つの組織による監督システムである。第一は，金融の安全性に関する法律によって設立されたH3Cである。この組織

7　CNCCサイト-La réglementation,「規制に関する報告」http://www.cncc.fr/la-reglementation.html（最終アクセス日：2012年8月20日）。

は，法務省の管轄下にある評議会であり，その構成および運営については，2003年のデクレ（Décret n° 2003-1121 du 25 novembre 2003）によって規定されている。第二は，金融市場庁（Autorité des marchés financiers：以下，AMF）という独立した組織であり，監査役の監督のみならず広く金融市場の規制や証券市場の監督を行うために設立された。上場企業の監査に関して，H3CとAMFが共同で検査を行うことから，当該規制を共同規制と呼ぶ。ただし，非上場企業の監査に関しては，H3Cのみによる検査になる[8]。

8．むすび

　日本の会計専門職と比較して，フランスの会計専門職は幅広い業務を担当している。フランスでは，監査義務が日本よりも圧倒的に広いため，会計監査役として，中小企業の監査から上場大手企業の監査やCSR報告書の監査までを担当している。さらに，会計関連のサービスでは税務，期末決算の作成，合併における企業評価，会計基準の適用などに関する業務も多い。最後に，中小企業の主要な相談相手として，企業の経営やさまざまな法律に関するサービスも提供しており，日本における税理士業務と公認会計士業務を兼ねるような役割を果たしている。

　フランスの特徴としては，広範な監査義務の他に，二重監査の存在がある。この二重監査が維持されていたために，フランスの中小監査法人は，4大監査法人と共存することが可能となっていた。しかし，IFRSの導入の結果，4大監査法人への監査依頼が急増し，業務の棲み分けは機能しなくなり，監査市場の構成は再構築を余儀なくされている現状にある。

---

[8]　CNCCサイト-Le contrôle qualité,「品質管理に関する報告」http://www.cncc.fr/controle-qualite.html（最終アクセス日：2012年8月20日）。

【参考文献】

蟹江章（1999）「フランス会計監査役の職務と監査基準」『経済学研究』北海道大学, Vol.49, No.1, pp.49-62.

ガルシア・クレマンス（2011）「フランス専門会計士試験制度におけるIFRSの位置づけ」『會計』Vol.180, No.2, pp.257-269.

金融庁（2011）「主要国の公認会計士試験・資格制度に関する調査」.

藤田晶子・板橋雄大（2012）「第4章　フランスにおけるIFRS教育」柴健次編『IFRS教育の基礎研究』pp.62-75.

CNCCサイト-Les chiffres clés（2010）「重要な数値データに関する報告2010年度版」http://www.cncc.fr/chiffres-cles.html.

CNCCサイト-La réglementation, 「規制に関する報告」http://www.cncc.fr/la-reglementation.html（最終アクセス日：2012年8月20日）.

CNCCサイト- Le contrôle qualité, 「品質管理に関する報告」http://www.cncc.fr/controle-qualite.html（最終アクセス日：2012年8月20日）.

Degos, J-G.（2003）Histoire des diplômes d'expertise comptable français des origines à nos jours, Cahier 07-2003. Crecci.

Garcia, C.（2011）A Brief History of Accounting for Goodwill in Japan and France: War, Tax and Accounting Practice, *Economic Review*（Gakushuin University）Vol.48, No.1, pp.45-64.

Guedas, F.（2007）Le modèle français de l'audit des comptes s'exporte, *L'Agefi Hebdo*, Vol.93, pp.12-13.

Mikol, A.（1993）The Evolution of Auditing and the Independent Auditor in France, *European Accounting Review*, Vol.2, No.1, pp.1-16.

Ordre des Experts Comptables（2010）*Rapport d'activité 2009*.

Piot, C. and R. Janin（2007）External Auditors, Audit Committees and Earnings Management in France, *European Accounting Review*, Vol.16, No.2, pp.429-454.

Ramirez, C.（2001）Understanding Social Closure in its Cultural Context: Accounting Practitioners in France（1920 -1939）, *Accounting Organizations and Society*, Vol.26, pp.391-418.

Ramirez, C.（2003）Du Commissariat aux comptes à l'audit. Les Big Four et la profession comptable depuis 1970, *Actes de la recherche en Sciences Sociales* Vol.1-2, No. 146-147, 62-79.

SIECサイト, http://www.siec.fr（最終アクセス日：2011年3月10日）.

Union Nationale des Associations Agréées（2009）Statistiques concernant les commissaires aux comptes, 2008, http://www.unasa.fr/statistiques/rechercher.

（ガルシア・クレマンス）

第12章 アメリカのアカウンティング・プロフェッション
―私的自治を巡って―

1. はじめに

　米国においては，会計プロフェッションが，プロフェッションとして社会から認められるために，私的自治をどう確保するかという点が歴史上重要な鍵となってきていたものと思われる。しかし近年，大型会計不正を背景としたPCAOB（Public Company Accounting Oversight Board）の登場により，その私的自治が大きく揺らいでいるといえる。では，PCAOBの登場により，米国の会計プロフェッションは今後どうなるのか，プロフェッションとしての看板をおろさざるを得ないのか，それとも，今後もプロフェッションとしての看板を掲げていけるのであれば，それは何故か。いやそもそもこのようなPCAOBの公的規制体制は今後も維持されるのだろうか。本章ではこのような点を中心にしつつ，米国の会計プロフェッションについて検討することにしたい[1]。

　第2節では，米国の会計プロフェッションについて，その概要を示す。そして第3節以降では，特に主要な会計プロフェッションと考えられる公認会計士に焦点を絞る。まず第3節では，品質管理の論点と密接に関連する自主規制の問題について述べる。第4節では，PCAOBが行う検査の仕組みについて述べる。第5節では，私的自治と公的規制との関係について述べる。第6節では，まとめを行う。

1　なお，本章は，第6章とセットになっている。あわせて参照されたい。

2. 米国の会計プロフェッション

　米国の主要な会計プロフェッションとしては，公認会計士（CPA）が挙げられる。なお，米国では，日本のような税理士制度は存在せず，enrolled agent（EA）が企業の税務業務を担うことが多い。まず（1）で，公認会計士制度の概要について述べる。次に（2）で，EAについて述べる。

（1）公認会計士制度[2]

　まず，資格取得プロセスについて述べる。米国の公認会計士は，全米50州と4つの地区ごとに制定された公認会計士法のもとに実施される統一試験（NASBA（National Association of State Boards of Accountancy）とAICPA（American Institution of Certified Public Accountants）との共同実施）に合格することがまず求められる。その後，管轄区での教育と実務経験要件をクリアして，営業許可証（License）が付与されることで，公認会計士の資格を取得することになる。なお，自主規制機関AICPAへの加入は任意であるが，現在，AICPAの登録会員数は約370,000人である。また，公

図表12-1　会員の従事する業務内容

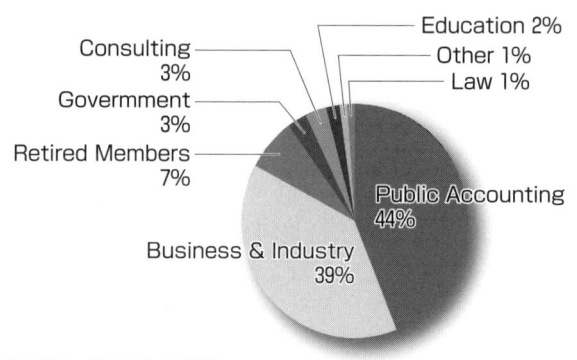

Education 2%
Other 1%
Law 1%
Consulting 3%
Govermment 3%
Retired Members 7%
Business & Industry 39%
Public Accounting 44%

出所：AICPAのウェブサイトより引用

2　以下の記述は，主に松本・正司（2010），千代田（1998）を参考にしている。

図表12−2　品質管理制度と自主規制機関

①事前（&事後）…事務所レベルでの品質管理
　→SQCS（Statement on Quality Control Standards）No.7
②事後…業界全体レベルでの品質管理　AICPAによる自主規制（私的自治）
　→Peer review program
　　※会員登録維持要件

※　松本・正司（2010）を参考に作成。

開会社の監査を行う場合は，PCAOBへの登録が必要となる。

AICPAの会員の従事する業務内容の比率は，図表12−1にまとめられる。図表12−1に示されるとおり，一番多いのは「public accounting」であり，二番目に多いのは，「business & industry」である。

次に品質管理制度について述べる。概要を図にまとめると，図表12−2のようになる。

②とPCAOBの検査との関係については，重要論点であるので後述する。また，②について，昔は，CPCAF（center for public company audit firms：公開会社監査事務所センター）によるpeer reviewとAICPAによるpeer reviewの2つがあったが，2008年に一本化されている。また，レビューは，具体的には，以下の3形態がある。すなわち，システムレビュー，業務レビュー，報告書レビューである。

（2）EA

次に，EAについて述べる。EAは，Internal Revenue Service（IRS）の施行する国家試験に合格し，登録免許を受けることで資格を取得する。

日本の税理士制度とは異なり，EAは税務業務に独占権を有していない点が大きな特徴といえる。すなわち，米国では誰でも（無資格でも）有料で税務業務を請け負うことができる。

EAは，IRSの税務査察に対する有料での代理業務が可能である。これは，EA，CPA，弁護士の独占業務となる。CPAが州ごとの資格なのに対し，EAは国家資格である。なお，EAにも自主的な協会が存在する（National

Association Enrolled Agents)。

3．公認会計士の品質管理

　第3節以降では，特に公認会計士（監査人）の品質管理，具体的には私的自治と公的規制との関係に焦点を絞り，議論を進めていく。

(1) 従来の私的自治の仕組み
　まず，PCAOBが設立される前の従来の私的自治の仕組みを示すと，図表12-3のようになる。

図表12-3　従来の私的自治の仕組み：AICPAとPOB

　　企業← 　監査人 　←←← 　AICPA 　←←← 　POB （←SEC）

　図表12-3に示されるとおり，AICPAの上位機関として，POB（Public Oversight Board：公共監視委員会）が存在していた点が，従来の私的自治の仕組みとして重要である。すなわち，POBは，AICPAの監督機関であるが，あくまで私的自治権を前提とした監督機関であった（1977年にSECにより設置）。つまり，監査人の品質管理については，「間接方式による公的監視」がなされていたといえる。なお，このような仕組みは，2002年に解消される。

(2) PCAOB (Public Company Accounting Oversight Board) の登場
　次に，PCAOBの登場の経緯を概観しよう。図にまとめると，図表12-4のようになる。
　図表12-4に示されるとおり，PCAOBの登場は，大型不正事件による社会的批判にあるといえる。すなわち，監査の失敗に対する社会的批判を受けて，SOX法が導入され，それによりPCAOBが誕生する。そして，PCAOB

図表12-4 PCAOB登場の経緯

従来：私的自治を前提とした監査体制
↓
Enron, worldcom事件
↓
監査の失敗に対する社会的批判
↓
Sarbanes-Oxley法

→コーポレート・ガバナンスの強化，情報開示・監査人の独立性強化，罰則の強化
・経営者に対する，年次報告書の開示が適正である旨の宣誓書提出の義務づけ（302条）
・財務報告に係る内部統制の有効性を評価した内部統制報告書の作成の義務づけ・公認会計士による内部統制監査の義務づけ（404条）

↓
強力な公的監視機関PCAOBの登場【直接方式による公的監視】

※ 田代・石井・中山訳（2005）；友岡監訳（2004）；松本（2003）；中北・佐藤（2003）等をもとに作成。

の登場により，監査人の品質管理については，「間接方式による公的監視」から，「直接方式による公的監視」へと大きくシフトすることになる。

なお，上記が一般的な説明であるが，Enron事件等で社会から批判を浴びたのは，一体どこであり，本当に解決すべき問題はなんだったのか，と考えてみると，上記のようなシフト，つまり，強力な公的監視機関を作ることは，本当に問題解決につながっていたのか，という素朴な疑問が生じる。

図表12-4に示されるとおり，大型不正事件の対応策として，公的監視機関が設立されたが，強力な公的監視機関は，単に「市場を守る」という米国の信念によって誕生しただけという意見もある（藤井 2007）。つまり，具体的な問題とは実は一対一対応しておらず，シンボルとしてPCAOBが設立された可能性もある。また，たとえば，「監査の失敗の原因は…（中略）…監査基準や監査手法の欠陥というよりも，監査人の判断能力の弱化にある。監査に携わる会計士の専門能力の低下と監査に対する職業意識の後退である。…（中略）…監査ファームによるコンサルティング業務による商業化問題に行き着くのである。」（中北・佐藤 2003, 23，ただし，下線は田口）という意見もあり，もしそうだとするならば，公的監視体制の強化は問題解決につ

ながらない可能性もある。むしろ、私的自治の強化が必要だったといえるかもしれない。この点は後述する。

4．PCAOBが行う検査の仕組み[3]

PCAOBは、2003年に設立された非営利組織である。その資金源は、基本は登録fee（公開会社と会計事務所）であり、ボードメンバーは5名（会計事務所の社員はなれない）である。その保有する権限をまとめると、図表12-5のようになる。

監査人の品質管理で重要になるのは、特に②検査である。この仕組みをまとめると、図表12-6のようになる。

図表12-6に示されるとおり、PCAOBの検査は、「直接方式」を採用して

図表12-5　PCAOBが保有するpower

①監査事務所の登録
②検査（inspection）
③調査と執行（investigations and enforcement）
④基準設定

図表12-6　PCAOBの検査の仕組み

企業 ← 監査人 ← ← AICPA
　　　　　　↑
　　　　 PCAOB
　　　　　　↑
　　　　　SEC

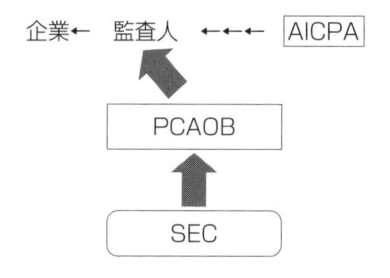

3　本節は、主に金子（2009）を参考にしている。

いる。直接方式とは，AICPAのpeer reviewにかかわらず，PCAOBが直接監査事務所の検査に入るという仕組みであり，「私的自治を飛び越えた（無視した）公的監視」といえる[4]。この点，私的自治の存在を前提としていた従来の仕組みとは大きく異なる。

なお，実は現在もAICPAのpeer reviewは残っており，PCAOBの検査と住み分けている。具体的には，PCAOBの検査は，公開会社の監査（および大規模監査事務所）のみが対象となるのに対して，AICPAのpeer reviewは，登録会計士全体が対象となっている。

5．私的自治と公的監視

ここで，PCAOB（国家の強制権力主体）とAICPA（専門職の自主規制団体）との関係を，時系列的に整理する（SOX法を境に整理する）と，図表12-7のようになる。

ここで素朴な疑問として，一体どちらが有効なのか，という問いが生じる。この自主規制（self-regulation）と公的規制（government-regulation）の問題は，古くて新しい問題である（Stigler 1971）。以下では，両者を実証命題として比較した，実証研究について整理してみよう。

図表12-7　PCAOBとAICPAとの関係

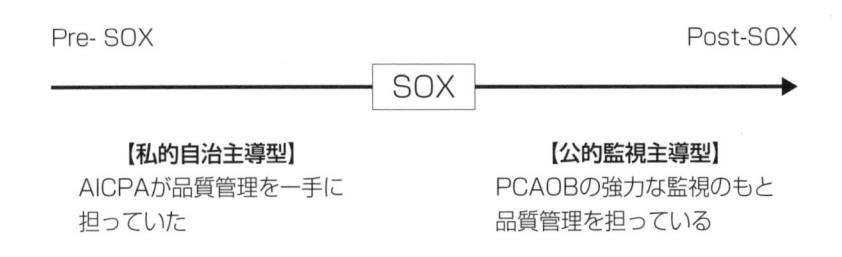

Pre-SOX		Post-SOX
【私的自治主導型】AICPAが品質管理を一手に担っていた	SOX	【公的監視主導型】PCAOBの強力な監視のもと品質管理を担っている

---

[4] ちなみに，日本では，「間接方式」が採用されている。つまり，JICPAのレビューを前提に検査がなされるため，従来の米国と同様，「私的自治を前提とした公的監視」が採用されているといえる。

(1) 監査の実証研究のサーベイ

　まずLennox and Pittman (2010) は，PCAOBの検査 (inspection) は，informative valueを有しないことを実証的に示している。なお，ここでのinformation valueとは，クライアントが監査人をswitch (雇うor解雇する) するか否かの意思決定に資するか否か，という意味である点には留意されたい。

　これに対して，Hilary and Lennox (2005) はAICPAのpeer reviewはinformation valueがあることを実証的に示している。なお，ここでのinformation valueは，Lennox and Pittman (2010) と同じである。このような結果が出た理由について，Lennox and Pittman (2010) は，PCAOBの検査は，そもそもno opinion, no disclose (よい場合には意見を述べないし，結果も公開しない) であるからと述べている。

　これらに対して，Lennox and Pittman (2010) のカウンターペーパーであるDeFond (2010) は，これらの研究が採用するinformation valueの代理変数 (クライアントがswitchするか否か) について，これはあくまで1側面でしかないと批判している。また，DeFond (2010) は，PCAOBはクライアントがswitchするか否かという意味でのInformativeか否かはそもそも意図していない可能性があることを指摘している。確かに，たとえば，PCAOB (2008) は，自らの存在意義について，事後的効果よりも，事前の牽制効果による監査の質向上に重きをおいている (特にcostly penaltyの存在が重要である) 旨述べている。

　また，DeFond (2010) は，むしろ監査の対象たる財務諸表の質 (earnings quality) に注目すべきである旨を述べている。そのイメージを図示すると，図表12-8のようになる。

　なお，earnings qualityに注目した研究は，DeFond (2010) の提言の前にも実は存在する。たとえば，Zhang and Katherine (2007) は，earnings qualityとPCAOBの検査およびAICPAのpeer reviewとの関係を直接検証し，PCAOBの検査の方が，よりearnings qualityと「相関」しているとの結果を示している。また，同時に，「PCAOB検査結果＝良好」と監査事務所の規模・独立性との相関を検証し，PCAOBの「検査結果良好」は，「規模大」「独立

図表12-8 DeFond（2010）の示す新たな代理変数

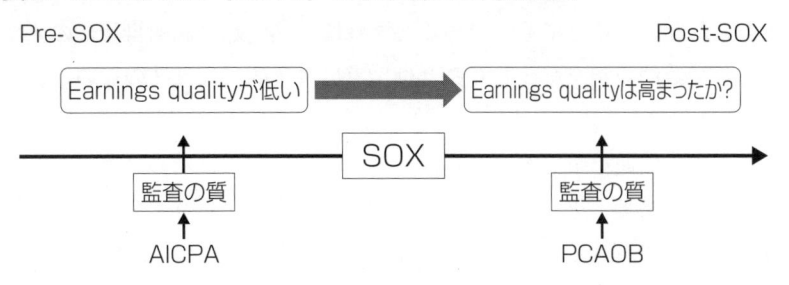

Pre-SOX　　　　　　　　　　　　　　　　　　　　　　Post-SOX

Earnings qualityが低い　→　Earnings qualityは高まったか？

SOX

監査の質　　　　　　　　　監査の質

AICPA　　　　　　　　　　PCAOB

性高」と相関していることを示している。

ただし，ここで注意しなければならないのは，reviewや検査とearnings qualityとの相関をみているだけ（つまり，「review・inspection結果悪（良）↔earnings quality低（高）」となる否かを検証しているだけ）であるという点である。すなわち，reviewやinspectionがearnings qualityを高めるかどうかという因果関係の検証をしているわけではない点，留意する必要がある[5]。

（2）考察

以上，アーカイバル型の実証分析の結果を概観したが，これらの先行研究では，代理変数の採用の仕方が問題となっていたり，また，因果関係を捉えることができず，またそもそも結果がmixedである（賛否両論ある）ような状態であることが明らかとなった。

ここで，このようなアーカイバル型の実証分析の結果を踏まえると，そもそも実証命題でどちらが有効かという問題と，その存在自体の是非を決する問題とを峻別する必要があるようにも思われる。つまり，私的自治と公的監視とでは，そもそも行う目的が違うのではないか，という素朴な疑問が生じる。すなわち，私的自治は，実は外観的な話であり，社会にプロフェッションとして認識してもらうための「看板」的な仕組みなのかもしれない。これに対して，公的監視は，監査の実質がきちんとなされているか，手続的な話

---

[5] なお，因果関係を検証できないのは，アーカイバル型実証分析固有の問題点である。この点，因果関係に踏み込んだ検証がなしうる実験研究が必要とされる（第6章参照）。

（実際上の議論）であり，有用性が問われる仕組みと位置づけることができるかもしれない。そしてそうであるとすれば，「看板」（私的自治）のカウンターとして公的規制を強化したことは，実は政策的には意味のないことであったかもしれない。

また，この問題を敷衍するならば，単に「質の向上のためにそれをチェックする機能が必要」という発想（PCAOB）では，以下のような無限連鎖に陥ることが予想される。つまり，監査のチェックのためには，監査の監査が必要とされ，そのチェックのためには，監査の監査の監査が必要になる，という無限連鎖である（國部・堀口訳 2003）。

　　　財務諸表←監査←監査の監査←監査の監査の監査←・・・

もしこのようなチェック機構の無限連鎖を想定するとするならば，これを止めるための何らかの仕組みが必要となるが，もしかすると，それが私的自治なのかもしれない。すなわち，無限連鎖を止めるための「看板」という役割を，私的自治は担っている可能性があり，単純に有用性だけでは分析できない存在意義を有している可能性がある。

6．結びに代えて

本章では，米国における会計プロフェッションの概要を，私的自治をキーワードに整理した。現在，米国における監査の品質管理の仕組みは，私的自治から公的規制へと大きくシフトしているが，これが本当に監査人にとって，もしくは社会にとって望ましいかたちなのかどうかは，もう少し深く検討してみる必要がありそうである。

【参考文献】

金子晃（2009）『会計監査をめぐる国際的動向』同文舘出版.

國部克彦・堀口真司訳（2003）『監査社会』東洋経済新報社.

田代樹彦・石井康彦・中山重穂訳（2005）『会計制度改革への挑戦』税務経理協会.

友岡賛監訳（2004）『会計破綻：会計プロフェッションの背信』税務経理協会.

千代田邦夫（1998）『アメリカ監査論（第2版）』中央経済社.

中北徹・佐藤真良（2003）「エンロン，ワールドコム事件と企業統治―財務情報の公正性担保とその生産構造からの考察―」『フィナンシャル・レビュー』Vol.68, pp.8-13.

藤井秀樹（2007）『制度変化の会計学：会計基準のコンバージェンスを見すえて』中央経済社.

松本祥尚（2003）「Bright-Lines会計と職業会計士の役割―他人保証と自己保証―」山地秀俊編『アメリカ不正会計とその分析』（神戸大学経済経営研究所）第6章.

松本祥尚・正司素子（2010）「アメリカ職業会計士に対する品質管理制度」『現代社会と会計』No.4, pp.11-23.

De Fond, M.L. (2010) How should the auditors be audited? Comparing the PCAOB Inspections with the AICPA Peer Reviews, *Journal of Accounting and Economics*, Vol.49, No.1-2, pp.104-108.

Hilary, G. and C. Lennox (2005) The Credibility of self-regulation: Evidence from the accounting profession's peer review program, *Journal of Accounting and Economics*, Vol.40, pp.211-229.

Lennox, C. and J. Pittman (2010) Auditing the auditors: Evidence on the recent reforms to the external monitoring of audit firms, *Journal of Accounting and Economics*, Vol.49, pp.84-103.

Public Company Accounting Oversight Board (2008) *2007 Annual Report*.

Stigler, G.J. (1971) The Theory of Economic Regulation, *the Bell Journal of Economics and Management Science*, Vol.2, No.1, pp.3-21.

Zhang, T.C. and G. Katherine (2007) The Association between Earnings Quality and Regulatory Report Opinions in the Accounting Industry - Evidence from AICPA Peer Review and PCAOB Inspection, *American Accounting Association Annual Meeting*, Art. 1226.

（田口聡志）

第13章 カナダのアカウンティング・プロフェッション

1. カナダの会計・監査制度の歴史

　カナダには，勅許会計士（Chartered Accountant: CA），公認一般会計士（Certified General Accountant: CGA），公認管理会計士（Certified Management Accountant: CMA）の3つのアカウンティング・プロフェッションの資格があり，それぞれ会計士協会を構成している。カナダ勅許会計士協会，カナダ公認一般会計士協会，カナダ公認管理会計士協会である。これらの会計士および会計士協会は，会計，監査，ビジネス等の各分野で共存している。

　勅許会計士（CA）は，カナダで最も歴史の長い会計士資格であり，カナダ勅許会計士協会（Canadian Institute of Chartered Accountants: CICA）は，1902年に起源をもつ。1879年から1910年にかけて各州で会計士協会が設立され，各自が独自に所属会員資格を定め，会員に勅許会計士（Chartered Accountant: CA）の称号を付与していたが，1902年に，各州CA協会を統制する目的で，CICAの前身である自治領カナダ会計士協会（Dominion Association of Chartered Accountants）が設立され，1951年にカナダ勅許会計士協会（Canadian Institute of Chartered Accountants: CICA）に改称された。2012年において，82,000名の勅許会計士が所属している。

　カナダ公認一般会計士協会（Certified General Accountants Association of Canada: CGA-Canada）は，1908年に起源をもつ。1908年に，カナダ太平洋鉄道の経理担当者（Canadian Pacific Railway accountants）であったJohn Leslieにより，会計の専門家としての技術を高める目的で，Canadian Accountants' Associationが設立され，会計士の教育制度が各州で異なっていたことや，CICAへの入会要綱を満たせない会計士が各州に存在していた

という状況を背景にして，Canadian Accountants' Associationに所属する会計士には公認一般会計士（Certified General Accountants: CGA）の称号が与えられた。2012年において，75,000名の公認一般会計士および研修生が所属している。

カナダ公認管理会計士協会（Certified Management Accountants of Canada: CMA-Canada）は，1920年に起源をもつ。原価計算，工場組織，会計制度の知識の発展を目的に，1920年にカナダ原価会計士協会（The Canadian Society of Cost Accountants）が設立され，この団体に所属することが認められた会員に対して，公認管理会計士（Certified Management Accountants: CMA）の称号が与えられた。2012年において，40,000名のCMAと10,000名の研修生が所属している。

カナダは，人口約3,400万人に対して，会計士が約21万人おり，概算で人口の0.61％が会計士であるといえる。日本の場合は，人口約1億2,800万人に対して，会計士が約3.2万人おり，概算で人口の0.025％が会計士であるといえる。したがって，日本よりもカナダの方が人口に占める会計士の割合が大きいということができる。

カナダ証券取引法により，「公的説明責任のある企業」（非営利組織，政府，その他公共事業を除く，公開市場で流通・取引される株式または負債証券を発行している，もしくは発行過程にある企業，主要事業の1つとして幅広い外部者グループのために受託者資格に基づく資産を有する企業）は，国際財務報告基準（IFRS）に基づいて連結財務諸表および個別財務諸表を作成しなければならない。カナダの企業は一般にその財務諸表の作成にあたってカナダGAAPに準拠しなければならないが，2010年12月31日までは，カナダにおける会計基準の設定主体であるカナダ会計基準審議会（Accounting Standards Board: AcSB）が設定したカナダGAAPを適用することとなっていた。カナダ勅許会計士協会（Canadian Institute of Chartered Accountants: CICA）によるハンドブック（CICAハンドブック）にすべての営利目的の企業（公開企業，私企業）および非営利企業の会計基準が定められている。2011年1月1日以降から開始する事業年度においては，すべての公開企業（公的説明責任のある企業）が，国際財務報告基準（IFRS）を

連結財務諸表および個別財務諸表の作成基準とすることとなった。私企業（非公開企業であり主として中小企業）は，連結財務諸表および個別財務諸表の作成に関して，IFRSまたは「私企業（非公開企業）のためのカナダ会計基準」（Private GAAP）のどちらかを選択して適用することとなった。そして，IFRSとPrivate GAAPの両者がカナダGAAPとして取り扱われることとなった。

2．会計プロフェッションの業務内容

　勅許会計士（CA）の業務分野は，多岐にわたっているが，勅許会計士の40％の人員は，独立の顧問や監査人として行う公共実務に従事し，残りの60％の人員は，企業や団体内で経営者や財務担当役員としての会計実務，行政機関で会計実務，教育機関での会計教育に従事している。会計事務所に所属する勅許会計士は，中小企業の税務，監査，情報技術，個人の財務計画，企業価値評価，財産管理などについてクライアントにアドバイスを提供している。企業内の勅許会計士は，財務管理政策の開発，情報分析などを行い，戦略的リーダーシップを発揮している。また勅許会計士はコントローラー，最高経営責任者，システム開発者としても組織に価値を提供している。政府内の勅許会計士は，政府の財政に携わり，また，税務監査官，政策プランナーとしても働いている。勅許会計士は，ビジネスにおける将来のリーダーの育成や，ビジネス倫理教育などを行う教育者としても働いている。

　公認一般会計士（CGA）の業務分野は，多岐にわたっているが，会計，財務管理，税務，監査，財務，情報システム，ビジネス・コンサルティングなどさまざまなサービスやアドバイスの提供，産業あるいは商業界のあらゆる規模の企業，金融機関，政府機関の会計業務および財務管理業務に従事している。

　公認管理会計士（CMA）の業務分野は，多岐にわたっているが，起業にあたっての助言，企業売買，企業価値評価，業務計画，資金調達のための戦略の開発，企業および個人の税務相談，情報技術分析，監査およびレビュー，

財務情報作成と分析などを行っている。また，戦略的財務管理（strategic financial management）の専門家でもある公認管理会計士は，財務に関する専門知識，指導力，戦略を見抜く力，革新的な考え方などの公認管理会計士の能力を独自に組み合わせる集約的アプローチ（collaborative approach）を用いた，最適な管理方法を提供している。具体的には，プロフェッショナリズムと倫理的行動に基づいた，顧客のニーズに合った戦略の立案，原価管理，工程管理，成果測定，リスク管理，保証業務・サービス，利害関係者への報告などを行っている。

3．報酬

　ここでは，カナダの会計プロフェッションの報酬水準のデータを，Robert Half社の公表データに基づいて紹介する[1]。Robert Half（2012, 13）に基づき，カナダの会計事務所に所属する会計士の報酬水準のデータを抜粋すると図表13-1，13-2のようになる。

図表13-1　大規模事務所（Large firms＝$250＋million in sales）

	2011年	2012年
マネジャー	$ 87,500 － $ 126,500	$ 89,000 － $ 129,500
スーパーバイザー	$ 74,000 － $ 92,750	$ 75,750 － $ 94,500
シニア	$ 65,350 － $ 75,000	$ 64,500 － $ 80,750
1年から3年	$ 52,000 － $ 65,000	$ 52,000 － $ 66,750
1年	$ 42,000 － $ 50,000	$ 42,250 － $ 51,000

1　http://www.roberthalffinance.com/SalaryGuideDownload

図表13−2　中小規模事務所 (Midsize/small firms=up to $250million in sales)

	2011年	2012年
マネジャー	$ 77,750 − $ 110,750	$ 79,500 − $ 113,500
スーパーバイザー	$ 65,500 − $ 84,250	$ 67,500 − $ 86,750
シニア	$ 55,500 − $ 70,500	$ 56,750 − $ 73,500
1年から3年	$ 43,000 − $ 55,250	$ 43,750 − $ 56,750
1年	$ 37,500 − $ 47,000	$ 37,750 − $ 48,500

4．自主規制

　カナダでは，各会計士協会が，自主規制に関するルールを設定し，公表している。

　カナダ勅許会計士協会（CICA）では，次のものを設定し公表している。
・GUIDE to Canadian Independence Standard

　カナダ公認一般会計士協会（CGA-Canada）では，次のものを設定し公表している。
・Code of Ethical Principles and Rules of Conduct
・Independence Standard
・Public Accounting Regulation
・Public Practice Entrance and Continuance Standard
・Public Practice Review Standard

　カナダ公認管理会計士協会（CMA-Canada）では，CMA-Ontarioを例にとると，法令，内規および規則として，次のものを設定し公表している。
・Certified Management Accountants Act, 2010
・Bylaws approved May 12, 2012
Regulations:
・Bankruptcy or Insolvency Regulation
・Candidates Pursuing the CMA Designation

- Continuous Professional Learning and Development
- Independent Consulting CMAs Offering Services to the Public
- Member Status for Retired Individuals
- Professional Misconduct and Code of Professional Ethics
- Registration of Sole Practitioners, Sole Proprietorships and Firms
- Determination of Good Character Regulation

Public Accounting Regulations:
- Earning a Public Accounting Lisence
- Licensure under Council Guideline 2010-6 Regulation

また，独立性規則として，次のものも公表されている。

- Independence Regulation - Assurance, Audit & Review Engagements

また，倫理規程として，次のものも公表されている。

- Professional Misconduct and Code of Professional Ethics

5．品質管理

　カナダ勅許会計士協会（CICA）は，カナダ品質管理基準（Canadian Standards on Quality Control: CSQC）をもち，これは保証業務を提供するすべての事務所に適用され，当該事務所は，財務諸表監査およびその他の保証業務に関する品質管理のシステムを確立することが要求されている。
　カナダ品質管理基準（CSQC）の法源は，次のものとなっている。

- Auditing and Assurance Bulletin — Requirements Related to the Dating of Auditor's Reports February 2012
- Risk Alert - New Quality Control Standards for Firms
- The CICA Handbook - Assurance
- CICA's Quality Assurance Manual（QAM）

　カナダ公認一般会計士協会（CGA-Canada）は，プロフェショナルと実務の基準の中における品質管理基準として，国際会計士連盟の（IFAC）の基

準であるGuide to Quality Control for Small- and Medium-Sized Practices (QC Guide) を採用している。このガイドはカナダ公認一般会計士協会が開発し，その作成においてイニシアチブをとって積極的役割を果たした経緯がある。

6．試験・研修制度

カナダでは，各会計士協会が，会計士資格を付与している。

勅許会計士（CA）の資格を得るためには，以下のようなプロセスを経る必要がある。
① 規定のビジネスコースの履修単位を含む大学卒業資格（学士号）を得る。
② 会計士として不可欠な知識，技術，価値観を身に付けるために，カナダ各州CA協会および準州CA協会が規定した専門家プログラムを終了する。
③ 各州CA協会により承認された職場で実務を経験する。
④ 専門職統一評価（profession's uniform evaluation: UFE）に合格する。

公認一般会計士（CGA）の資格を得るためには，以下のようなプロセスを経る必要がある。
① 専門家に求められる基本能力（一般教養）として学士号を得る。
② 「専門家としての教育プログラム」で定められている一般教養講座を修了する。
③ 36ヶ月の実務を経験する。
④ 専門家としての教育プログラムの最終段階の試験に合格する。

公認管理会計士（CMA）の資格を得るためには，以下のようなプロセスを経る必要がある。
① 学士号を得る。

② 資格認定試験に合格する。
③ 2年間の戦略的指導力養成プログラム（Strategic Leadership Program）を修了する。
④ 管理会計を行う職場で実際に実務経験を積む。

【参考文献】
辻野幸子（2006）「カナダ基準のIFRS移行，調整作業の今後 IFRSをめぐるコンバージェンスと会計基準等の動向」『旬刊経理情報』No.1129, pp.16-23.
林隆敏（2005）「内部統制の評価と監査に関するカナダの動向」『監査研究』Vol.31, No.13, pp.1-7.
松脇昌美（2004）「カナダ勅許会計士のための行為規則の現状と将来における方向性―CICA公開草案「独立性基準」を中心に」『四日市大学論集』Vol.16, No.2, pp.131-155.
松脇昌美（2004）「カナダの勅許会計士に課せられた「公共の利益」を保護する責任についての検討」『四日市大学論集』Vol.17, No.1, pp.121-140.
松脇昌美（2005）「カナダ勅許会計士のための新独立性基準に関する一考察―独立性基準公開草案との比較を中心に」『四日市大学論集』Vol.17, No.2, pp.155-186.
松脇昌美（2007）「カナダにおける会計プロフェッションの動向」『四日市大学論集』Vol.20, No.1, pp.87-115.
松脇昌美（2009）「IFRSsの採用を巡るカナダの動向」『四日市大学論集』Vol.21, No.2, pp.65-84.
松脇昌美（2010）「株式非公開企業のためのカナダ会計基準」『四日市大学論集』Vol.22, No.2, pp.119-132.
松脇昌美（2011）「カナダ専門家行為規則の独立要件の改定にむけて」『四日市大学論集』Vol.24, No.1, pp.63-80.
向伊知郎（1998）『カナダ会計制度研究―イギリスおよびアメリカの影響―』税務経理協会.
Robert Half（2012）*2012 Salary Guide Finance & Accounting.*

（矢部孝太郎）

第14章 オーストラリアの アカウンティング・プロフェッション

1．オーストラリアの会計・監査制度

　オーストラリア会社法（Corporations Act 2001, sec.112）によると，会社は，閉鎖会社と公開会社に分類される。閉鎖会社の種類として，株式会社，株式無限責任会社がある。公開会社の種類は，株式会社，保証有限責任会社，株式無限責任会社，および，鉱業の特例として無責任会社がある。オーストラリア証券投資委員会（Australian Securities and Investments Commission, 以下ASICと表記する）が公表した2012年6月末時点の登録会社総数は，1,921,545社[1]である。

　閉鎖会社の条件は，株式会社あるいは株式資本を有する無限責任会社のいずれかであり，かつ，非従業員株主が50人未満であるということである。保証有限責任会社および無責任会社は，閉鎖会社となることはできない。また，オーストラリアでは1995年に会社法の改正があり，閉鎖会社に関して規模規準が適用され，大規模閉鎖会社と小規模閉鎖会社という分類が導入された。以下に列挙する3つの規準のうち少なくとも2つの規準を満たすときは，小規模閉鎖会社として分類される[2]。

　① 会計年度末に従業員50人未満
　② 会計年度の連結総営業収益25百万ドル未満

---

[1] http://www.asic.gov.au/asic/asic.nsf/byheadline/2012-company-registration-statistics?open Document#total
[2] オーストラリア会社法における会社の規模規準は，ASICの関連ウェブページからの引用である。URLは，次のとおりである。http://www.asic.gov.au/asic/asic.nsf/byheadline/Are+you+a+large+or+small+proprietary+company%3F?openDocumentおよびhttp://www.asic.gov.au/asic/asic.nsf/byheadline/Are+you+a+large+or+small+proprietary+company%3F?openDocument

③　会計年度末の連結総資産12百5十万ドル未満

　オーストラリア会社法の規定によると，上記の会社のうち規模規準を満たす小規模閉鎖会社を除き，原則として会社規模や法的形態に関わりなく，取締役は会社の経営成績および財政状態に関して真実かつ公正な概観を与えるような損益計算書および貸借対照表ならびにキャッシュフロー計算書を作成し（Corporations Act 2001, sec.292, 293, 295, 297），これを取締役報告書ならびに監査報告書とともに株主総会前に株主に送付しなければならない（Corporations Act 2001, sec.298-301, 307, 308）。

　取締役は，会計基準および規制に従って財務諸表を作成するが（Corporations Act 2001, sec.296），それが真実かつ公正な概観を与えるものではないと判断されるときは，それを補足する情報を注記において提供しなければならない（Corporations Act 2001, sec.295（3）(c), 297）。

　監査人は，監査報告書において，基本的に，(a) 財務報告書が会社法に準拠しているかどうか（会計基準に準拠しているかどうか，真実かつ公正な概観を与えるものであるかどうかを含む），(b) 監査人は監査の実施にあたり必要なすべての情報，説明，援助を得たかどうか，(c) 財務報告書の作成と監査のために十分な財務記録が維持されてきたかどうかについて意見表明しなければならない（Corporations Act 2001, sec.307）。

　図表14－1は，先に掲げた会社法上の会社組織が年次財務報告書を作成しかつ監査を受ける義務を有するかどうかをまとめたものである（PricewaterhouseCoopers 1999）。この表から知られるように開示実体・登録会社，公開会社，大規模閉鎖会社は，年次財務報告書の作成と監査の義務を有している。

　小規模閉鎖会社は原則として当該義務を負うものではないが，ASICがそれを要求する場合，そして，議決権を有する株主のうち5％を超える株主が年次財務報告書の作成と監査を要求する場合には，当該免除規定は適用されない。閉鎖会社の99％強の会社が，当該免除規定の適用を受けている。

　図表14－2は，年次財務報告書の関係期間への提出期限をまとめたものである。上場会社についてみてみると，ASICへの年次財務報告書の提出は3

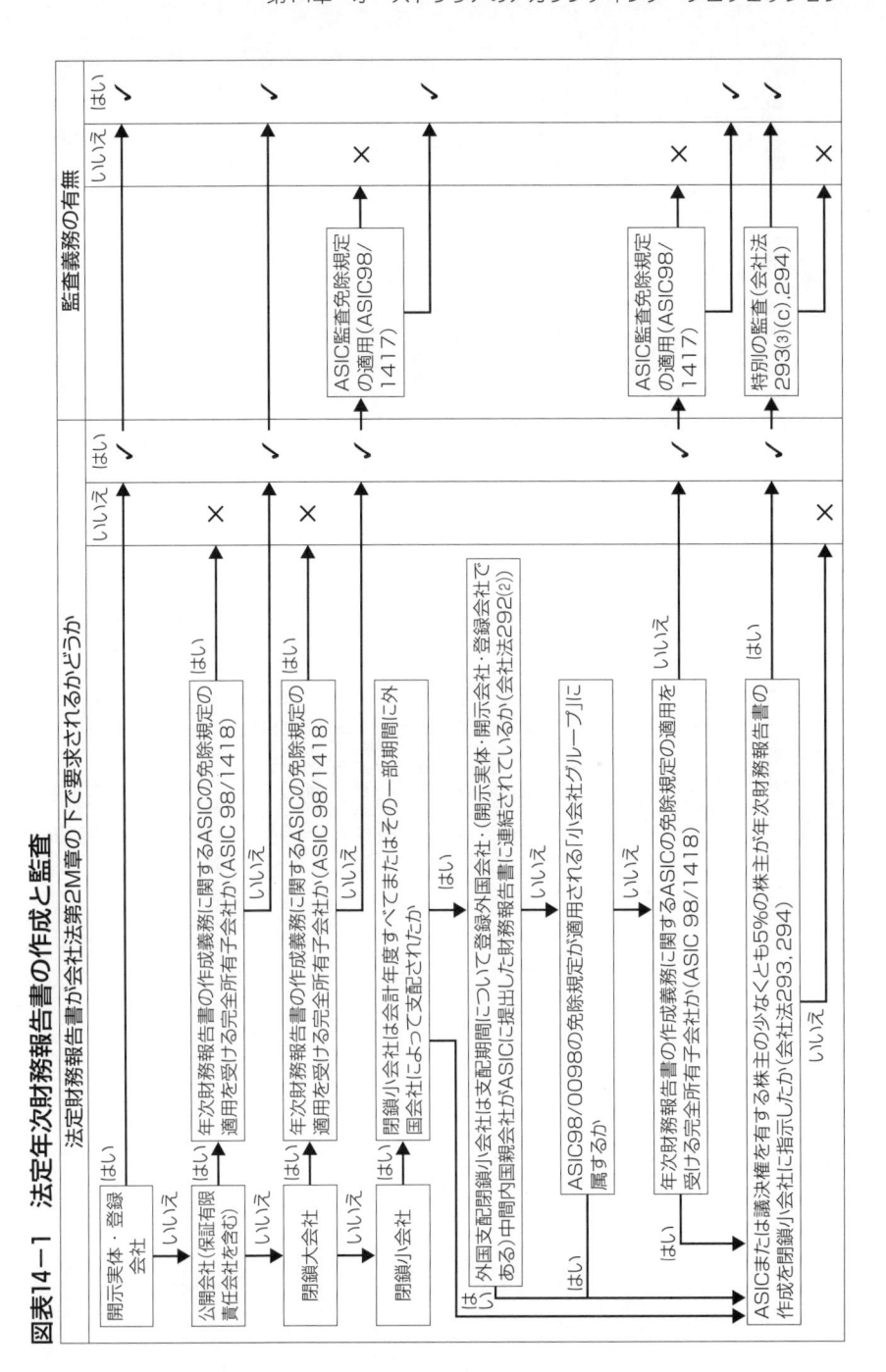

図表14－1 法定年次財務報告書の作成と監査

法定財務報告書が会社法第2M章の下で要求されるかどうか／監査義務の有無

- 開示実体・登録会社
- 公開会社（保証有限責任会社を含む）
- 閉鎖大会社
- 閉鎖小会社
- 年次財務報告書の作成義務に関するASICの免除規定の適用を受ける完全所有子会社か（ASIC 98/1418）
- 閉鎖小会社は会計年度すべてまたはその一部期間に外国会社によって支配されたか
- 外国支配閉鎖小会社は支配期間について登録外国会社・開示実体・開示会社・登録会社で ある（中間）内国親会社がASICに提出した財務報告書に連結されているか（会社法292(2)）
- ASIC98/0098の免除規定が適用される小会社グループに属するか
- 年次財務報告書の作成義務に関するASICの免除規定の適用を受ける完全所有子会社か（ASIC 98/1418）
- ASICまたは議決権を有する株主の少なくとも5％の株主が年次財務報告書の作成を閉鎖小会社に指示したか（会社法293, 294）
- ASIC監査免除規定の適用（ASIC98/1417）
- 特別の監査（会社法293(3)(c), 294）

図表14-2　年次財務報告書の関係機関への提出期限

	開示会社		その他の公開会社	その他の登記会社	小会社	閉鎖会社	
	上場会社	非上場会社				大会社	祖父大会社
取締役宣言書と取締役報告書への署名	3カ月	3カ月	4カ月	3カ月	*	3カ月	4カ月
年次報告書のASICへの提出	3カ月	3カ月	4カ月	3カ月	*	4カ月	*
年次報告書の株主への送付	17週	4カ月	4カ月	3カ月	*	4カ月	4カ月
年次株主総会の招集通知の送付	28日	21日	21日	*	*	*	*
年次株主総会の開催	5カ月	5カ月	5カ月	*	*	*	*
年次登記申告書のASICへの提出	各年1月31日まで			3カ月			各年1月31日まで

年次報告書・半期報告書の基本構成
①財務諸表（損益計算書、貸借対照表、キャッシュフロー計算書）
②財務諸表注記
③財務諸表および注記に関する取締役宣言書

半期報告書は開示実体のみが作成義務を有する。
年次報告書は年次財務報告書の略称であり、半期報告書は半期財務報告書の略称である。

株主宛年次報告書の形式
完全年次報告書と要約年次報告書の選択（会社法sec.314）
完全年次報告 { ①年次報告書　②取締役報告書　③監査報告書 }
要約年次報告 { 要約年次報告書 }
注）要約年次報告書を選択する場合でも株主の要求があるときは、完全年次報告書を提供する。

ASICへ提出される全書類の構成
年次報告 { ①年次報告書　②取締役報告書　③監査報告書 }　半期報告 { ①半期報告書　②取締役報告書　③監査報告書 }
注）ASICに要約年次報告書を提出することはできない。

年次登記申告書の構成
①オーストラリア会社番号
②登記社名
③登記事務所の住所
④本社住所
⑤取締役・会社秘書の住所、氏名、生年月日、出生地
⑥発行済株式に関する情報（種類別）
⑦保証オプション（種類別未発行株式数）
⑧大株主情報（種類別に上位20名の氏名・住所、保有株式数等）
⑨会社の流動性
⑩最終の持ち株会社（オーストラリア会社番号、社名、所在地）

出所：表の中の日数・月数等は決算日からの期限を示している。なお、この表は、PricewaterhouseCoopers (1999, 247) の表を参考にまとめたものである。

第14章　オーストラリアのアカウンティング・プロフェッション

ヶ月以内と規定されており，日本において有価証券報告書を内閣総理大臣へ提出する期限と一致している。また，年次株主総会の開催時期については，日本では決算日後3ヶ月以内と規定されているが，オーストラリアではその期限が5ヶ月となっている点で相違している。

2．会計プロフェッションの業務内容

　オーストラリアにおける会計プロフェッションの業務内容については，会計士協会や会計事務所のウェブサイトで紹介されている職業を中心に紹介したい。
　CPAオーストラリアのウェブサイト[3]では，将来のキャリアの可能性として次のような内容の業務・職業が紹介されている。CPAの資格を取得することは，単に金融の世界で働くことを意味するものではない。幅広いビジネススキルと卓越した会計知識があれば，組織形態に関係なくその能力を活かして活躍する場は限りなく広がっている。CPAの資格取得者が，就いている職業には次の様なものがある。
　　最高経営責任者　最高財務責任者　投資銀行家　販売担当重役　戦略変更管理者　マーケティング担当重役　広告担当重役　Big4パートナー　財務コントローラー　企業家　社長　ITシステムインテグレータ

　また，PwC Australiaのウェブサイト[4]では，多様な業務が紹介されているが，その主なものは次のとおりである。
　　保証業務　コンサルティング　会社助言とリストラ　契約　法律サービス　個人クライアント　税務　取引

　Morris Cohen Glen & Coのウェブサイト[5]では，図表14-3に示すように，

---

[3] http://www.cpaaustralia.com.au/cps/rde/xchg/cpa-site/hs.xsl/become-where-positions.html
[4] http://www.pwc.com.au/careers/experienced/index.htm

図表13−3　Morris Cohen Glen & Coの業務内容

(1) **監査・特別会計業務** 　法定監査 　信託口座監査 　会計業務に関する助言 　経営者に対する財務上の助言 　システムと手続きの実施 　任意監査 　クライアントのニーズに応じた監査 　年金基金監査 　法規制別報告 　評価及び調査 　棚卸 　一般的な会計処理 (2) **簿記・一般的会計処理業務** 　会計システムの構築 　会計帳簿と記録の維持管理 　期中及び年次計算書類の作成 　銀行その他ビジネス上の文書の処理 　財務管理に関する助言 　慈善団体に対する特別支援 (3) **報酬コンサルティング** 　従業員給付 　報酬制度の設計 (4) **会社の秘書業務** 　企業調査の指揮 　法定文書の提出 　登記簿上の本店としての代理業務 　商号の登記 　会社設立に関する助言 　納税申告書の提出 　会社の法定文書の維持管理 　取締役と株主の会合の補助 　シェルフカンパニーの購入 　外国企業の支店及び子会社の設立と維持 　管理に関する支援	(5) **管理会計** 　ビジネスに関する助言 　ビジネスプランニング 　予算編成とキャッシュフロー予測 　全般的管理 　財務上の更正支援 (6) **税務業務** 　財務に関する助言 　タックスプランニング 　税務監査 　給与及び社会保障税 　消費税 　年金に関する助言 　納税申告書の作成 　譲渡所得税に関する助言 　外国人駐在員課税に関する助言 　フリンジベネフィット税に関する助言 　租税制度：公開会社，非公開会社，信託，パートナーシップ，個人事業者及び個人 (7) **国際業務** 　オーストラリアの子会社・支店の設立 　地方代理人業務 　会社登記簿の維持管理 　遠隔地勤務手当てLAFHA 　全般的コンサルティング 　給与計算業務 　海外会計士の紹介 (8) **本店・支店** 　会社の全般的業務に関する助言 　組織編成および経営計画

(1) 監査・特別会計業務, (2) 簿記・一般的会計処理業務, (3) 報酬コンサルティング, (4) 会社の秘書業務, (5) 管理会計, (6) 税務業務, (7) 国際業務, (8) 本店・支店などの業務が紹介されていた。

3. 報酬

　ここでは, ロバートハーフ（Robert Half）社の公表データに基づいてオーストラリアにおける会計プロフェッションの報酬水準のデータを紹介したい。同社のウェブサイト[6]によれば, ロバートハーフ・インターナショナル（ニューヨーク証券取引所コード：RHI）は1948年に設立され, それ以来, 世界を牽引する専門性の高い人材派遣サービスを提供している会社で, 財務, 会計, 金融, ITテクノロジー分野に特化したプロフェッショナルの求人情報の提供を始めた先駆者であると述べられている。同社は, 日本において次の3部門を運営している。

① ロバートハーフ・ファイナンス＆アカウンティング（経験豊富かつ常雇できるファイナンス・アカウンティング分野のプロフェッショナルを専門に募集・紹介）
② ロバートハーフ・ファイナンシャル・サービス（ファイナンスサービス業界の多様な分野にわたってプロフェッショナルたちを募集・紹介）
③ ロバートハーフ・マネジメント・リソース（財務・会計プロジェクトのコンサルタントを専門に募集・紹介）

　ここでは, Robert Half（2010, 4-5）に基づき, オーストラリアのシドニーおよびその周辺地域における財務会計関連業務従事者の俸給表（図表14－4）を掲げておきたい。これらのデータは, 2010年3月24日から8月8日までに同社のデータベース登録会社およびその他オンラインによる調査で収集

5　http://www.morco.com.au/?gclid=CJnTs5-rtagCFQT1bwod9wqTAw
6　http://www.roberthalf.jp/about-us

図表14-4 シドニーおよび周辺地域における財務・会計関連業務従事者の報酬（1）

職種	会社規模	0-2 years	3-5 years	経験年数 6-9 years	10-15 years	>15 years
Senior Accountant / Chief Accountant	S/M	— —	85,000-110,000 —	110,000-120,000 115,000-140,000	120,000-140,000 140,000-180,000	120,000-140,000 140,000-180,000
	L					
CFO/Finance Director	S/M	— —	— —	130,000-180,000 160,000-220,000	180,000-230,000 220,000+	230,000+ 220,000-500,000+
	L					
External Auditor	S/M	40,000-50,000 40,000-50,000	50,000-75,000 50,000-75,000	75,000-110,000 75,000-110,000	110,000-180,000 120,000-180,000	180,000+ 180,000+
	L					
Financial Accountant	S/M	65,000-75,000 65,000-75,000	70,000-90,000 70,000-90,000	90,000-120,000 90,000-120,000	110,000+ 110,000+	110,000+ 110,000+
	L					
Financial Analyst	S/M	— —	65,000-85,000 70,000-90,000	80,000-100,000 90,000-110,000	100,000-110,000 100,000-130,000	110,000-120,000 130,000+
	L					
Financial Controller	S/M	— —	— —	95,000-130,000 120,000-150,000	130,000-160,000 150,000-200,000	140,000-160,000+ 170,000-220,000+
	L					
Internal Auditor	S/M	50,000-65,000 50,000-65,000	65,000-85,000 65,000-85,000	85,000-120,000 85,000-120,000	120,000-160,000 120,000-160,000	160,000-185,000+ 160,000-185,000+
	L					
Management Accountant	S/M	— —	65,000-85,000 70,000-90,000	80,000-100,000 90,000-110,000	100,000-110,000 100,000-130,000	110,000-120,000 130,000+
	L					
Tax Manager	S/M	— —	— —	90,000-125,000 110,000-140,000	120,000-140,000 130,000-160,000	140,000+ 160,000+
	L					
Treasurer	S/M	— 45,000-65,000	60,000-90,000 65,000-95,000	80,000-100,000 85,000-110,000	100,000-130,000 110,000-160,000	130,000-200,000+ 160,000-220,000+
	L					

※ 会社規模の基準（Robert Half 2010, 5）
S（小会社）：従業員数50人以上未満　M（中会社）：従業員数50人以上250人未満　L（大会社）：従業員数250人以上

したものである。メルボルンやその他の都市の状況のデータもあるがここでは紙幅の関係で割愛している。

4．自主規制

　CPAオーストラリアのウェブサイト[7]によれば，同会計士協会に所属の会員は，公共の利益に資する責任を有し，誠実性（integrity），客観性（objectivity），職業的能力（professional competence），善管注意義務（due care），守秘義務（confidentiality），職業的行為（professional behavior）などの基本的原則を遵守しなければならない。オーストラリアでは，Accounting Professional and Ethical Standards Board（APESB）が倫理コードや職業行為基準を設定しており，次のような基準が公表されている。

　　APES 110 Code of Ethics for Professional Accountants
　　APES 205 Conformity with Accounting Standards
　　APES 210 Conformity with Auditing and Assurance Standards
　　APES 215 Forensic Accounting Services
　　APES 220 Taxation Services
　　APES 225 Valuation Services
　　APES 305 Terms of Engagement
　　APES 310 Dealing with Client Monies
　　APES 315 Compilation of Financial Information
　　APES 320 Quality Control for Firms
　　APES 325 Risk Management for Firms
　　APES 330 Insolvency Services
　　APES 345 Reporting on Prospective Financial Information Prepared in Connection with a Disclosure Document

---

[7] http://www.cpaaustralia.com.au/cps/rde/xchg/cpa-site/hs.xsl/knowledge-auditing-toolkit-guides-code-ethics.html

APES 350 Participation by Members in Public Practice in Due Diligence Committees in connection with a Public Document

5．品質管理

　CPAオーストラリアでは，Accounting Professional and Ethical Standards Board（APESB）が公表したAPES 320 Quality Control for Firmsの基準に従って，協会内部の品質管理基準が設けられている。CPAオーストラリアでは次の2つの文書が公表されている。
（1）Quality Review Program General quality control questionnaire[8]
（2）Quality Control Manual A guide for public practitioners Revised October 2010[9]

　APES 320 Quality Control for Firmsによれば，職業団体の品質管理システムにおいて取り扱われるべき6つの要素が掲げられている。
① 　会社内部での品質に対するリーダーシップ責任
② 　関連する倫理規定
③ 　クライアントの関係と特定の契約の受諾とその継続
④ 　人的資源
⑤ 　契約遂行
⑥ 　モニタリング

　APES320の規定はすべての会計事務所に適用されるもので，当該会計事務所が提供する業務内容に応じて規定の適用も変わってくる（Quality Review Program, p.3）。また，APES320に準拠して会計事務所が設定した方針や手続きの性質は，会計事務所の規模や業務特性を含んださまざまな要

---

[8] http://www.cpaaustralia.com.au/cps/rde/xbcr/cpa-site/general-quality-control-questionnaire.pdf
[9] http://www.cpaaustralia.com.au/cps/rde/xbcr/cpa-site/quality-control-manual.pdf

因に依存している。さらに,品質管理の6つの要素の適用は,契約にタイプによっても異なってくる。たとえば,保証業務契約の独立性に関する方針と税務業務契約の独立性に関する方針は異なる。上記(1)の文書は,上述の要素に関するチェックリストが提供されており,さらにAPES 110 Code of Ethics for Professional Accountantsやオーストラリア会社法に規定される独立性とマーケティング,リスクマネジメントに関する質問も取り扱われている。

また,上記(2)の品質管理マニュアルでは,品質管理システムの開発とその構成要素のセクションの後で,小会社,財務報告とコンピレーション,監査・保証業務,税務,破綻処理などの品質管理について述べられている。

Section 1　Introduction to the Quality Control Manual
Section 2　Developing a quality control system in your firm
Section 3　The essential components of a quality control system
Section 4　Quality control in a small firm
Section 5　Quality control for specific practice areas – Financial Reporting/Compilation
Section 6　Quality control for specific practice areas – Audit & Assurance
Section 7　Quality control for specific practice areas – Taxation
Section 8　Quality control for specific practice areas – Insolvency

6．試験・研修制度

周知のように,オーストラリアにおいて会計基準設定に関与してきた職業会計士団体としてオーストラリア勅許会計士協会とCPAオーストラリアがある(McKinnon 1993, 7;太田 1993, 56-57)。そのいずれの協会ともホームページにおいて協会所属の会計士になるための試験制度が簡単な内容で公表されているが,その詳細を窺い知ることはできないので,ここでは2004年2月に行った現地調査で入手することができたCPAオーストラリアの試験制

図表14-5　CPAオーストラリアの試験制度

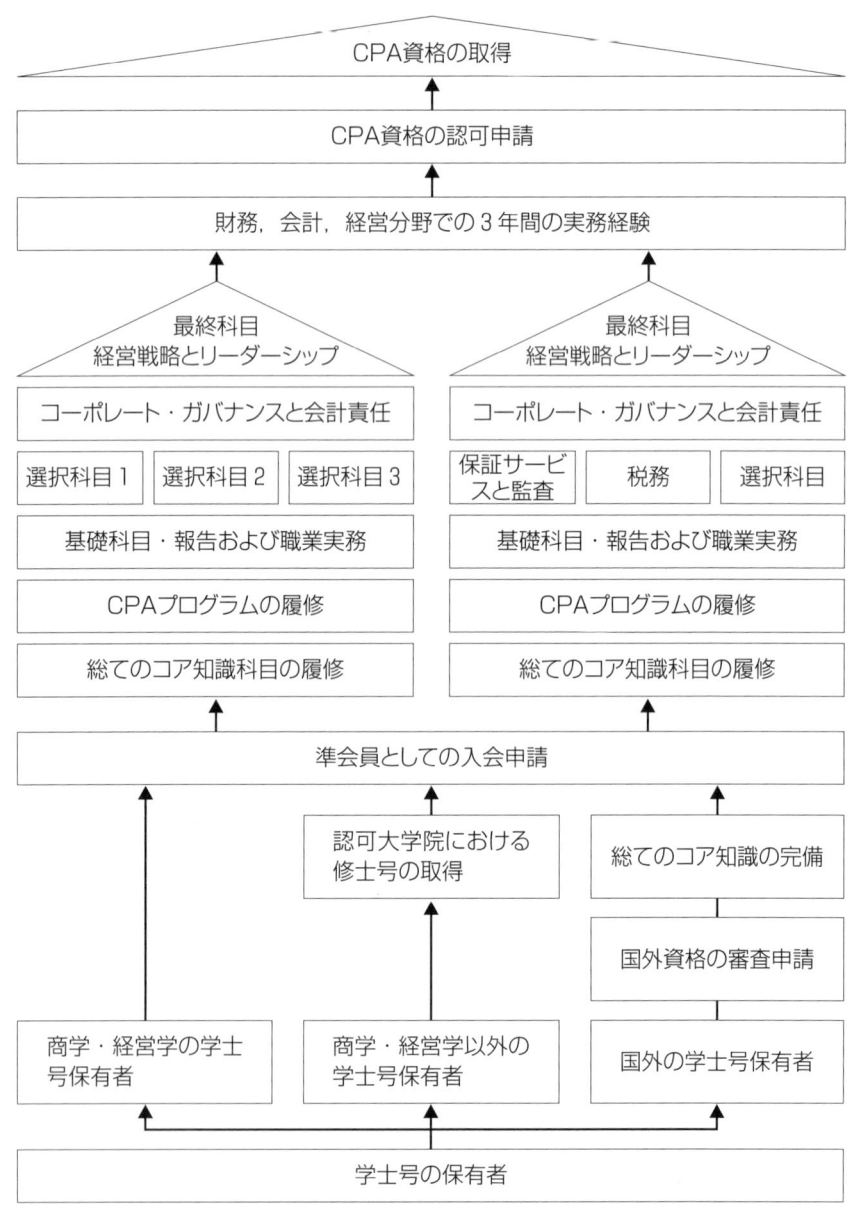

```
                        CPA資格の取得
                            ↑
                     CPA資格の認可申請
                            ↑
              財務，会計，経営分野での3年間の実務経験
                   ↑                    ↑
            最終科目                  最終科目
       経営戦略とリーダーシップ     経営戦略とリーダーシップ

     コーポレート・ガバナンスと会計責任   コーポレート・ガバナンスと会計責任

     選択科目1 | 選択科目2 | 選択科目3   保証サービスと監査 | 税務 | 選択科目

     基礎科目・報告および職業実務      基礎科目・報告および職業実務

       CPAプログラムの履修             CPAプログラムの履修

      総てのコア知識科目の履修         総てのコア知識科目の履修
                 ↑                          ↑
                      準会員としての入会申請
           ↑                 ↑                      ↑
                      認可大学院における        総てのコア知識の完備
                       修士号の取得
                                                国外資格の審査申請

     商学・経営学の学士    商学・経営学以外の      国外の学士号保有者
        号保有者            学士号保有者
           ↑                 ↑                      ↑
                         学士号の保有者
```

※　図表14-5はCPAオーストラリアが公表しているパンフレット「Career Advantage CPA Program」に掲載されている図の表記を一部修正して作成したものである。

度について紹介したい。当該協会のCPAとなるために次の４つのステップがあることが指摘されている（CPA Australia 2004, 4）。

① CPAオーストラリアの準会員（associate member）になる。
② 会員のためのオリエンテーション・ワークショップに参加する。
③ CPAプログラムを完了し合格する。
④ 財務，会計または経営の分野で３年間の実務経験を積むこと。

　まず，最初のステップが準会員としての資格を取得することである。図表14-5に示すように，準会員になるためには会計士協会が指定する学科目を提供している大学の卒業ないし大学院の修了が要件となっている。学生は必要なすべてのコア知識科目を履修し合格することによって，卒業後準会員としてCPAオーストラリアへ入会が認められることになる。いわゆる正会員との違いは，準会員は当該協会の年次総会における議決事項についての議決権が認められていないという点である。この点を除き，その他の権利はいわゆる正会員と同等である。

　次に，CPAプログラムを履修することになる。これは，CPAとしての技術的知識，実務的スキル，そして，倫理についての厳格な基準を満たしていることを保証するためのプログラムとなっている。このプログラムは，必修３科目と選択３科目の試験に合格することが要件となる。詳細は，浦崎（2004）を参照されたい。

【参考文献】

浦崎直浩（1996）「オーストラリアの会計規制と会計士の役割」『近畿C.P.A.ニュース』No.445, pp.2-4.

浦崎直浩（2000）『オーストラリアの会計制度に関する研究』近畿大学商経学会.

浦崎直浩（2004）「オーストラリアの職業会計士試験制度と会計専門職大学院」『生駒経済論叢』Vol.2, No.1, pp.175-188.

太田正博（1993）「オーストラリアにおける会計基準の設定主体」新井清光編著『会計基準の設定主体―各国・国際機関の現状―』（第3章所収）中央経済社, pp.55-73.

CPA Australia（2004）CPA Program, Career Advantage, p.4.

McKinnon, J.（1993）Corporate Disclosure Regulation in Australia, *Journal of International Accounting Auditing & Taxation*, Vol.2, No.1, pp.1-21.

PricewaterhouseCoopers（1999）Value Accounts Holdings, Annual and Half-Year Financial Reporting 1999.

Robert Half（2010）*Finance & Accounting Asia Pacific Salary Guide 2010/2011*.

付記　本章は，浦崎（1996; 2000; 2004）をもとに加筆と修正を行ったものである。

（浦崎直浩）

索　引

[A～Z]

ACCA······································168
AIA··169
AICPA································119, 216
AOC·······································191, 192
APAK···191
APESB··243
CAI···168
CIMA···168
CIPFA··168
CPA···216
CPAオーストラリア················239, 243-245
DIT··99
EA··216
ICAEW··168
ICAS··169
IDW······································192, 193
IFRS·····································208, 228
JDM監査研究··································92
PCAOB··································119, 215
profession······································35
professional····································35
professionalization·························47, 51
SOX法·······································221
WPK〔ドイツ〕···························192, 196
WPO〔ドイツ〕································191

[あ行]

アイルランド勅許会計士協会（CAI）········168
アカウンタビリティ······························3
アカウンタント·································1
アカウンティング・プロフェッション
　　······································1, 164, 204
イングランド・ウェールズ勅許会計士協会
　　（ICAEW）·································168

ウォーレス······································131

エージェンシー関係·····························133

オーストラリア会社法·························235
オーストラリア証券投資委員会················235
オーストラリア勅許会計士協会···············245

[か行]

会計監査士······································14
会計監査士法案··································2
会計監査役·································203, 205
会計士··14
会計士法案······································2
会計責任··3
会計専門職·································13, 204
開示実体······································236
外資の導入······································14
課徴金納付命令制度···························163
カナダ公認一般会計士協会····················227
カナダ公認管理会計士協会··············227, 228
カナダ勅許会計士協会·························227

249

株式無限責任会社…………………235
監査人（Company Auditor）………171
監査報酬……………………157, 178
監査法人……………………63, 156
監査役監査…………………………15
監査役制度…………………………15
間接金融……………………………12
監督官庁……………………………10
官僚機構……………………………21

キャプチャー理論…………………58

経済監査会社〔ドイツ〕………189, 190
経済監査士〔ドイツ〕
　→ドイツ経済監査士協会
経済監査士会議所（WPK）〔ドイツ〕
　………………………191, 193, 194
経済監査士法（WPO）〔ドイツ〕…191
計理士……………………2, 6, 8, 14, 151
決算監査人監視委員会（AOC（英語），
　APAK（独語））………………191
決算書監査人〔ドイツ〕…………189

公共的性格…………………………13
公許会計士………………………13, 14
公許会計士制度調査書………………2
広告規制……………………………59
構造機能主義……………………47, 52
公的規制……………………………221
公的情報……………………………5
公認会計士………………………2, 151
公認会計士・監査審査会…………164
公認会計士協会……………………168
公認会計士試験……………………158

コーポラティズム…………………58
コールバーグ………………………97
国際会計士協会（AIA）…………169

[さ行]

自主規制……………………57, 119, 221
実験………………………………120
私的自治……………………………215
社会性………………………………67
社会の信頼…………………………13
自由市場……………………………132
小規模閉鎖会社……………………235
証券取引委員会……………………16
証券の民主化………………………14
上場会社監査事務所登録制度……164
情報仮説……………………………139
情報の非対称性……………………56
職業集団……………………………48
職業団体〔プロフェッション理論〕……48, 51
職業団体〔ドイツ〕………………192
真実かつ公正な概観………………236
信頼財（credence goods）…………56

スコットランド勅許会計士協会（ICAS）··169
スチュワードシップ仮説…………133

税務代理士〔ドイツ〕……………189
税理士………………………………151
税理士〔ドイツ〕………………189, 190
税理士試験…………………………159
税理士法人…………………………156
説明責任……………………………3
宣誓帳簿監査士〔ドイツ〕……189, 190
専門家（プロ）の類型…………31, 32

専門会計士…………………………203, 205	
専門職…………………………………29	
専門職共通の要件……………………39	
専門職研究の対象……………………35	
専門職研究の必要性…………………43	
専門職大学院…………………………38	
専門職と教育機関……………………37	
専門職とはなにか……………………33	
専門職に関する質問…………………42	
専門職の諸相…………………………32	
専門職の特質…………………………40	
専門能力………………………………67	

[た行]

大規模閉鎖会社………………………235	
チャータード・アカウンタント………4	
懲戒処分…………………………162, 182	
帳簿監査会社〔ドイツ〕……189, 190, 191	
直接金融………………………………12	
勅許会計士……………………………167	
勅許会計士の資格認定………………180	
勅許管理会計士協会（CIMA）………168	
勅許公共財務会計士協会（CIPFA）…168	
勅許認可会計士協会（ACCA）………168	
ディスクロージャー………………4, 12	
ドイツ経済監査士協会（IDW）……193	
道徳性発達理論………………………97	
登録監査人（Registered Auditor）…171	
独占〔プロフェッションによる〕…46, 54, 55	

[な行]

二重監査………………………………207
日本公認会計士協会…………………152
日本語化した「プロ」………………29
日本税理士会連合会…………………153
認可監査役……………………………204

[は行]

パブリックサービス…………………18
品質管理………………………………185
品質管理レビュー制度………………163
フランス専門会計士試験……………210
プロフェッション……………………17
プロフェッション化………45, 47, 52, 54
弁護士…………………………………20
保険仮説………………………………144
保証有限責任会社……………………235

[ま行]

無責任会社……………………………235
モニタリング仮説……………………133

[ら行]

倫理規則…………………………160, 183
倫理水準………………………………99

〈編著者紹介〉

百合野正博（ゆりの　まさひろ）【部会長】［第1章］
　1976年　同志社大学大学院商学研究科修士課程修了
　現　在　同志社大学商学部教授
〈主要著書〉
　『新版 まなびの入門監査論（第2版）』〔共編著〕（2012年，中央経済社）
　『日本の会計士監査』（1999年，森山書店）
　『ウォーレスの監査論』〔共訳〕（1991年，同文舘）
　『会計原則の展開』〔共訳著〕（1981年，森山書店）

〈執筆者紹介〉【五十音順】

浦崎直浩（うらさき　なおひろ）［第14章］
　近畿大学経営学部教授。博士（経営学）神戸大学。

ガルシア・クレマンス（Garcia Clémence）［第11章］
　立教大学経営学部助教。博士（経営学）パリ・ドフィーヌ大学。

柴　健次（しば　けんじ）［第2章・第4章］
　関西大学大学院会計研究科教授。博士（商学）関西大学。

瀧　博（たき　ひろし）［第3章・第10章］
　立命館大学大学院経営管理研究科教授。博士（経済学）名古屋大学。

田口聡志（たぐち　さとし）［第4章・第6章・第12章］
　同志社大学商学部教授。博士（商学）慶應義塾大学。

林　隆敏（はやし　たかとし）［第8章・第9章］
　関西学院大学商学部教授。博士（商学）関西学院大学。

矢部孝太郎（やべ　こうたろう）［第5章・第7章・第13章］
　大阪商業大学総合経営学部准教授。博士（商学）同志社大学。

			（検印省略）
平成25年10月28日　初版発行		略称：プロフェッション論	

アカウンティング・プロフェッション論

編著者　Ⓒ　百合野正博
発行者　　　中　島　治　久

発行所　**同文舘出版株式会社**
東京都千代田区神田神保町1-41　〒101-0051
営業（03）3294-1801　　編集（03）3294-1803
振替 00100-8-42935　　http://www.dobunkan.co.jp

Printed in Japan 2013　　製版　一企画
　　　　　　　　　　　印刷・製本　三美印刷
ISBN978-4-495-19931-9

日本監査研究学会叢書

〔研究シリーズ叢書〕
第 1 号 『情報システム監査の課題と展開』第一法規出版, 1988年6月。
第 2 号 『中小会社監査』第一法規出版, 1989年7月。
第 3 号 『監査法人』第一法規出版, 1990年6月。
第 4 号 『地方自治体監査』第一法規出版, 1991年6月。
第 5 号 『新監査基準・準則』第一法規出版, 1992年6月。
第 6 号 『サンプリング・テスト』第一法規出版, 1992年6月。
第 7 号 『監査役監査』第一法規出版, 1993年6月。
第 8 号 『公認会計士試験制度』第一法規出版, 1993年6月。
第 9 号 『海外監査実務』第一法規出版, 1994年2月。
第10号 『国際監査基準』第一法規出版, 1996年10月。
第11号 『EUにおける会計・監査制度の調和化』中央経済社, 1998年5月。
第12号 『コーポレートガバナンスと内部監査機能』中央経済社, 1999年11月。
第13号 『会計士情報保証論』中央経済社, 2000年11月。
第14号 『ゴーイング・コンサーン情報の開示と監査』中央経済社, 2001年11月。
第15号 『監査問題と特記事項』中央経済社, 2002年5月。

〔リサーチ・シリーズ〕
第Ⅰ号 『監査のコスト・パフォーマンス』同文舘出版, 2003年10月。
第Ⅱ号 『現代監査への道』同文舘出版, 2004年9月。
第Ⅲ号 『政府監査基準の構造』同文舘出版, 2005年5月。
第Ⅳ号 『環境報告書の保証』同文舘出版, 2006年5月。
第Ⅴ号 『将来予測情報の監査』同文舘出版, 2007年4月。
第Ⅵ号 『会社法におけるコーポレート・ガバナンスと監査』同文舘出版, 2008年4月。
第Ⅶ号 『ITのリスク・統制・監査』同文舘出版, 2009年9月。
第Ⅷ号 『財務諸表外情報の開示と保証』同文舘出版, 2010年10月。
第Ⅸ号 『実証的監査理論の構築』同文舘出版, 2012年1月。
第Ⅹ号 『会計プロフェッションの職業倫理―教育・研修の充実を目指して―』同文舘出版, 2012年4月。

※バックナンバーについて
バックナンバーをお求めの方は, 各出版社へ直接お問い合わせ下さいますようお願い致します。

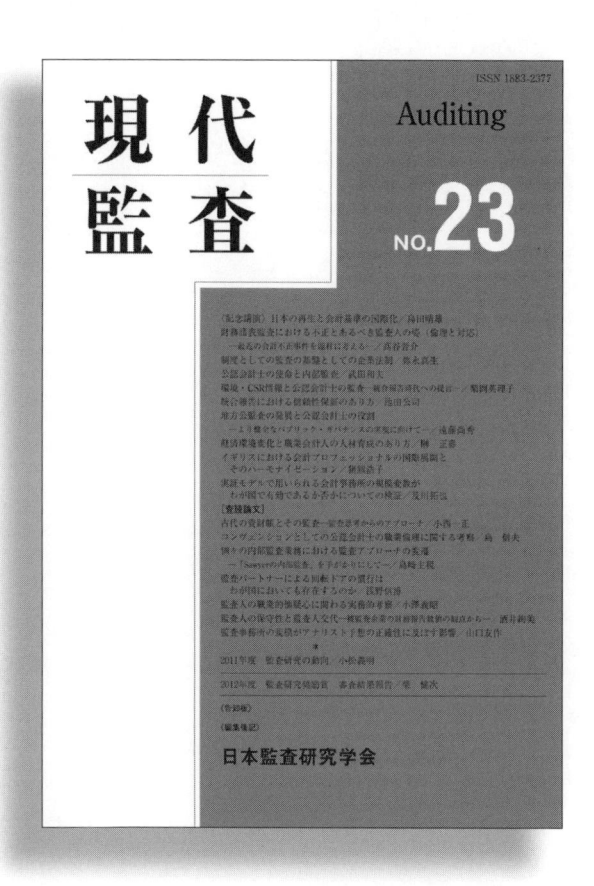

発行：日本監査研究学会
B5判
頒価：1,600円

※『現代監査』バックナンバーについて
本機関誌は書店ではお求めになれません。バックナンバーをお求めの方は，同文舘出版内 日本監査研究学会事務連絡所（FAX：03-3294-1806, E-mail：audit@dobunkan.co.jp　URL：http://www.dobunkan.co.jp/audit）までお問い合わせ下さい。